山东省社会科学规划研究项目"异体行政问责法制完善研究"（13CFXJ02）最终研究成果

聊城大学学术著作出版基金资助

异体行政问责法制完善研究

张成立 张西勇 著

中国社会科学出版社

图书在版编目(CIP)数据

异体行政问责法制完善研究/张成立,张西勇著.—北京:
中国社会科学出版社,2017.3
ISBN 978-7-5203-0106-0

Ⅰ.①异… Ⅱ.①张…②张… Ⅲ.①行政管理-责任制-
法律-研究-中国 Ⅳ.①D922.104

中国版本图书馆 CIP 数据核字(2017)第 067651 号

出 版 人	赵剑英	
责任编辑	宫京蕾	
责任校对	周　昊	
责任印制	李寡寡	

出　　版	中国社会科学出版社	
社　　址	北京鼓楼西大街甲 158 号	
邮　　编	100720	
网　　址	http://www.csspw.cn	
发 行 部	010-84083685	
门 市 部	010-84029450	
经　　销	新华书店及其他书店	

印刷装订	北京市兴怀印刷厂
版　　次	2017 年 3 月第 1 版
印　　次	2017 年 3 月第 1 次印刷

开　　本	710×1000　1/16
印　　张	20
插　　页	2
字　　数	292 千字
定　　价	86.00 元

序

谈到行政问责，美国、英国、法国、德国等西方发达国家起步较早，经验丰富，制度建设较为完善。对于我国而言，真正意义上的行政问责制度建设始于2003年的"SARS"事件，屈指算来，也有了十三年的发展历程。在此期间，我国的行政问责法律制度从无到有，从少到多，从不完善到逐步完善；行政问责实践逐步推进，健康发展，从中央到地方，各级政府越来越重视行政问责的作用，越来越注重行政问责的实效。公正地评价，经过短短十三年的发展，我国的行政问责法制建设走过了西方国家耗费了几十年才走完的路，确实可喜可贺！不过，在肯定成绩的同时，我们也应当看到自身的不足。我国的行政问责毕竟起步较晚，基础薄弱，相关的制度建设还很不完善，行政问责实践所需的经验比较缺乏。这些短板，客观上影响、制约了行政问责功能的发挥。

当前，我国的行政问责工作主要局限于行政机关内部问责，基本模式为上级行政机关对下级行政机关的行政行为实施监督，对其违法行政行为依法予以责任追究。与之相对应，我国行政问责相关法律制度建设也主要集中于行政机关内部问责，学术界关于行政问责的研究也集中于此。应当说，这种格局的形成不是偶然的，而且，具有一定的合理性。因为，我国的行政问责实践尚处于初级阶段，将行政机关内部问责列为第一要务，实属正常；况且，在行政问责工作整体布局之中，行政机关内部问责的分量最重。但是，我们也应当清醒地认识到，行政问责工作是一个系统工程，既要重视行政机关内部问责，又要注重发挥行政机关之外的问责主体的作用，如国家权力机关、司法机关、政党组织、新闻媒体、社会公众等。这些问责主体权力不同，作用各异，可以从不同的角度对行政权力实施有效监督，及时发现、纠正违法行政行为，充分保护行政相对人的合法权益。我国的行政问责实践也证明，只有构建科学、完备的多元问责体系，将行政机关内部问责与异体行政问责有机结合起来，才能保障行政问责的实效。

令人欣慰的是，近年来，随着我国行政问责工作的不断推进，国内学术界逐步认识到构建多元问责体系的重要性，一批学者开始对异体行政问责制度建设给予较高的关注，并产生了一系列研究成果。张成立、张西勇同志撰写的《异体行政问责法制完善研究》一书，即是该研究领域的一项重要专著。该书以"法制完善"为视角，以问题为导向，在深入论述异体行政问责理论渊源的基础上，系统分析了我国异体行政问责存在的主要问题，并从权力机关对行政机关问责、司法机关对行政机关问责、公民参与行政问责三个方面，有针对性地提出了一系列法制完善措施。尤为可贵的是，作者还对域外行政问责制度进行了深入研究，总结了域外国家和地区的成功经验，同时，立足我国实际，探究了可资借鉴之处。从整体来看，《异体行政问责法制完善研究》一书结构完整，内容丰富，体例科学，对异体行政问责相关理论问题的探讨较为深入。当然，该书尚存在一定的不足。如，该书主要研究了权力机关对行政机关问责、司法机关对行政机关问责、公民参与行政问责三大领域，基本上没有涉猎政党组织、新闻媒体等异体行政问责主体，其研究领域有待进一步拓展。

放眼未来，随着我国行政问责工作的快速发展，学术界关于行政问责，尤其是关于异体行政问责制度建设的研究必将不断深入。《异体行政问责法制完善研究》作为该领域的专项研究成果，将会丰富和发展行政问责理论，对于我国异体行政问责法制建设实践将会起到一定的指导作用。

值此书出版之际，是为序！

肖金明

2016 年 10 月 25 日

于山东大学法学院

前　言

　　党的十八大报告明确提出，推进权力运行公开化、规范化，健全质询、问责、引咎辞职、罢免等制度，让人民监督权力。2014 年 10月，中共中央发布的《关于全面推进依法治国若干重大问题的决定》（以下简称《决定》），对行政问责工作提出了明确、具体的目标和要求。《决定》明确提出，"强化对行政权力的制约和监督，加强党内监督、人大监督、民主监督、行政监督、司法监督、审计监督、社会监督、舆论监督制度建设，努力形成科学有效的权力运行制约和监督体系，增强监督合力和实效"。"完善纠错问责机制，健全责令公开道歉、停职检查、引咎辞职、责令辞职、罢免等问责方式和程序。"要实现这一目标，必须建立健全行政问责法律制度，重点加强异体行政问责法制建设，将行政问责工作纳入法制化轨道。在具体工作中，要排除各种人为因素的干扰，克服工作中的随意性，统一问责规范，注重制度落实，严格按照法定的问责范围、问责标准、问责程序开展工作，真正做到"有法可依、有法必依、执法必严、违法必究"。

　　首先，行政问责离不开完备的问责法律体系，应当进一步加强问责立法，尤其是异体行政问责领域的立法。2003 年"SARS"事件之后，我国的问责法制建设快速发展，长沙、重庆、天津、海南等省市先后制定、颁布了行政问责的地方性规章。由于我国问责理论基础薄弱，实践经验匮乏，各地制定的问责法律文件不同程度地存在内容简单、规定模糊、操作困难等问题。不同地区的问责规定内容各异，标准不一，客观上导致同类案件在不同地区的处理结果大不相同，影响了问责工作的严肃性、权威性。更为重要的是，各地制定的问责法律文件基本上局限于同体问责——行政机关内部问责，关于异体行政问责的法律规定少得可怜，导致异体行政问责举步维艰。"无规矩不成方圆"，只有不断完善问责立法，重点加强异体行政问责立法，才能充分发挥各级人大、司法机关、社会公众及新闻媒体的问责作用，促进行政问责工作健康、均衡、快速发展。

其次，行政问责关键在于问责制度的落实，应当加强问责执法，严格依法办事。当前，个别地区和部门还存在问责制度落实不力、问责工作走过场的现象。有的行政机关明明发现了问题，却遮遮掩掩，不愿问责，名曰"家丑不可外扬"；有的迫于外部压力进行问责，其实很不情愿，实施起来如蜻蜓点水，只作表面文章；还有的雷声大，雨点小，前台风风火火问责，后台悄无声息复出，问责演变成了"政治秀"。某些异体问责主体对行政问责工作态度消极，外无压力、内无动力，发现问题棘手即退避三舍，"老好人"思想突出，不愿问责、不敢问责。这些不负责任的做法，既损伤了广大人民群众对问责工作的极大热情，又严重制约了问责制度作用的发挥。在行政问责工作中，有关部门应当切实负起责任，要真抓实干，切忌"花拳绣腿"。对于已经发现的违法违纪案件，应当及时启动问责程序，依法问责，主动问责。在责任落实上，一定要实事求是，按照责任法定、权责一致、惩戒与教育相结合的原则，确定责任大小和责任归属。同时，行政问责工作还要努力做到公平、公正，责任的大小应当与违法违纪的性质、情节、后果、悔过态度等相适应。问责工作动了真格，责任落实才能到位，问责制度的预防、惩戒、教育功效才能充分发挥出来。

最后，应当加强对行政问责工作的法制监督。行政问责工作是国家有关部门行使问责权力的过程，涉及公权力的运用，应当自觉接受社会的监督，以确保权力行使的正当性。正如中央多次强调的，有权必有责，用权受监督，侵权要赔偿，违法要追究，让权力在阳光下运行，才能保证人民赋予的权力始终用来为人民谋利益。具体而言，行政问责法制监督是对行政问责活动的全过程进行监督，既监督问责的内容，又监督问责的程序。监督主体包括各级党委、人大、政府、司法机关，也包括各类社会组织、广大社会公众及新闻媒体。监督主体有权了解问责案件的相关情况，有权对问责的程序、结果提出质疑，有权举报问责工作中的违法违纪行为。监督的重点在于行政问责工作是否存在违法违纪行为，包括作为和不作为。从本质来看，问责法制监督是对问责活动中的违法违纪行为说"不"，对"违法问责"实施问责。不难发现，加强法制监督，有利于减少和避免行政问责工作中的失误，使问责活动多一些"真事"，少一些"猫儿腻"，不断提高行政问责的整体水平。①

　　健全问责法制，增强问责实效，是一项长期、艰巨的政治任务，也是一项系统工程。完善立法、注重落实、加强监督，是其中的三个必备环节。立法是基础，只有建立起完善的问责法律制度，才能做到"有法可依"；落实是关键，只有不折不扣地把问责制度贯彻到位，才能做到"有法必依"；监督是保障，只有将行政问责置于有效的法制监督之下，才能确保行政问责工作沿着正确的方向前进。在具体工作中，应当将立法、落实、监督有机结合起来，既要重视行政机关内部问责，又要注重发挥各级人大、司法机关、社会公众及新闻媒体的问责主体作用，切实增强行政问责的实效。

---

① 　张成立：《健全问责制度，增强问责实效》，《人民日报》2010 年 1 月 4 日。

目　　录

第一章

异体行政问责概述

在现代社会，"权责统一"是责任政府的本质要求。在政府对社会公共事务进行治理的过程中，不仅依法享有相应的行政职权，而且需要承担相应的责任。如果政府及其工作人员履职不当，如违法行政、不当行政或行政不作为，政府及其工作人员则应当承担相应的责任。

中国共产党第十八届四中全会通过的《关于全面推进依法治国若干重大问题的决议》，明确提出要建立权责统一、权威高效的依法行政体制，建立重大决策终身责任追究制度和责任倒查机制，并对决策严重失误或者依法应该及时做出决策但久拖不决造成重大损失、恶劣影响的，严格追究行政首长、负有责任的其他领导人员和相关责任人员的法律责任。这一决议表明，新一届中央领导集体对责任政府的认识进一步深化，从制度层面完善行政问责机制，已经势在必行。

从行政问责的实践看，各国的问责机制既包括同体行政问责，又包括异体行政问责。由于同体行政问责的主体是行政机关自身，使得问责的效果大打折扣。相比之下，异体行政问责的作用更大，效果更为明显。因此，研究异体行政问责具有较强的理论意义和现实意义，能够促进行政问责体系的改革和完善，促进我国责任政府的构建，促进"依法治国"战略目标的实现。

第一节　异体行政问责及其构成要素

权力来源于谁就向谁负责。因此，现代政府都承诺对公民负责。

在实际政治生活中，如果政府没有切实履行承诺，出现渎职、失职行为而没有得到相应的追求，就会失去公民的心理认同和政治支持。因此，要使政府成为对公民真正负责的政府，必须建立健全行政问责制度。鉴于同体行政问责有效性的不足，强化异体行政问责，增强行政问责的有效性，就变得尤为重要，因此，从理论上探讨异体行政问责具有较强的理论意义和实践价值。

一　行政问责及其分类

从字面来理解，行政问责包括行政和问责两个方面，就其二者之间的关系而言，问责是内涵，是核心；行政是外延，它规定了问责的范围。

（一）责任、问责、行政问责

由于行政主体在对社会公共事务及其内部自身事务管理的过程中，会出现权大责小、权责不符的现象，这使得实施行政问责成为必然选择。因此，要研究行政问责，首先要明确"责任"的含义。"责任"一词最初来源于伦理学，是人们对于行为的一种道德评价，其基本含义就是指人们应当对自己的行为负责，如果一个人做出了承诺，那么他就应当承担履行义务、兑现承诺的责任。"在伦理学术语中，'责任'是一个较新的词汇，它出现在 19 世纪，那时它还具有某种野心勃勃的含义。'责任'是对行为进行的评价，并认为行为的动因在于行为实施者，不在于义务本身的宇宙或自然结构。19 世纪是一个具有历史性意义的人类思维觉醒的时代，科学技术的革新、形而上学体系的崩溃都严重冲击了'义务'的固有含义。在法律和大众文化的背景下，'责任'一词借助于对职责和义务进行界定，弥补了'义务'含义的不足。"① 而法理学从消极、否定的角度为"责任"赋予了新的内涵，它强调人们的不负责行为应该而且必须受到强制性惩

---

① ［美］特里·L. 库柏：《行政伦理学：实现行政责任的途径》，张秀琴译，中国人民大学出版社 2010 年版，第 5 页。

罚。法理学意义上的"责任"是伦理学意义上的责任上升到强制性规则的结果。[①]

政治学对"责任"的引入催生了"行政责任"的概念。责任作为政治学的基本概念和政府运行的基本原则之一,被赋予了更深层次的内涵。在西方思想史中,"责任"一词最初被用来指称美国和法国革命中出现的政治体制。此后,在整个19世纪,这一用法一直延续下来。"当文化与人类交往日益频繁,使得宪政在世界上更大范围和更多国家得以实施和传播之时,责任概念为不同文化和不同传统的人们界定了一套共同的价值标准。"[②]

在我国,政治学意义上的责任主要表现为政府在治理社会公共事务时,必须坚持为人民服务、对人民负责的原则,依法执政、违法必究。法理学主要从执法的角度对政府责任进行了界定,更多强调政府的行政责任,即国家行政机关及其工作人员在行政活动中必须依法行政,严格履行和承担法律法规要求。它包括两层含义:一是国家行政机关及其工作人员必须在法律法规的范围内进行活动,尽职尽责不逾规;二是如果行政机关及其工作人员在执行公务过程中,出现不作为或失职等不当行为,应承担相应的责任,接受相应的处理。

"问责"体现了权力的委托——代理关系的双向互动。根据"主权在民"原则选举产生的政府,其权力来源于人民,理应接受人民的监督,对人民负责,因此,现代政府必然是为公众谋取福利的负责任政府。然而,如果当政府不能全心全意为人民服务,尽管从理论上讲,人民有资格进行撤换和罢免,但在实践中却很难实施,因为政府的频繁更替不利于社会的稳定和发展。因此,对具体事项、具体行为、具体人物的"问责"便应运而生。

在学术界,人们一般把"问责"与英语中的"accountability"相

---

① 张创新、赵蕾:《从"新制"到"良制":我国行政问责的制度化》,《中国人民大学学报》2005年第1期。

② [美]特里·L.库柏:《行政伦理学:实现行政责任的途径》,张秀琴译,中国人民大学出版社2010年版,第5页。

对应。《麦克米伦高阶美语词典》对"accountability"有清晰的界定，它认为，"accountability"是指"当一个人处于某一种特定职位时，公众有权利对其批评，而其本人有责任对与其职位有关的所发生的事情向公众进行解释"①。这种界定意味着"问责"是对特定职位的人的职务行为进行"责任追究"，这种职务行为既可以是履职不当也可以是不作为，尤其是当某种职务行为引起严重后果时。《公共行政与政策国际百科全书》从"委托—代理"角度出发，将"问责"（accountability）界定为被委托方或代理方（个人或机构）有责任就其所涉及的工作绩效向委托方做出回答。这种界定可以从广义和狭义两个范畴来解读：从广义上来看，"问责作为一种普遍的社会关系形式，存在于许多社会环境和社会关系之中"②。即，问责的适用范围较广，只要体现了"委托—代理"关系，代理人接受委托人的监督和管理就是天经地义的；从狭义来讲，由于现代政府遵循"主权在民"的原则，作为权力代理方的政府必须向公民负责，接受公民的监督，因此，"问责常常与公共行政联系在一起，被视为一种行政结构和治理方式"，其表现形式就是行政问责。③

　　作为一种"行政结构和治理方式"，行政问责针对的是行政机关及其工作人员的履职行为，非职务行为并不在行政问责的范围之内。到目前为止，对于行政问责并无统一的定义，不同领域的学者从不同的角度对其进行了分析和界定。美国学者杰·M.谢菲尔茨（Jay M. Shafritz）将其界定为"由法律或组织授权的高官，必须对其组织职位范围内的行为或其社会范围内的行为接受质问、承担责任"④。有的学者则从制度的角度来界定行政问责，即行政问责是"行政人员就与其职责有关的工作绩效及社会效果承担相应的处理结果的制

---

①　《麦克米伦高阶美语词典》，外语教学与研究出版社 2003 年版，第 1189 页。
②　宋涛：《行政问责概念及内涵辨析》，《深圳大学学报》2005 年第 2 期。
③　同上。
④　同上。

度"。① 有的学者从规范的角度来界定行政问责，认为行政问责是指特定问责的主体针对各级政府及其公务员承担的职责和义务的履行情况而实施的，并要求其承担否定性结果的一种规范。包括六个方面，即行政问责的主体、客体、范围、程序、责任体系和后果。并且认为，行政问责的范围并不仅限于对安全事故，懒政、庸政等行为同样应该被追究责任，这种责任包括政治责任、法律责任、道义责任等。②

行政问责的定义，必须要体现行政问责制的本质，而行政问责制的本质包括两个方面，即对行政权的监督以及对行政失范行为的责任追究。因此，行政问责是一种制度规范，它表现为，当行政机关及其工作人员履职不当或没有履行法定义务时，应承担责任并接受相应的处罚。

（二）行政问责的分类

行政问责制是把对行政行为的监督、约束辐射到行政权力运用的全过程，使决策者、执行者都要承担相应的责任。③ 从行政问责的功能上看，它体现了权力所有者对权力代理人的监督和制约，有利于行政效率和行政绩效的提升。

根据不同的分类标准，对行政问责有不同的分类方式。根据问责主体的不同，行政问责可以分为同体行政问责和异体行政问责。同体行政问责是行政机关内部对自身行政过程和行政结果的监督控制，同体行政问责的主体既可以是上级行政机关和行政官员，也可以是审计机关、监察机关等特设机构。这种监督方式具有针对性强、效果直接、监督有力的特点。异体行政问责的主体是行政机关之外的国家机构，包括代议机关、司法机关、新闻媒体、政党组织等。④ 其中，代议机关是行政问责最权威的主体，代议机关作为人民权力的受托者，有权力对政府实施最直接的监督，其方式有质询、询问等，最严重的

---

① 宋涛：《行政问责概念及内涵辨析》，《深圳大学学报》2005 年第 2 期。
② 周亚越：《行政问责的内涵及其意义》，《理论与改革》2004 年第 4 期。
③ 周觅：《从"同体问责"到"异体问责"》，《湖北行政学院学报》2007 年第 5 期。
④ 杜钢建：《走向政治问责制》，《决策与信息》2003 年第 9 期。

可以通过弹劾政府主要领导人或对政府的不信任案迫使政府修正自己的行为。在我国，人民代表大会是国家的权力机关，由其选举产生政府，政府对人民代表大会负责并报告工作，二者之间是权力委托—代理关系，上下位的关系。因此，人民代表大会对政府的问责具有强制性、权威性的特点。相对于同体问责，异体问责无疑更有效、更符合社会主义民主的要求，是行政问责制的发展方向。

从问责内容及实现机制上看，行政问责一般表现为法律问责、政治问责、等级管理问责和职业问责四个方面。其中，等级问责和职业问责是依靠行政机关内部问责机制的运作来实现问责效果，控制权掌握在行政官员手中。从公共行政视角看，等级问责和职业问责属于主动问责形式，亦称同体问责。法律问责和政治问责是依靠外部问责机制的运作来实现问责效果，控制权掌握在行政机关之外的问责主体手中。从公共行政视角看，法律问责和政治问责属于被动问责形式，亦称异体问责。现代行政问责实践显示，行政问责效果的有效实现，必须要通过不同的问责主体、问责对象和问责机制去完成，而不可能相互替代。①

二　异体行政问责及其构成要素

相对于同体行政问责，异体行政问责能够有效地对行政机关及其工作人员的职务行为进行监督，具有覆盖面广、透明度高、威慑力强、灵活性大等优势，可以充分发挥行政问责的实效和威力。

目前，学术界对于异体行政问责的内涵认识不一，形成了多种观点。有学者认为，异体问责是指行政主体以外的其他主体对行政主体及其工作人员，因不履行法定义务或者未承担相应行政责任进行监督并要求其承担相应的处理结果的一种法律制度。② 有学者认为，异体行政问责即指行政权力主体系统之外的问责主体对行政权力主体所进

---

① 宋涛：《行政问责模式与中国的可行性选择》，《中国行政管理》2007 年第 2 期。
② 谷茵：《异体行政问责制的内涵及其理论渊源》，《黑河学刊》2009 年第 9 期。

行的问责。① 笔者认为，异体行政问责是指行政机关之外的问责主体（包括国家权力机关、司法机关、政党组织、新闻媒体、社会公众等），依照法定的权限和程序，对行政机关及其工作人员的职务行为实施监督，对其行政失范行为予以责任追究的制度。

作为对公共行政权力进行监督和责任追究的一种方式，异体行政问责构成要素主要包括以下几个方面：

（一）异体行政问责的主体

异体行政问责的主体是指来自行政机关之外的问责主体，是为了保证行政工作的合法性、正确性及社会效益而对行政机关及其工作人员实施的问责，其问责主体地位应当经过国家《宪法》及相关法律、法规的确认。在我国，异体行政问责包括国家权力机关的问责、国家司法机关的问责、政党组织的问责以及人民群众和社会舆论的问责。② 与之相对应，异体行政问责的主体包括国家权力机关、司法机关、政党组织、新闻媒体、社会公众等。从问责权力是否具有强制性的角度区分，国家权力机关、司法机关以及中国共产党的问责，具有强制性和权威性，由于这些机关拥有强制力，可以说这是一种以"权力来制约权力"的问责机制，对行政机关及其工作人员具有很强的约束力；而人民群众与社会舆论的问责属于社会对行政机关及其工作人员履行职责的监督，由于人民群众与新闻媒体本身不享有公权力，不具有强制力，其监督问责的权利主要来自于《宪法》和法律的赋予，因此，这种问责是一种以"权利来制约权力"的问责机制。尽管社会主体本身不具有强制力，但由于这种监督和制约能够对行政机关及其工作人员形成强大的舆论压力，并且可以推动拥有强制力的国家问责体系的启动，因此，其影响力不容小觑。总之，多元化的异体行政问责主体可以更好地实现对行政权力的约束，规范行政机关及其工作人员的

---

① 叶先宝、薛琳：《异体行政问责制：内涵与构建》，《科学社会主义》2011 年第 4 期。

② 夏书章：《行政管理学》（第二版），中山大学出版社 2000 年版，第 356—359 页。

职务行为。

（二）异体行政问责的客体

异体行政问责的客体是国家行政机关及其工作人员在社会公共事务治理过程中的不当职务行为，即行政问责的启动是由于代表国家的、具有法人地位的行政机关及其工作人员的不当行政行为所引起的。行政行为是政府机关或政府官员执行国家权力主体（机关）和行政上级所委任的行政管理事务的行为。由于这种行为总是通过行政官员执行职务来实现，所以行政行为通常被理解为行政官员"执行职务过程的行为"。行政行为按照国家《宪法》和有关法律、法规实施，是执行法律的行为，是国家的组织活动，是政府职能的主要表现形式。行政行为的出发点和目的在于为了公共利益而行使公共权力。因此，从性质上说，行政行为是典型的国家行为。① 任何行政行为只要获得合法从事国家行政行为的授权并实际从事这种行为，就应同时承担行政责任，也就属于行政问责的范围。当行政官员以个人名义进行职务以外的行为时，这种行为则是官员的个人行为、私人行为，国家对此完全不负责任，而由官员个人负完全公民责任，这种行为不是行政问责的客体。因此，异体行政问责主要针对的是行政机关及其工作人员履职过程中的失范行为，其范围不仅包括对重大灾难和伤亡事故的责任追究，还包括对行政人员的错误决策、用人失察和故意拖延、推诿扯皮的行政不作为等行政失范行为的责任追究。概括起来，行政失范行为可以归纳为十类：（1）决策失误、用人失察；（2）违法行政、行政失当；（3）枉法裁判、执法不公；（4）渎职失职、责任事故；（5）为政不廉、以权谋私；（6）弄虚作假、违反财经纪律；（7）监督不力、疏于管理；（8）泄露秘密、报复陷害；（9）工作懈怠、效能低下；（10）其他应当追究行政责任的情形。② 总之，从管理不善、政绩平平到用人失察、决策错误等，都属于行政问责的范围。

---

① 张国庆：《行政管理概论》（第二版），北京大学出版社 2002 年版，第 502 页。

② 陈党：《论构建有效的行政问责法律制度》，《河北法学》2007 年第 2 期。

（三）异体行政问责的程序

行政问责必须经由国家的法的确认才能实施。没有法的确认，即使发生损害性行政行为及其后果，也不能产生行政责任，其他行为主体也无法对其进行监督和问责。因此，异体行政问责由《宪法》、有关法律和法规的精神、原则和条款所同意、确认和规定，包括行政责任的性质、内容、范围、条件、后果、种类、限制、确认、程序和执行。这就是说，行政问责作为一种特定的国家现象，由法的规定而产生，并依据法的规定而执行，离开了法的规定，行政问责就无从谈起。因此，对行政机关及其工作人员职务行为的问责必须有法可依，按照正当的程序进行。"正当程序是任何一项健全的制度所必备的要素，正是程序决定了法治与恣意的人治之间的基本区别。"① 异体行政问责的方式根据问责主体的不同而有所差异，作为国家的权力机关的各级人民代表大会对于行政机关及其工作人员不当的职务行为进行问责的方式主要有质询、询问、罢免、审计、对特定问题的调查等，这些问责行为的实施都需要遵循严格的程序。司法机关的问责主要采取诉讼的方式，它是一种事后问责。任何一种异体行政问责，都必须遵循严格的程序，做到有法可依、有法必依、执法必严、违法必究。由此可以看出，《宪法》原则和法律规定是确立和确保行政问责顺利实施的根本条件，在根本条件的基础上才能实施有限制性的行政问责。其问责的程序一般表现为调查、受理、起诉以及相应的议案、判决和决定。②

（四）异体行政问责的后果

异体行政问责是整个行政责任制度的基本的和重要的环节之一，是行政责任制度的归宿，正是这种制度使行政责任得以最终确立。在行政问责体系中，行政机关及其工作人员因不当履职行为所应承担的责任形式是不同的，主要包括政治责任、行政责任、法律责任和道德责任。政治责任问责的依据是"主权在民"原则，作为公民权利的

---

① 周亚越：《行政问责制度研究》，中国检察出版社 2006 年版，第 37 页。

② 张国庆：《行政管理概论》（第二版），北京大学出版社 2002 年版，第 504 页。

委托者，代议机关有权对行政机关及其工作人员的不当履职行为进行问责，其主要方式包括质询、询问、罢免、弹劾等，严重的时候，可以要求政府集体辞职。在我国，政治责任的发起者是国家的权力机关——人民代表大会。通过这种方式，可以平息民众的愤怒，保障公民权利的实现。行政责任一般属于行政系统内部的问责，是由行政系统内部上级政府对下级政府、行政长官对其下属的不当行政行为做出的处理结果。公民在受到行政机关及其工作人员行政行为侵害（或自认为受到侵害）的情况下，可以依据法律所赋予的权利，通过一定的程序向有关国家机关提出申诉和上诉，申诉一般由行政机关自行处理。行政责任的主要形式有行政仲裁、行政赔偿和行政惩处，具体表现为通报批评、戒勉、撤职等。道德责任与行政道德有关，"主要涉及行政主体个人实践活动的正确规范及其所反映的价值观，主要是作为行政主体的公务人员在行政管理的职业实践中所形成和表现出来的，包括公务人员的道德传统、道德意识和道德品质以及由此而形成的道德规范和道德风尚等"。[1] 行政问责体系中的道德问责主要通过行政人员的自律和反思而实现，当其由于履职不当造成不利的社会影响时，必须通过公开道歉、书面检查等方式来反省自己的行政行为，以赢得民众的谅解，减少政府公信力的流失。法律责任是指行政机关及其工作人员由于其履职不当受到的司法机关的问责。当公民受到包括行政机关及其工作人员的违法行为侵害时，他可以向人民法院提起行政诉讼，依法追究涉案的行政机关的法律责任。这时，法院判决的关键在于行政行为是否违法，例如，侵权、越权、违约、滥用权力、程序违法等。[2] 在特定条件下，法院通过受理具体的行政案件，来判定特定的行政行为是否合法、合理，包括行政仲裁、行政赔偿是否合理、合法，并以此来判定具体的行政责任成立与否。行政问责后果的探讨解决了行政问责客体应承担何种责任的问题。

---

① 张国庆：《行政管理概论》（第二版），北京大学出版社 2002 年版，第 517 页。
② 同上书，第 510 页。

三　异体行政问责的重要意义

从行政问责制的长远发展来看，要充分发挥行政问责的重要作用，促进责任政府的建立，必须更加重视外部力量对行政官员的监督和制约，充分发挥异体行政问责的功能。异体行政问责的重要意义主要表现在以下几个方面：

（一）异体行政问责有利于实现从"对上负责"到"对下负责"的转变

异体行政问责的基本价值理念是行政机关及其工作人员对人民负责。通过建设服务型政府，真正实现对国家权力的终极所有者——人民谋取福利，即实现从"对上负责"到"对下负责"的转变。在我国，人民是公共权力的终极所有者，通过民主和法律程序，授予行政机关及其工作人员行使国家权力，管理国家公共事务和自身内部事务。因此，依据人民主权思想，行政机关及其工作人员对下负责具有合法性和正当性，它能够使人民充分行使监督权、参政权和议政权，保证人民当家作主，是人民利益和各项权利最集中的体现和根本保证。当行政机关及其公务员在履行职务的过程中违法并因此给人民造成损害时，理应承担相应的责任。[①] 加强异体行政问责，可以有效地发挥多元化行政问责主体的作用，增强行政机关工作人员的法治观念，提高行政执法活动的效率，促进民主政治的发展。可以保证行政机关及其工作人员不仅从法律上确认，而且从实际上履行保护人民合法权益的义务。因此，加强异体行政问责，有助于改变现实生活中行政机关及其工作人员主要是对上负责不对下负责的现状，逐步实现从"对上负责"到"对下负责"的转变。

（二）异体行政问责有利于控制行政权力的滥用与扩张

随着社会的发展，福利观念深入人心，这使政府的权力不断扩

---

① 程洁：《宪政精义：法治下的开放政府》，中国政法大学出版社 2002 年版，第 83 页。

大，政府的职能范围不断扩张，政府的角色日益多样化。尤其是为了保障民众的福利，政府通过立法管制干预人民的生活，包括经济性的管制和保护性的管制，其结果是一方面政府必须投入大量的资源以提供公共服务，另一方面为支付大量公共开支所采取的重税政策也导致经济竞争力的下降和民众不满。① 在这种情况下，必须有效控制行政权力的滥用和扩张，以维护公众权利和意志的实现。因为众所周知，权力本身具有腐蚀和扩张的性质，"权力导致腐败，绝对的权力导致绝对的腐败"，"一切有权力的人都容易滥用权力，这是万古不易的一条经验。有权力的人们使用权力一直到遇到界限的地方才休止"②。因此，"行政权的行使与其公益目的的相偏离的现象是无法完全避免的"③。同时，由于我国法律制度还不健全，"人治重于法治"的现实还没有完全改变，权责不对称的现象仍然非常普遍。从这个意义上说，监督和制约行政权力的扩张和滥用，有着较强的理论意义和现实价值。异体行政问责制的建立能够进一步规范行政机关及其工作人员权力的行使，通过构建事前、事中、事后的监督机制，可以对行政权力进行全方位的监控。因此，异体行政问责制可以促进行政机关及其工作人员依法行政，更好地履行管理社会公共事务的职责。

（三）异体行政问责有利于实现公民利益和需求

根据人民主权理论，政府的责任首先表现为对人民（民众）负责。从根本上说，政府的一切行为，都应当符合且有利于公民的意志、利益和需求，都必须对公民承担责任。各级领导干部要牢固树立全心全意为人民服务的思想，具有真心实意对人民负责的精神，做到心里装着群众，凡事想着群众，工作依靠群众，一切为了群众。目前，在我国，行政问责的主要形式还是行政系统内部问责，这会造成

---

① 张成福、党秀云：《公共管理学》，中国人民大学出版社 2005 年版，第 7 页。

② ［法］孟德斯鸠：《论法的精神》（上册），张雁深译，商务印书馆 1961 年版，第154 页。

③ 罗豪才：《行政法学》，北京大学出版社 1996 年版，第 5 页。

民众对行政问责效果的质疑，影响政府的公信力，其根本原因在于自我监督、自我问责的动力机制往往是有欠缺的。因此，必须充分发挥异体行政问责的作用。异体行政问责主体多元、方式多样，可以促使行政机关及其工作人员在行使行政权力时，更加考虑人民的意志和利益诉求，确保人民权利和意志的实现，从而增强政府的公信力。因此，建立异体行政问责制是实现公民利益和需求、取信于民的必要保证。只有这样，以公共利益至上的政府管理和服务才能落到实处，政府威信才能真正树立起来。①

第二节　异体行政问责的理论渊源

异体行政问责是行政问责制的重要组成部分，是发展社会主义民主政治的必然要求。在推进异体行政问责制的过程中，不但要明确异体行政问责的内涵，更要厘清异体行政问责的理论渊源。

一　人民主权理论

人民主权思想是在近代资本主义产生之后提出的，是西方政治发展史上一个重要的理论成果。"人民主权论以对君主主权论的彻底否定和对议会主权论的改造，确立了人民的自由意志在国家政治生活中的最高地位"。② 它解决了国家政权的权力来源问题，意味着人民是国家权力的终极所有者，国家机关的权力只有得到人民的同意和认可才具有合法性。"主权论、契约论和权力合法性构成了人民主权理论的三根理论支柱，这三个理论构成了人民主权论的理论基础。"③

主权是指构成最高仲裁者（无论是个人或组织）属性的权力或权威；这类仲裁者对做出决策以及解决体制内的争端具有某种程度的最

---

① 刘立敏：《试论我国建立行政异体问责制的意义》，《胜利油田党校学报》2008 年第 5 期。

② 曹沛霖等：《比较政治制度》，高等教育出版社 2006 年版，第 81 页。

③ 孙永芬：《西方民主理论史纲》，人民出版社 2008 年版，第 67 页。

终权力。能够进行这种决策意味着对于外部力量的独立性和对于内部团体享有最高权威或支配力。① 最早提出近代主权学说的代表人物是让·布丹，布丹对"国家"和"主权"两个概念进行了辨析，把主权视为国家最本质的特征，是指"不受法律约束的、对公民和臣民进行统治的最高权力"。② 掌握主权的人称为"主权者"，对主权者的服从则是取得公民身份的前提条件，这些人称为"臣民"，国家就是由主权者和臣民构成的具有最高权力的合法政府。

法国启蒙思想家让·雅克·卢梭是人民主权理论的集大成者，他认为民主是人民大众享有国家权力，宣称："人民作为整体来说是主权者。"③ 他的人民主权论来源于他的社会契约论。卢梭的社会契约论既否定霍布斯把君主主权视为社会契约产物的看法，也反对洛克认为只要政府忠于职责，社会的授权就使人民丧失权力的观点。他认为，社会契约完全是出自人类自身的理性要求，由社会契约产生的、具有"公共人格"的"道德与集体的共同体"可以称为"国家"、"主权者"或"政权"。④ 他认为主权是至高无上的、不可转让的、不可分割的、不能代表的，进而引申出政府的权力来自人民、政府受人民委托并接受人民监督和政府成员是人民公仆等观点，是西方政治思想史上最具反抗精神的思想精华。

"合法性"即指正当性或正统性。政治意义上的合法性与权威有密切关系，具有了合法性也就具有了行为的正统性或正当性，因而也就具有了权威。任何一种社会的政治秩序都面临合法性的问题，即这种政治秩序是不是和为什么应该获得社会成员的支持和忠诚的问题。也就是说，政府实施统治在多大程度上被公民视为合理的和符合道义

---

① ［英］戴维·米勒：《布莱克维尔政治思想百科全书》，邓正来译，中国政法大学出版社 2011 年版，第 555—557 页。

② ［美］乔治·萨拜因：《政治学说史》（下册），邓正来译，上海人民出版社 2010 年版，第 82 页。

③ ［法］卢梭：《爱弥儿》（下册），李平沤译，商务印书馆 1978 年版，第 709 页。

④ ［法］卢梭：《社会契约论》，何兆武译，商务印书馆 2003 年版，第 21 页。

的。当大多数民众认为政府实施统治（包括使用武力威胁）是正当的，也就是政府具有合法性的时候，民众对政府的统治会自觉服从，即使出现抵触，也不会危及根本统治。在这种情况下，该政权就是稳固的。政府的个别过错或政策的某些失误，不会导致整个政治体系的崩溃。反之，当大多数民众认为某一政府实施统治是不正当的，该政府就不具有合法性，尽管有时候民众会在暴力压制下被迫服从，但一旦有机会，就会形成大规模的抗议运动。并且，政府的任何一个失误都可能导致政府的垮台和整个政治体系的崩溃。①

尽管现代国家都实行间接民主，人民并不直接管理国家公共事务，但人民主权理论意味着人民有参与管理国家的权利。只有在人民广泛参与的基础上，国家政策才能体现人民的共同意志，才具有合法性和正当性。因此，政府对人民负责、接受人民的监督和问责是政府获得民众支持和拥护的重要条件。

依据人民主权理论，无论是行政机关、司法机关还是其他公共服务机构都是国家法律及人民共同意志的执行机关，任何时候都应当以人民利益为重，而不能成为与人民利益相悖的异己或者敌对力量。当行政机关及其公务员在履行职务的过程中违法并因此给人民造成损害时，理应承担相应的责任。② 因此，必须把人民主权理论现实化，通过完善行政问责制，尤其是异体行政问责制度，充分发挥人民代表大会、人民法院、人民检察院、公民团体等主体对行政机关及其工作人员履职行为的监督和问责作用，才能推动社会主义民主政治建设快速发展。

二　权力制约理论

权力的滥用会导致腐败，腐败现象与权力现象密切相关。因此，

---

① 燕继荣：《现代政治分析原理》，高等教育出版社 2004 年版，第 176 页。

② 程洁：《宪政精义：法治下的开放政府》，中国政法大学出版社 2002 年版，第 83 页。

需要研究权力的制约机制，实现对权力的驯服，规范权力的行使。西方历史上关于权力腐败及其制约的分析和认识，不仅面向具体权力行为的失控，而且更多地从制度层面进行研究，通过构建一种良好的政治体制实现对权力的控制和约束。

亚里士多德认为，应通过制度的手段来遏制腐败的发生，以法律制度来约束官员的权力行使，"为政最重要的一个规律：一切政体都应订立法制并安排它的经济体系，使执政和属官不能假借公职，营求私利"①。对于寡头政体，贪污腐败、以权谋私的问题应该特别注意，为防止对公共财产的舞弊行为，应订立严格的财产管理制度，"为防止公款被侵吞，凡征收人员都应在公职团体中当众交款，而账目则应复制，以便分别交存于宗社、分区和部族。为保证任何官员不用其他方法如贿赂或索诈等营谋私利，应该订颁章程来奖励以廉洁著名的官员"②。总之，亚里士多德主张通过权力制约防范权力腐败，他不仅在政体基本模式的层面上，从权力分配的角度论述了什么样的政体才是保障公共利益不受权力舞弊危害的最好体制，而且对权力运作的具体体制方面也提出了相关的对策，对后世的影响非常深远，成为许多重要原则的根源。

在古罗马的政治和法律学说中，关于权力的研究不仅吸收了古希腊的成果，而且冲破了城邦政治的局限，赋予国家、权力和法律更为丰富的内容。西塞罗认为，执政官和其他官吏都是公共领域的角色，他们的义务是依法行使手中的权力。为了保持权力的公共性，必须对官吏的权力有所限制，使其懂得并遵循自己的权限。任何官吏都应该持公正之心，谨守公共领域的规则，使用权力不应以谋求私利为目的。③

资产阶级思想启蒙运动树立了人民在政治共同体中的核心地位，

---

① ［古希腊］亚里士多德：《政治学》，吴寿彭译，商务印书馆1965年版，第269页。

② 同上。

③ 刘春：《权力的陷阱与制约》，中共中央党校出版社1999年版，第14页。

使得现代政府统治的合法性必须来自人民的授权，激发了人民追求理想政治的热情。然而，随着现代国家治理结构的复杂化、人口数量的增多和疆域的扩大，人民直接参与国家公共事务的管理存在较大难度，再加上权力的非正当使用会导致腐败，权力的滥用会侵害人民的权利。因此，需要探索人民采取什么样的政府形式来实现抽象的政治理念，通过权力的分立实现对权力的制约，防止权力的滥用和腐败，以更好地保证"主权在民"价值取向的实现。

鉴于君主专制和个人独裁的种种弊端，洛克把国家的职能权力分为三种，即立法权、执行权和外交权。他提出，立法权由议会执掌，在国家职能体系中地位最高，行政权和外交权则由国王和内阁共同掌握。三权相互分立，议会居于至高无上的地位，政府应当受到议会的制约。"当共同体一旦把它交给某些人时，它便是神圣和不可变更的；如果没有得到公众所选举和委派的立法机关的批准，任何人的任何命令，无论采取什么形式或以任何权力做后盾，都不能具有法律效力和强制性。"① 洛克的分权学说主要集中于为什么分权和怎样分权，渗透了国家权力必须分而行之、过分集权则导致权力滥用和政治危机的基本思想。他特别强调议会的优势地位，主要突出对行政权力的控制，防范其成为专断的力量。虽然议会地位至高无上，但它的权力也不是无限的专断的权力，立法权之所以至高无上，其原因在于它体现了人民主权的原则，正是人民的授权使其掌握了巨大的权力。"一般而言，立法机构的权力属于受托性质，因为人民拥有改变立法机构的最高权力，如果该机构违背了人民对它的信任的话。"② 这意味着，作为权力终极所有者的人民有权利制约国家所有权力，既包括立法权，也包括行政权。

孟德斯鸠系统完备地阐述了分权制衡理论。他认为，在权力高度

---

① ［英］洛克：《政府论》（下篇），叶启芳、瞿菊农译，商务印书馆1964年版，第82页。

② ［美］乔治·萨拜因：《政治学说史》（下卷），邓正来译，上海人民出版社2008年版，第220页。

集中的君主专制下，国家的目的只是"君主的欢乐"，而理想的国家的目的应当是政治自由，而要享有政治自由，就必须建立"三权分立"的制度。之所以需要分权制衡是因为"一切有权力的人都容易滥用权力，这是万古不易的一条经验。有权力的人们使用权力一直要遇到有界限的地方才休止"。因此，"要防止滥用权力，就必须以权力约束权力"。① 孟德斯鸠把国家权力划分为立法、行政、司法三个部分，这三项权力应相互独立，并相应地建立立法机构、行政机构和司法机构。各机构之间相互独立，在权力运行的过程中互相约束和监督，形成权力之间制约和平衡的体制，通过权力的相互牵制，保护公民的自由和社会的稳定，避免集权体制的弊端，防止任何一种权力的滥用。

孟德斯鸠的分权理论深刻地影响到资产阶级国家政权的实践，美国是世界上第一个采用三权分立模式的国家。新中国成立初期，基于对权力高度垄断必然会造成高度腐化的共识，美国的政治学家围绕建构什么样的政体进行了深思熟虑。他们认为，政府权力体制的安排应具有可控制性，共和制下的分权制衡原则是规范国家权力运行的基本框架。"把权力均匀地分配到不同部门，采用立法上的平衡和约束，设立由法官组成的法院，法官在忠实履行职责的条件下才能任职，人民自己选举代表参加议会。……通过这些手段，共和政体的优点得以保留，缺点可以减少和避免。"② 汉密尔顿等人对美国的政治体制做了详细的设计，三种国家职能权力如何运作，各个机构的设立以及相互之间的关系怎样，都从权力行使的正当性、效率、可控性等方面进行了论证。并且对联邦和州的权力进行了划分，完善了分权制衡的内容。③

约翰·阿克顿曾深刻揭露出以下政治规律："权力有腐败的趋势，

---

① ［法］孟德斯鸠：《论法的精神》（上册），张雁深译，商务印书馆1993年版，第154页。

② ［美］汉密尔顿等：《联邦党人文集》，程逢如等译，商务印书馆1980年版，第40—41页。

③ 刘春：《权力的陷阱与制约》，中共中央党校出版社1999年版，第14页。

绝对的权力导致绝对的腐败。"在现代社会，"民主不仅包括一种主权在民的国体和共和制政体在内的政治制度，而且是一种议事的程序和规则"。① 民主政治制度的建构在很大程度上具有防范和纠正权力腐败的功能。从某种角度说，权力也是一种权利，因为它具有权利的基本属性，也就是"主体能够做出或不做出一定行为，以及要求他人相应做出或不做出一定行为的许可与保障"。② 正如权利与义务相对应一样，与权力相对的便是责任，权力与责任实际上就是权利和义务的另外一种"表现形式和变异形态"。③ 因此，行政权力本身也包含了权力和责任两个方面。权力意味着责任，权大责小、有权无责，就会导致权力的滥用。而行政问责就是要实现权责统一，拥有多大的权力，就应该承担多大的责任。如果政府履职不当或损害了公民的权利，就应该受到问责。问责的主体既可以是代议机关也可以是司法机关，还可以是其他社会主体。因此，完善行政问责制是构建责任型政府、推进社会主义民主建设的基本要求之一。

三　公共选择理论

第二次世界大战后，凯恩斯主义经济学大行其道，政府对经济的过分干预不仅导致政府赤字增加、通货膨胀，而且阻碍了经济的增长，使得西方社会出现经济滞胀的现象，引起人们的强烈不满，改革的呼声越发高涨。由于凯恩斯主义经济学对滞胀问题束手无策，因此，社会对新经济学的需求越发强烈，加上布坎南开创性的工作，最终使公共选择理论应运而生。

公共选择（public choice）是指提供什么样的公共物品，怎样提供和分配公共物品以及设立相应匹配规则的行为与过程。公共选择理论以微观经济学的基本假设（尤其是理性人假设）、原理和方法作为

---

① 孙永芬：《西方民主理论史纲》，人民出版社 2008 年版，第 91 页。
② 《中国大百科全书·法学卷》，中国大百科全书出版社 1984 年版，第 458 页。
③ 谢鹏程：《权力与义务四论》，《中国人民大学学报》1996 年第 1 期。

分析工具，来研究和刻画政治市场上的主体的行为和政治市场的运行，① 并期望研究影响人们的公共选择过程的因素，从而实现其社会效用的最大化。② "简单地说，是将经济学用于政治科学，公共选择的主题就是政治科学的主题，即国家理论、投票规则、投票者行为、党派政治学、官方政治等。"③ 公共选择理论的研究对象是公共选择问题，公共选择就是指人们通过民主决策的政治过程来决定公共物品的需求、供给和产量，是把私人的个人选择转化为集体选择的一种过程（也可以说是一种机制），是利用非市场决策的方式对资源进行配置。所以说，公共选择在本质上，实际上就是一种政治过程。④ 公共选择理论用经济学的方法分析政治现象基于三个基本假设，即"经济人假设"、交换政治学和方法论上的个人主义。

"经济人假设"假定每一个活动于经济过程中的个人都以追求个人的经济利益为动机，面临选择时总是倾向于选择能为自己带来最大收益的机会，每一个参与者都依据自己的偏好，用最有利于自己的方式活动。与在经济活动中一样，个体参与政治活动时也是自利的、以自己的利益最大化为行为准则的"经济人"。

公共选择理论的另一个出发点是交换政治学，公共选择理论将经济市场上的交易分析扩展到政治领域（或称为"政治市场"），把人们在政治领域的相互作用过程视作"政治上的交易"，认为，政治过程和经济过程一样，其基础是交易动机、交易行为，政治的本质是利益的交换。"只要集体行动以个人决策者作为基本单位的模式进行，只要这样的集体行动基本上被想象为反映一个适当的社团全体成员之间的复杂交换或协议，这样的行动或行为或选择可以很容易地列入交

　　① 方福前：《当代西方公共选择理论及其三个学派》，《教学与研究》1997年第10期。

　　② 孔志国：《公共选择理论：理解、修正与反思》，《制度经济学研究》2008年第1期。

　　③ ［美］丹尼斯·缪勒：《公共选择》，王诚译，商务印书馆1992年版，第5页。

　　④ 宋延青、王选华：《公共选择理论文献综述》，《商业时代》2009年第35期。

换经济学的范畴。"① 与经济市场一样，政治交易也是以交易者之间的自愿合作为基础。由于人们可以通过政治交易获利，所以才参加交易，政治交易的结果是交易双方相互获利。尽管政治市场中存在一定程度的强制性，比如使用多数决定规则时的集体决策对少数的强制，但只要参与者都有选择参与或不参与、合作或不合作的自由，这时的强制性不会影响交易各方的相互获益。

公共选择理论的第三个基本出发点是方法论上的个人主义，即坚持认为人类的一切活动都应从个体的角度来理解，社会被看作一种个人追求其自身利益的总量效果，政治和国家被当作个人得以通过它寻求自身利益的一种机构。公共选择理论从决策的角度探究政治问题，探究由不同的个体形成的社会如何进行选择，做出社会决策。公共选择理论对社会选择的一个基本观点是，所谓社会选择不过是个人选择的集结，只有个人才具有理性分析和思考的能力，个人是基本的分析单位，个人的有目的的行动和选择是一切社会选择的起因。个人主义的分析方法是相对于整体主义的分析方法而言的，它强调的是分析个体的动机与选择模型对整体行为的影响，是一种从个体到整体的分析思路。在公共选择理论模型中，个人被认为在他们的私人行动和社会行动中都有自己独立的目标，公共选择是个人选择通过一定规则的集结。基于这样的分析思路，政治秩序能够从个人选择的计算中得到合理的说明。

公共选择理论既是当代西方经济学的一个重要分支，同时，又是一个极其重要的涉及现代政治学和行政学的研究领域。从经济学理论角度来看，公共选择理论运用的是经济学的逻辑和方法；而从政治学、行政学的角度来看，它分析的是在现实生活中同人类密切相关的政治个体（包括选民和政治家）的具体行为特征，同时包括由此引

---

① ［美］詹姆斯·布坎南：《自由、市场和国家》，吴良建等译，北京经济学院出版社1988年版，第20页。

起的政治团体（尤其是政府）的行为特征。① 公共选择理论用"追求个人利益最大化"来概括一切人的行为动机，保持了个人模型在经济背景和政治背景下的对称和逻辑上的一致性，得到了一系列"政府失灵"的分析结论。作为一种政治过程，公共选择有着不同的阶段，即要经过立宪、立法、行政和司法三个过程。在第一阶段即立宪阶段，所进行选择的是制定根本性的法规来约束人们的行为；第二阶段即立法阶段，主要是在现行的规则和法律范围内展开集体活动；而第三阶段即行政和司法阶段则是个执行阶段，它将立法机构通过的法案具体付诸实施，并且执行各项决策。在这三个阶段中，问题最多的是行政和司法阶段，这个阶段的操作难度也是最大的，因此，通常认为这个阶段是公共选择理论最为重要的阶段。如果从行政的角度来研究和阐述公共选择理论的相关问题，无疑是最具有现实意义的。

从这个意义上说，"经济人"假设也适用于政府，表现为政府工作人员以权谋私、部门利益侵害公共利益。人民必须要对政府权力的行使进行限制，否则政府官员很容易进行权力寻租，而走向民主的对立面，导致政府在制定合理公共政策、实行高效管理方面出现责任缺失。因此，人民通过选举用代议机关来监督政府、司法机关利用判决来制约政府、社会舆论利用媒体来揭发政府的不良行为、人民通过成立团体或行使个人权利来质疑政府的不合理行为，就变得不可或缺。只有使问责的主体实现异体化和多元化，才能增强行政问责的有效性，使政府真正全心全意为人民服务。

四　委托—代理理论

委托—代理理论（Principal - agent Theory）是制度经济学契约理论的主要内容之一。所谓"委托—代理"是指一个或多个行为主体根据一种明示或隐含的契约，指定、雇用另一些行为主体为其服务，同时授予后者一定的决策权利，并根据后者提供的服务数量和质量对其

---

① 宋延青、王选华：《公共选择理论文献综述》，《商业时代》2009 年第 35 期。

支付相应的报酬。授权者就是委托人，被授权者就是代理人。

委托—代理关系是随着生产力大发展和规模化大生产的出现而产生的。其原因一方面是生产力发展使得分工进一步细化，权利的所有者由于知识、能力和精力的原因不能行使所有的权利了；另一方面专业化分工产生了一大批具有专业知识的代理人，他们有精力、有能力代理行使好被委托的权利。因此，20 世纪 30 年代，美国经济学家伯利和米恩斯鉴于企业所有者兼具经营者做法的弊端，提出"委托—代理理论"，倡导企业所有权和经营权分离，企业所有者保留剩余索取权，而将经营权利让渡给职业经理人，催生了现代公司的治理架构。然而，在现实生活中，委托人和代理人的利益诉求经常会产生冲突，委托人追求更多的财富增长，而代理人则努力追求自身利益最大化。并且，由于代理人比委托人掌握着更多的企业经营信息，从而可以凭借这种优势获得更多私人利益，从而损害委托人的利益。[①] 因此，要维护委托人的利益，必须构建有效的制度安排来约束代理人的行为，减少委托人的损失。

经济领域中的委托—代理理论也可以运用到政治领域中，它为政治领域中的权力问责提供了理论依据。从法理上说，人民主权理论意味着人民是权力的所有者，每个公民平等地享有国家主权，平等地分享国家权力。但在实践中，既不可能由每一个公民个别地、平等地行使自己那一份主权，也不可能由所有的公民都同时集体行使国家主权。鉴于这种情况，要有效地管理国家事务，只能考虑将分散的权力集中起来，由少数人和专门的机构来行使。为了使这少数人和专门机构行使权力具有合法性、正当性和公正性，就需要经过一定形式的授权，即由全体选民通过选举，由他们信得过的少数人来代表他们组成政府，行使权力。[②]

作为权力的终极所有者，人民把管理社会公共事务的权力委托给

---

① 周亚越：《行政问责制研究》，中国检察出版社 2006 年版，第 56 页。

② 燕继荣：《现代政治分析》，高等教育出版社 2004 年版，第 73 页。

政府，是权力的委托者，政府代表人民来行使权力，是权力的代理人。从理论上讲，政府权力的行使来自于人民的委托，应该全心全意为人民服务，提升公共资源的使用效率，为人民提供优质的公共产品和公共服务，满足人民多样化的需求。然而，由于政府是由庞大的官僚体制构成，官僚体制的"路径依赖"使得管理链条逐渐加长，政府越来越远离人民的视线。因此，在实际运作过程中，由于政府和人民之间信息的不对称，拥有支配社会资源权力的政府官员往往会以部门利益取代公共利益，甚至追逐个人利益，导致公共利益受损。因此，必须构建科学的问责机制来制约和监督行政权力的行使，规范政府的行政行为，使作为代理者的政府真正为权力委托者—人民的利益服务。

我国《宪法》规定，我国的一切权力属于人民。人民是权力的终极所有者，政府受人民的委托行使管理国家公共事务的权力。但人民对政府的监督和问责机制还不健全，问责手段还不丰富，导致权力所有者对权力行使者还不能进行有效的监管，权力行使者的意志和权力所有者的意志经常出现差异。这就需要构建行之有效的问责机制，以权力制约权力，发挥人民及其代议机关对政府的监督作用，保证权力运行透明、规范和高效。

五　治理和善治理论

作为英语国家的日常用语，"治理"（governance）概念源自古典拉丁文或古希腊语"引领导航"（steering）一词，原意是控制、引导和操纵，指的是在特定范围内行使权威。它隐含着一个政治进程，即在众多不同利益共同发挥作用的领域建立一致或取得认同，以便实施某项计划。①

随着全球对公共治理的关注变得更为广泛和日益重要，对于这一概念的界定出现了多种说法，直到现在"治理"仍是一个相对模糊

---

① 俞可平：《治理与善治》，社会科学文献出版社 2000 年版，第 16—17 页。

和复杂的概念。"治理"被定义为多种，如"在管理国家经济和社会发展中权力的行使方式"，如"确定如何行使权力，如何给予公民话语权，以及如何在公共利益上做出决策的惯例、制度和程序"。这些定义有助于更加明确"治理"这一概念的内涵。

在治理的各种定义中，全球治理委员会的表述具有很大的代表性和权威性。该委员会于1995年对治理做出如下界定：治理是或公或私的个人和机构经营管理相同事务的诸多方式的总和。它是使相互冲突或不同的利益得以调和并且采取联合行动的持续的过程。它包括有权迫使人们服从的正式机构和规章制度，以及种种非正式安排。而凡此种种均由人民和机构或者同意，或者认为符合他们的利益而授予其权力。①

治理理论的兴起，是各国政府对经济、政治以及意识形态变化所做出的理论和实践上的回应。在此背景下，以奥斯特罗姆为代表的制度分析学派提出了多中心治理理论。具体而言，单中心意味着政府作为唯一的主体对社会公共事务进行排他性管理，多中心则意味着在社会公共事务的管理过程中，并非只有政府一个主体，而是存在着包括中央政府单位、地方政府单位、政府派生实体、非政府组织、私人机构以及公民个人在内的许多决策中心，它们在一定的规则约束下，以多种形式共同行使主体性权力。这种主体多元、方式多样的公共事务管理体制就是多中心体制。②

多中心的治理结构要求在公共事务领域中国家和社会、政府和市场、政府和公民共同参与，结成合作、协商和伙伴关系，形成一个上下互动，至少是双向度的，也可能是多维度的管理过程。就其体现的改革和创新而言，这是适应全球化、市场化和民主化发展趋势的要求，在国家公共事务、社会公共事务甚至政府部门内部事务的管理上，借助于多方力量共同承担责任，其中既有对事务的管理，也有对

---

① 俞可平：《治理与善治》，社会科学文献出版社2000年版，第270—271页。

② 陈广胜：《走向善治》，浙江大学出版社2007年版，第99页。

人和组织的管理；既有对眼前事务的管理，也有对长远事务的管理。其特别之处在于用一种新的眼光思考什么样的管理方式可以实现公共利益的最大化。①

针对如何克服治理的失效，不少学者和国际组织提出了"善治"（good governance）概念。"善治"是使公共利益最大化的社会管理过程。它的本质特征在于政府与公民对公共生活的合作管理。它强调政府与公民的良好合作以及公民的积极参与，以实现管理的民主化。迈克尔·巴泽雷认为善治是"公民价值的体现"，与传统官僚制不同的是，它更多地体现了对公民集体价值这一问题作更多的调查、更明确的讨论、更有效的商榷，暗示了社会自治的要求和能力。②查尔斯·J. 福克斯认为，"善"就是人民促进幸福的实现，而民主决定的东西，人民就是标准，是主人，在他们之上没有判定对错的更高标准，善治是"以人为本"。俞可平认为，善治是使公共利益最大化的社会管理过程。善治的本质特征，就在于它是政府与公民对公共生活的合作管理，是政治国家与公民社会的一种新型关系，是两者的最佳状态。善治的基础与其说是在政府或国家，还不如说是在公民或民间社会。从这个意义上说，公民社会是善治的现实基础，没有一个健全和发达的公民社会，就不可能有真正的善治。③

善治的本质特征是政府与社会、政府与公民、政府与市场对公共事务的互动合作管理，是国家与公民社会的一种宽容为本、合而不同、合而共生的互促互进关系，是两者关系的最佳状态。善治的实质是国家公共权力与公民基本权利的和谐互动，善治自身要求合法性、透明性、责任性、回应性、有效性、参与性、公正性、廉洁性。善治的实现有赖于公民的自愿合作和对权威的自觉认同。善治的透明性要求有关政务信息能够及时、足量地通过大众传媒为公民所知晓，以便

---

① 陈广胜：《走向善治》，浙江大学出版社 2007 年版，第 101 页。

② ［英］查尔斯·J. 福克斯：《后现代公共行政——话语指向》，楚艳红等译，中国人民大学出版社 2001 年版，第 201 页。

③ 俞可平：《治理与善治》，社会科学文献出版社 2000 年版，第 13 页。

公民能够适时有效地参与公共决策过程，并且对公共管理过程实施有效的监督。善治的责任性不但要求人们对自己的行为负责，而且特别要求与某一特定职位或机构相连的职责及义务负责，这意味着管理人员及管理机构由于其承担的职务而必须履行一定的职能和义务。反之，则是失职或责任缺失。善治的回应性要求政府及其工作人员必须对公民的要求及反映的意见及时和负责地做出反应，进而主动地、定期或适时地向公民征询意见、解释政策和回答问题，并采取相应的治理和服务措施。参与性是指政府有责任创造条件，让公民合法、有序、受保护地参与社会政治生活，特别是与公民利害密切相关的公共事务决策。

可见，善治是一个还政于民的过程，善治的真正实现需要一个健全发达的民间组织和公民社会。因此，公共治理的主体应该是多元化的，而不应该是一元的，多元主体之间是彼此合作、相互协商的关系，它们通过对话来增进理解，确立共同目标并相互信任，共同承担风险，最终建立一种公共事务的管理联合体。善治的理念体现的是民主社会的发展，它是以公民权利为基础的。在治理和善治理念下，公民社会能有较好的发展，这样的公民社会能够扩大民主实践的范围，促进民主多元化，有利于对政府履行责任的监督。总之，在善治理念下，对政府的监督必须多元，这为异体行政问责提供了理论支持。

第二章

权力机关对行政机关问责研究

西方国家是代议制民主政体的源头。公民通过选举产生代议机关，由代议机关对行政机关进行控制和监督，是代议制民主政体的核心内容。权力制衡、异体问责的思想最早可追溯到古希腊和古罗马时期。资产阶级启蒙运动的兴起，使"主权在君"的思想逐渐被"主权在民"的思想所取代。随着人民权利意识的增强，对政府的要求也越来越严格，现代意义上的行政问责思想开始出现。现代西方民主政治体制的确立、权力制衡体制的完善，为行政问责制度功能的发挥创造了条件。在规范政府权力行使的过程中，鉴于同体行政问责的局限性，异体行政问责得到了更多的关注和研究，问责机制不断得到完善。主权在民原则和权力制衡原则，为代议机关监督问责行政机关提供了丰富的理论依据。

在我国，人民代表大会制度是我国的根本政治制度。作为国家权力机关，人民代表大会和政府之间的关系不是权力分立和制衡的关系，而是产生与被产生、监督与被监督的关系。因此，人民代表大会对行政机关进行监督问责是在履行其法定职责，具有完全的正当性和合法性。权力机关的监督问责能够弥补同体行政问责的不足，其权威性和实效性有利于行政机关严格执法、依法行政，加速法治政府、责任政府的构建。因此，充分发挥人民代表大会问责的优势，能够实现对政府和政府官员问责的效能最大化。[①] 而且，从长远发展来看，推进、完善人民代表大会行政问责机制，是社会契约论、人民主权理论

[①] 杨成：《论人大问责及其强化》，《广东行政学院学报》2011 年第 1 期。

和权力制衡理论等政治理论在中国社会发展的必然结果。①

第一节　权力机关对行政机关问责概述

在 2003 年"非典"危机中，政府进退失据、处置不力引发了公众的强烈不满，催生了我国行政问责机制的发展，对政府官员履职不力的问责成为常态。然而，就我国行政问责制度的实际运行来看，主要还是同体行政问责居多，即执政党内部利用党纪党规对其党员干部的问责，以及各级行政机关内部对其失职官员的问责。我国《宪法》规定，人民代表大会是我国的权力机关，政府由其产生并对其报告工作，接受其监督，二者之间不是平行关系，而是上下位的关系。因此，人民代表大会对行政机关的监督具有法定性、正当性、权威性，应当不断加大人民代表大会对行政机关及其工作人员监督问责的力度，以增强人民代表大会的权威，提高其地位，提升其问责的效能。

一　权力机关对行政机关问责的内涵

在我国，人民代表大会是国家的权力机关。权力机关对行政机关问责即人民代表大会对行政机关及其工作人员依法进行责任追究。

作为重要的异体问责主体，人民代表大会有权对国家行政机关及其工作人员的职务行为进行监督和责任追究。作为国家的权力机关，人民代表大会是人民实现当家作主权利的最主要的平台和载体。因此，提升人民代表大会的地位，充分发挥人民代表大会的作用具有重要意义。国家行政机关由人民代表大会选举产生，理应接受人民代表大会的监督，并向其汇报工作，人民代表大会对国家行政机关的问责是其职责所在。

关于权力机关对行政机关问责的内涵，学术界有多种观点。有学

---

① 聂士洋：《人大行政异体问责研究》，硕士学位论文，湖南师范大学，2013 年，第 1 页。

者认为，在我国，权力机关对行政机关问责就是"人民代表大会通过
行使其监督权，要求负有政治责任的官员主动承担责任，否则，将通
过罢免等形式追究官员的政治责任的制度"①。有的学者认为，我国
的人民代表大会类似于西方国家的代议机关，因此也属于"代议问
责"的范畴，人民代表大会的问责就是代议机关的问责，"代议问责
制是与行政问责制、司法问责制并列的国家问责制度，其问责对象是
经由选民选举或经代议机关选举或决定产生的国家官员，问责手段主
要有不信任、弹劾、罢免和撤职，问责效果是撤销被问责者的执政资
格"②。威尔逊指出："一个有效率的，被赋予统治权力的代议机构，
应该不只是像国会那样，仅限于表达全国民众的意志，还应该领导民
众最终实现其目的，做民众的代言人，并且做民众的眼睛，对政府的
所作所为进行监督。"③

在我国，人民代表大会对其选举产生的政府进行问责，体现了权
力的委托者对代理人的监督，是"主权在民"原则在实践中的表现。
因此，权力机关对行政机关问责是指，各级人民代表大会及其常务委
员会依法对其产生的本级政府及其工作人员的履职行为进行监督，对
于那些履职不当、造成严重失误或社会后果的，依法进行责任追究的
制度。

权力机关对行政机关问责是人民代表大会依法对行政机关及其工
作人员履职行为实施的监督，具有严肃性、权威性、规范性和约束
性，其特征主要表现在以下几个方面：

（一）权力机关对行政机关问责的主体是各级人民代表大会及其
常务委员会

在我国，权力机关对行政机关问责的主体是指人民代表大会依法

---

① 黄劲媚：《完善人大问责制的法律思考》，《昆明冶金高等专科学校学报》2005 年
第 4 期。

② 蒋劲松：《代议问责制初论》，《政治学研究》2008 年第 6 期。

③ ［美］威尔逊：《国会政体》，熊希龄、吕德本译，商务印书馆 1982 年版，第
164 页。

享有的问责权力的承担者，即谁有权去行使人民代表大会的问责权力。根据法律规定，"人民代表大会及其常委会拥有监督政府的权力"，① 人民代表大会对政府问责的权力只能由人民代表大会及其常务委员会来行使，其他任何组织或个人都无权行使该项权力。因此，我国权力机关对行政机关问责的主体是各级人民代表大会及其常务委员会。

一般来说，各级人民代表大会及其常务委员会不能将自己享有的问责权力委托或转让给其他组织或个人行使。需要注意的是，人民代表大会的内设机构和人民代表大会的组成人员个人不是完整意义上的问责主体，它们可以部分地行使问责权力，从事某些问责工作（如提出有关问责议案、质询案和罢免案等），但不能说它们分别具有问责权力，是问责的主体。其原因在于，各级人民代表大会及其常务委员会均集体行使职权，完整意义上的问责权力只能由人民代表大会及其常务委员会集体行使，只有它们才能真正做出具有法律效力的问责决定，采取有效的问责措施。

（二）权力机关对行政机关问责的客体是"政务类官员"

权力机关问责的客体是指由《宪法》和法律规定的、人民代表大会问责所指向的客体。具体来讲，是指那些由各级人民代表大会及其常务委员会选举产生的，并向人民代表大会负责的国家机关及其国家机关组成人员，包括本级行政机关、审判机关、检察机关及其组成人员。人民代表大会是国家的权力机关，由人民选举代表组成，得到人民授权或委托的权力，代表了民意，它通过选举产生国家机关，以执行自己制定的法律，因而，《宪法》规定人民代表大会及其常务委员会有权监督法律的实施，即监督执行机关执法的情况。就人民代表大会行政问责的客体而言，问责的客体是本级国家行政机关及其工作人员。然而，问责的对象并不是政府一般公务人员，而是国家机关和能以国家名义掌握执法权的"人"，即由人民代表大会及其常务委员会

---

① 蔡定剑：《中国人民代表大会制度》（第四版），法律出版社 2003 年版，第 369 页。

选举或任命产生的人，如各级各类行政长官。一般的政府官员除非受行政首长的委托，否则，是不能以国家名义执行法律、独立地对法律负责的，而只是对行政首长负责。他们在执行职务中有违法行为，也不能由人民代表大会对其实施监督和问责，而只能由行政首长或专门的行政监督机关来实施监督。即使一般政府官员违法行为造成严重后果，人民代表大会及其常委会也只能对向它负责的行政首长采取监督问责措施。①

（三）权力机关对行政机关问责的手段主要有执法检查、质询、处置和制裁等

在西方国家，代议机关对政府监督问责的手段多样、方式多元，主要包括倒阁、质询、调查和弹劾等。在我国，人民代表大会制度是我国根本的政治制度，作为国家的权力机关，各级人民代表大会选举产生同级政府，政府对人民代表大会负责并报告工作，人民代表大会负有监督问责政府的权力，其主要方式包括执法检查、质询、处置、制裁等。

执法检查是在视察基础上发展起来的一项专门监督法律实施的工作。《宪法》规定，地方各级人民代表大会及其常务委员会有权在本行政区域内保证《宪法》、法律、行政法规的遵守和执行。1993 年，全国人民代表大会常务委员会制定了《关于加强对法律实施情况检查监督的若干规定》，对政府执行法律的情况做出了一系列制度安排。各级人民代表大会常务委员会和各专门委员会围绕改革开放和现代化建设中的重大问题和群众反映强烈的问题，抓住若干法律重点进行检查，并形成检查报告，有关机关应在六个月内对改进执法工作的情况向人民代表大会常务委员会做出书面报告。对执法检查中发现的重大违法案件进行调查，调查处理意见，可提请常务委员会审议，做出审议决议。对特别重大的违法案件，常务委员会可组织特定问题调查委员会，对违法案件进行调查，并追究相关责任人的责任。

---

① 蔡定剑：《中国人民代表大会制度》（第四版），法律出版社 2003 年版，第 372 页。

质询是人民代表大会通过一定的法律程序，强制被监督问责的对象回答代表或委员提出的问题，代表或委员可以根据回答的情况采取必要措施，以实现一定的监督问责目的。质询案必须写明质询对象、质询的问题和内容。关于质询的程序，我国有关法律做出了明确规定：全国人民代表大会开会期间，一个代表团或三十名以上代表联名，全国人民代表大会常务委员会开会期间，常务委员会组成人员十名以上联名，可书面提出对国务院及各部委的质询案。县级以上地方各级人民代表有权依据法定的程序提出对本级人民政府及其所属各部门的质询案。乡级人大代表有权依法定的程序对本级人民政府提出质询案。质询案按照主席团的决定由受质询机关答复。提出质询案的代表半数以上对答复不满意的，可以要求受质询机关再作答复。质询案一般对比较重大而带存疑的问题提起，涉及的是重大问题，其出发点在于人民代表大会代表对政府的某方面工作不满意，需要给予批评、质问。从性质上看，质询是国家权力机关监督政府的一种方式，带有一定的强制性。因此，质询提起有较严格的法定条件和处理程序，并可能导致进一步的法律责任。①

处置是监督问责的实质性阶段是人民代表大会的监督问责权力发生效力的表现，主要包括做出决议、组织调查委员会、提出批评和受理申诉等。根据有关法律的精神和规定，各级人民代表大会及其常务委员会可以就国家行政方面的问题做出决议，具有法律效力，有关部门必须执行。组织特定问题调查委员会是人民代表大会监督政府及其所属部门的一种重要手段，它具有了解情况的性质，也具有处理问题的性质。调查委员会可以聘请专家参加调查工作，在进行调查时，一切有关的国家机关、社会团体和公民都有义务如实向它提供必要的材料。调查委员会调查结束后，应向大会报告调查结果，根据调查结果，做出相应的决议。调查是为了查清有关问题，必要时做出处理的一种监督问责活动，它应该是对行政机关中比较重大的问题提起，或

---

① 浦兴祖：《当代中国政治制度》，复旦大学出版社 1999 年版，第 78—79 页。

对国家机关领导人有失职、不当之事和比较严重的违法嫌疑而提起。调查有一定的法律强制性，会对被监督者造成强大压力，可能导致有关人员的辞职或做出纠正某件事情的决议，或导致提出罢免案。最后，人民代表大会常务委员会组成人员代表人民利益，对政府及其所属部门的工作提出各种批评、意见和建议。对于行政机关及其工作人员违法、犯罪、失职、腐败和官僚主义等侵害国家或公民利益的行为，各级人民代表大会及其常务委员会有权提出批评，受理申诉，督促有关机关纠正错误、改进工作。①

　　制裁是人民代表大会对监督问责对象的违法或失职行为的一种最后处理手段，也是人民代表大会监督权得以落实的保障，体现了人民代表大会的权威性、强制性。人民代表大会监督问责的制裁手段主要有罢免、撤职、免职、接受辞职和撤销等。人民代表大会及其常务委员会对由它选举、决定、任命和批准任命的国家机关人员最有效的监督制裁手段就是罢免和撤职。罢免是人民代表大会免除违法失职的国家机关主要领导人的方式，其范围就是它选举产生的国家领导人的范围，涉及对政府的问责，就是罢免政府的正职行政首长。撤职是人民代表大会监督制裁由它任命的、违法失职的国家机关组成人员职务的方式，撤职的主体是县级以上地方各级人民代表大会常务委员会，撤职的对象是本级政府个别副职领导人和政府其他组成人员，撤职的原因应是有违法失职或有严重错误。接受辞职是人民代表大会及其常务委员会对由它选举、任命的所有国家机关组成人员主动请求免除其职务的方式。国家机关组成人员向人民代表大会及其常务委员会提出辞职，是对人民代表大会负责的表现，也是一种监督关系的反映。撤销是人民代表大会及其常务委员会处理违宪、违反法律、法规及其他规范性文件的一种最后监督手段。根据我国《宪法》和《立法法》关于法制统一的原则要求，全国人民代表大会常务委员会的立法和决定

---

① 蔡定剑：《中国人民代表大会制度》（第四版），法律出版社 2003 年版，第 393—395 页。

必须同《宪法》和全国人民代表大会的基本法律相一致；国务院和地方权力机关制定的行政法规和地方性法规应同《宪法》和法律相一致；地方各级政府的规范性文件应同《宪法》、法律和本级人民代表大会制定的地方性法规或决议相一致。否则，人民代表大会及其常务委员会可以将其撤销。因此，对行政机关不适当的决定和命令，各级人民代表大会及其常务委员会有权根据《宪法》和法律的有关规定予以撤销，对相关责任人进行问责，以维护人民的权利和公共利益。[①]

（四）权力机关对行政机关问责所追究的责任主要是政治责任

在不同的国家，其代议机关对政府官员问责的力度是不同的。在实行议会内阁制的国家，政府的存在是以议会（下院）的信任为条件的，如果议会不同意政府（内阁）的施政方针，拒绝通过政府的政策、政府的组成、政府的财政议案或其他重要议案，即意味着议会不信任政府，政府或者集体辞职，或者提请国家元首下令解散议会，重新大选，由新议会决定政府的去留。[②] 从理论上说，倒阁权是为了防止政府"专横"的一项宪政机制，它要求政府必须对议会负责，进而对人民负责。在议会发源地的英国，政府对议会承担政治责任有两种形式：一是内阁集体负责制；二是大臣个人负责制。内阁集体负责制意味着所有内阁成员共同参与制定政策，作为一个决策整体，当失去下院的信任时集体辞职理所当然。大臣个人对议会负责的内容有其个人不当行为、其分管部门的各项决策以及管理状况不善等。从实际运作情况来看，大臣因政策不当、工作失误、私生活不检点等辞职的事件时有发生。倒阁权是议会对政府最重要的监督问责权力，有效地限制了政府权力的行使，体现了对人民负责的原则。在我国，人民代表大会是最重要的民意代表机关，是广大人民参与国家公共事务管理最重要的组织平台和载体，它代表人民对行政机关及其工作人员不

---

① 蔡定剑：《中国人民代表大会制度》（第四版），法律出版社 2003 年版，第 395—398 页。

② 曹沛霖等：《比较政治制度》，高等教育出版社 2005 年版，第 214 页。

当履职行为进行问责，保障了人民当家作主权利的实现。人民代表大会对行政机关问责是"各级人大及其常委会以撤销政府不适当决定、命令和政府官员的执政资格为结果，目的在于维护选民或代议机关对政府或政府官员的民主控制，因此，各级人大及其常委会追究政府或政府官员的责任属于政治责任的范畴"。①

二　中国权力机关对行政机关问责的理论价值和现实意义

权力机关对行政机关问责属于政治问责，本质上属于"以宪治政"，其目的是实现对权力的制约和监督。"一切有权力的人都容易滥用权力，这是一条万古不易的经验。"② 由于权力失范和滥用的可能性较大，强化对行政权力的约束和监督、规范行政权力的行使，就显得尤为重要。在我国，作为国家的权力机关，《宪法》和法律赋予人民代表大会广泛的监督权力，这使得人民代表大会对行政机关的问责具有很强的权威性和强制性，能够有效地约束政府行为。因此，在全面推进"依法治国"方略和构建责任型政府的背景下，加强权力机关对行政机关问责具有很强的理论价值和现实意义。

（一）加强权力机关对行政机关问责，有利于充分发挥人民代表大会的监督制约功能

代议机关对政府的监督和问责能够防止政府权力的滥用，规范权力的行使，推动现代民主政治的发展，实现公民参与国家公共事务管理的权利。人民代表大会制度是我国的根本政治制度，是有中国特色的社会主义代议民主共和政体。虽然我国的人民代表大会制度并不实行"三权分立"式的各种权利互相制约和平衡，但是，社会主义制度并不否定对权力必要的监督和制约。在《法兰西内战》中，马克思对巴黎公社的经验教训进行了总结，提出了防止国家和国家机关由

---

① 蒋劲松：《代议问责制初探》，《政治学研究》2008 年第 6 期。

② ［法］孟德斯鸠：《论法的精神》（上册），许明龙译，商务印书馆 1982 年版，第154 页。

社会"公仆"蜕变为社会"主人"的办法：一是普选的方法，即把行政、司法和国民教育方面的一切职位交给普选选出的人担任，而且规定选举者可以随时撤换被选举者；二是最低工资制，即所有的公职人员，不论职务高低，不得高于其他工人的工资。① 1945 年，毛泽东和黄炎培在著名的"窑洞对"中谈到对权力进行制约的重要性，他指出，要跳出"其兴也勃，其亡也忽"及"人亡政息"的历史周期律，必须依靠民主，依靠人民对政府的监督和制约。只有让人民来监督政府，政府才不敢松懈，只有人人起来负责，才不会人亡政息。② 在这里，毛泽东深刻地揭示了这样一个道理：权力的行使者必须接受监督，否则，必然走向灭亡。这意味着，"社会主义国家的政治制度中的权力制约，最终靠的是人民的监督，它通过制约达到权力统一，使权力统一于国家权力机关，并受到人民意志的指挥和驾驭。"③ 人民通过选举产生人民代表大会，组成国家权力机关，代表人民行使国家权力，因此，通过人民代表大会，人民实现对国家公共事务管理的参与，是"主权在民"原则的最主要体现。在我国，《宪法》和法律规定，政府由人民代表大会选举产生，对人民代表大会负责并报告工作。作为国家权力机关，人民代表大会有权对其所授出的权力进行监督和问责，通过行使质询权、调查权、罢免权、撤职权等，规范和约束行政权力的行使，促使行政机关依法行政，更好地为公众提供优质的公共产品和服务。

（二）加强权力机关对行政机关问责，有利于推进全面依法治国

中国共产党十八届四中全会确立了全面推进依法治国的基本方略，标志着我国社会主义法治建设进入了新的阶段。"依法治国，是坚持和发展中国特色社会主义的本质要求和重要保障，是实现国家治理体系和治理能力现代化的必然要求。"要全面推进依法治国方略的

---

① 《马克思恩格斯选集》（第二卷），人民出版社 1972 年版，第 335—336 页。

② 黄炎培：《八十年来》，文史资料出版社 1982 年版，第 148—149 页。

③ 刘政、程湘清：《人民代表大会制度的理论与实践》，中国民主法制出版社 2003 年版，第 48 页。

顺利实施，必须坚持人民的主体地位。人民代表大会由人民选举的代表组成，是人民参与经济文化管理、公共事务管理、社会事务管理的合法性渠道，是对行政权力进行制约和监督的最重要平台。因此，"必须充分发挥人民是依法治国的主体和力量源泉的作用，以保障人民根本利益为出发点和落脚点，保证人民依法享有广泛的权利和自由，维护社会公平正义，促进共同富裕。"① 在这种背景下，为了促进人民当家作主权利的实现，规范和约束政府行政权力的有效行使，必须充分发挥人民代表大会及其常务委员会对行政机关及其工作人员的监督问责职能，这关系人民代表大会功能的正常发挥，关系人民代表大会制度的顺利运作，以及社会主义民主政治建设的健康发展。

人民当家作主权利的真正实现，体现在人民能够对国家权力的行使进行监督和制约，使其做到"权为民所用，情为民所系，利为民所谋"，因为"权力不受制约和监督，必然导致滥用，加强对权力的制约和监督，是社会主义民主建设的重要任务"。② 在现实生活中，权力的滥用和腐败严重破坏了党和国家在人民心目中的形象，腐蚀了党的执政合法性，影响了政府的公信力，损害了国家和人民的利益，因此，"要进一步加强和改进人民代表大会的监督工作，增强监督实效。人民代表大会及其常委会作为国家权力机关的监督，是代表国家和人民进行的具有法律效力的监督。人民代表大会及其常委会监督的目的，在于确保公民、法人和其他组织的合法权益得到尊重和维护"③。对行政机关及其工作人员履职行为进行监督问责的主体是多元化的，其中，作为国家权力机关，人民代表大会对由其选举产生的政府进行监督问责，层次是最高的。人民代表大会监督和问责的有效性和权威性，是其他行政问责主体所不能比拟的。人民代表大会对行政机关的

---

①　《中共中央关于全面深化改革若干重大问题的决定》，http：//www. sn. xinhuanet. com/2013－11/16/c_ 118166672. htm，2013－11－16。

②　《十六大以来重要文献选编》（中），中央文献出版社2006年版，第227—228页。

③　同上。

问责，"有利于维护人民民主权利，发展社会主义民主，推进依法治国，保证社会的和谐发展"①。因此，为了全面推进依法治国方略的实施，必须加大人民代表大会的行政问责力度，"要通过人民代表大会制度，弘扬社会主义法治精神，依照人民代表大会及其常委会制定的法律法规来展开和推进国家各项事业和各项工作，保证人民平等参与、平等发展权利，维护社会公平正义，尊重和保障人权，实现国家各项工作法治化。"②

（三）加强权力机关对行政机关问责，有利于责任型政府的构建

在现代社会，政府需要对公众的需求及时做出回应，向公众提供优质的公共产品和服务，以满足公众日益多样化的需求。因此，政府向公众负责、构建责任型政府是现代民主政治的根本要求。早期的公共选择理论把政府及其官僚看作完全服务于公共利益、没有自我利益追求的超人，然而，新制度经济学表明，人类行为动机是双重的，一方面人们都是理性的"经济人"，都在追求财富最大化；另一方面，人类的行为非常复杂，很多时候又追求非财富最大化。人类历史上制度创新的过程，实际上就是人类这种双重动机均衡的结果。③ 反映到政治现实中，表明政府官员行为的复杂性，一方面，他们有为人民服务的理想，为此，他们积极为公众谋取福利，提供优质的公共产品和服务；另一方面，他们很多时候又表现出理性的"经济人"的倾向，体现为权力寻租和谋求预算最大化，使得部门利益取代公共利益，损害了公众的利益，造成"政府失灵"。"所谓政府失灵，是指政府干预导致资源配置低效率。在一些领域，人们期望政府能够解决市场办不好的事情，结果却发现政府干预不仅不能弥补市场失灵，反而进一步降低了资源配置效率，浪费了公共资源。"④

---

① 徐振光：《中国共产党人大制度理论发展史稿》，东方出版中心 2011 年版，第 267 页。

② 习近平：《在庆祝全国人民代表大会成立 60 周年大会上的讲话》，http://cpc. peo-ple. com. cn/n/2014/0906/c64093 – 25615123. html.

③ 卢现祥：《西方新制度经济学》（修订版），中国发展出版社 2003 年版，第 16 页。

④ 杨宏山：《市政管理学》（第三版），中国人民大学出版社 2012 年版，第 42 页。

政府不能对公众的需求及时做出回应、责任感缺失，和官僚科层机构有着密切的联系。马克斯·韦伯认为，官僚机构是一个有效率的组织，它提供的是不偏不倚的公共服务，而且与其他组织相比，官僚机构有章可循的等级分工制度是非常完善的。然而，由于缺乏激励机制，官僚机构往往是低效的。"其原因在于政府官员的劳动成果和效率缺乏明确的衡量标准，并且政府给予官员的报酬也不是根据其工作绩效，更大程度上依据的是职位的高低和制度上的硬性规定，而且一旦做出规定往往很难改变。"① 这导致激励机制难以建立，官员只有争取职位和权力的动力，而没有提高效率、改善工作质量的压力，因而也就缺乏压力机制对公众负责。在这种情况下，必须完善行政问责机制，促进责任型政府的构建。

"与每一种其他政府形式一样，代议制不可怀疑的弊端和危险可以归纳为两个方面：第一，在控制机关中存在普遍的无知和无能，或者更温和地说，缺乏足够的智力资料；第二，在利益集体影响之下存在与社会的普遍利益不完全一致的危险。"② 尽管如此，在所有的行政问责主体中，不管是行政机关自身，还是司法机关、社会团体，代议机关的问责无疑是最具合法性，同时也是最有权威性的。因此，作为国家的权力机关，人民代表大会是人民监督政府权力行使的最有效渠道，应该充分发挥人民代表大会的行政问责功能，积极制定责任政府的相关制度安排，促进责任型政府的构建，真正实现公众对政府的监督和问责。

（四）加强权力机关对行政机关问责，有利于促进行政问责制度的完善

中国人有"清官"情结，人们对社会公正的追求寄托于"包青天"式的人物，以至于当一个部门出现问题，或者出现突发性危机事

---

① 黄恒学：《公共经济学》（第二版），北京大学出版社 2009 年版，第 159 页。

② ［美］保罗·A. 萨缪尔森、威廉·D. 诺德豪斯：《经济学》（第十二版），高鸿业译，中国发展出版社 1992 年版，第 1189 页。

件并造成严重后果时，人们往往会想该单位的领导肯定有问题。这种思维定式不仅影响着人们的行为方式，而且还影响着政策的制定。在人治的社会里，人们更注重领导的个人品德。人治社会的一个突出特点是不重视制度（尤其是法律制度）对人的行为约束，而强调个人品德和自律。在现代社会，制度比人品更重要。其原因在于，由于信息不对称，在选择干部时，不可能了解该人所有的信息，因此，不可能总把最优秀的人选择到领导岗位上来。而且，任何人都有追求自身利益最大化的动机，人品好的人也不例外。人品好的人和人品不好的人在追求自身利益最大化时采取的方式可能有差异，但是，人们采取什么方式不完全取决于个人的品德，它还取决于社会的制度环境。制度是一种约束人们行为的规则，在一个好的制度里，品行并不是很好的人也得好好干，否则，随时可能被淘汰出局；在一个不好的制度里，品行较好的人也可能不好好干，在这个制度里，不好好干可能更有利。制度与人品是相互联系、相互促进的。好的人品有利于制度的实施，并可以大大地降低制度运行的费用；同样，制度也可以促进人的品德的进步和提高，具有约束力的制度能有效地规范人的行为，减少人与人之间的摩擦与矛盾。①

目前，我国的行政问责主要还是行政系统内部的问责，体现的是上级行政机关对下级行政机关的控制，二者表现出一种"命令—服从"的关系。这种制度安排的困境在于，由于我国行政责任体制主要体现为下级对上级负责，上级对下级负有监督和控制的义务，二者之间在某种程度上形成了一个利益共同体。在这种情况下，下级的不当履职行为会对上级行政机关形成很大压力。因为一旦出现问题，负有监督下级行政机关的上级行政机关也难逃干系。这样，上级行政机关就会自觉不自觉地倾向于维护下级行政机关的利益，以避免自身接受更上一级行政机关的问责，这使得上级对下级的问责往往流于形式。

① 卢现祥：《西方新制度经济学》（修订版），中国发展出版社 2003 年版，第19—20 页。

从理论上讲，人民代表大会选举产生政府，政府应当对人民权力的委托者——人民代表大会负责，但现行的行政体制却使得人民代表大会对政府的问责往往缺乏力度。因此，强化人民代表大会对政府的问责，构建与完善人民代表大会对政府问责的制度体系，可以形成对行政机关及其工作人员履职行为的外来压力机制，通过制度的他律硬约束，辅之政府官员的自律软约束，可以有效地避免行政问责中的人为因素，规范政府权力的行使，使其真正做到为人民服务，为公众提供更为优质的公共产品和服务。

总之，权力机关对行政机关的监督和问责符合《宪法》和法律的要求，确立人民代表大会对政府的问责主体地位有利于全面依法治国方略的实现，可以充分发挥人民代表大会的监督功能，促进责任型政府的构建，显示出人民代表大会作为国家权力机关的权威性和有效性。因此，构建和完善人民代表大会监督问责政府的制度体系，具有很强的理论意义和现实意义。

三　中国权力机关对行政机关问责的基本制度

中国权力机关依法享有的行政问责权及其相关制度主要集中在《地方各级人民代表大会和地方各级人民政府组织法》《各级人民代表大会常务委员会监督法》等法律文件之中。综观现行法律规定，我国权力机关对行政机关的问责权力主要包括罢免权、撤职权、撤销权、质询权和特定问题调查权等，法律对上述权力的行使做出了基本的制度性规定。

（一）罢免制度

《地方各级人民代表大会和地方各级人民政府组织法》规定，地方各级人民代表大会有权罢免本级人民政府的组成人员。其中，省、自治区、直辖市、自治州、设区的市的人民政府分别由省长、副省长，自治区主席、副主席，市长、副市长，州长、副州长和秘书长、厅长、局长、委员会主任等组成；县、自治县、不设区的市、市辖区的人民政府分别由县长、副县长，市长、副市长，区长、副区长和局长、科长等组成；乡、民族乡的人民政府设乡长、副乡长。镇人民政府设镇长、副镇长。对于上述政府组成人员，本级人民代表大会有权依法予以罢免。

在罢免程序上，《地方各级人民代表大会和地方各级人民政府组织法》规定，县级以上地方各级人民代表大会举行会议的时候，主席团、常务委员会或者 1/10 以上代表联名，可以提出对本级人民政府组成人员的罢免案，由主席团提请大会审议。乡、民族乡、镇的人民代表大会举行会议的时候，主席团或者 1/5 以上代表联名，可以提出对乡长、副乡长、镇长、副镇长的罢免案，由主席团提请大会审议。罢免案应当写明罢免理由。被提出罢免的人员有权在主席团会议或者大会全体会议上提出申辩意见，或者书面提出申辩意见。在主席团会议上提出的申辩意见或者书面提出的申辩意见，由主席团印发会议。该法还规定，向县级以上的地方各级人民代表大会提出的罢免案，由主席团交会议审议后，提请全体会议表决；或者由主席团提议，经全体会议决定，组织调查委员会，由本级人民代表大会下次会议根据调查委员会的报告审议决定。

（二）撤职制度

《各级人民代表大会常务委员会监督法》规定，县级以上地方各级人民代表大会常务委员会在本级人民代表大会闭会期间，可以决定撤销本级人民政府个别副省长、自治区副主席、副市长、副州长、副县长、副区长的职务。可见，撤职权专属于县级以上地方各级人民代表大会常务委员会，行使于本级人民代表大会闭会期间，只针对本级人民政府个别副职。

在撤职程序上，《各级人民代表大会常务委员会监督法》规定，县级以上地方各级人民政府、县级以上地方各级人民代表大会常务委员会主任会议、县级以上地方各级人民代表大会常务委员会 1/5 以上的组成人员书面联名，均可以向本级人民代表大会常务委员会提出对上述国家机关工作人员的撤职案。撤职案由主任会议决定是否提请常务委员会会议审议；或者由主任会议提议，经全体会议决定，组织调查委员会，由以后的常务委员会会议根据调查委员会的报告审议决定。该法同时规定，撤职案应当写明撤职的对象和理由，并提供有关的材料。撤职案在提请表决前，被提出撤职的人员有权在常务委员会会议上提出申辩意见，或者书面提出申辩意见，由主任会议决定印发常务委员会会议。撤职案的表决采用无记名投票方式，由常务委员会全体组成人员的过半数通过。

（三）撤销制度

《地方各级人民代表大会和地方各级人民政府组织法》规定，县级以上的地方各级人民代表大会有权撤销本级人民政府的不适当的决定和命令，乡、民族乡、镇的人民代表大会有权撤销乡、民族乡、镇的人民政府的不适当的决定和命令。

在撤销程序上，《各级人民代表大会常务委员会监督法》规定，县级以上地方各级人民代表大会常务委员会对本级人民政府发布的决定、命令，经审查，认为有下列不适当的情形之一的，有权予以撤销：超越法定权限，限制或者剥夺公民、法人和其他组织的合法权利，或者增加公民、法人和其他组织的义务的；同法律、法规规定相抵触的；有其他不适当的情形，应当予以撤销的。该法同时规定，县级以上地方各级人民代表大会常务委员会审查、撤销本级人民政府发布的不适当的决定、命令的程序，由省、自治区、直辖市的人民代表大会常务委员会参照《立法法》的有关规定，做出具体规定。

（四）质询制度

根据《地方各级人民代表大会和地方各级人民政府组织法》，地方各级人民代表大会举行会议的时候，代表十人以上联名可以书面提出对本级人民政府和它所属各工作部门的质询案。质询案必须写明质询对象、质询的问题和内容。质询案由主席团决定交由受质询机关在主席团会议、大会全体会议或者有关的专门委员会会议上口头答复，或者由受质询机关书面答复。在主席团会议或者专门委员会会议上答复的，提质询案的代表有权列席会议，发表意见；主席团认为必要的时候，可以将答复质询案的情况报告印发会议。质询案以口头答复的，应当由受质询机关的负责人到会答复；质询案以书面答复的，应当由受质询机关的负责人签署，由主席团印发会议或者印发提质询案的代表。

《各级人民代表大会常务委员会监督法》规定，全国人民代表大会常务委员会组成人员十人以上联名，省、自治区、直辖市、自治州、设区的市人民代表大会常务委员会组成人员五人以上联名，县级人民代表大会常务委员会组成人员三人以上联名，可以向常务委员会书面提出对本级人民政府及其部门的质询案。质询案应当写明质询对象、质询的问题和内容。质询案由委员长会议或者主任会议决定交由受质询的机关答复。委员长会议或者主任会议可以决定由受质询机关在常务委员会会议上或者有关专门委员会会议上口头答复，或者由受质询机关书面答复。在专门委员会会议上答复的，提质询案的常务委员会组成人员有权列席会议，发表意见。委员长会议或者主任会议认为必要时，可以将答复质询案的情况报告印发常务委员会会议。该法还规定，提质询案的常务委员会组成人员的过半数对受质询机关的答复不满意的，可以提出要求，经委员长会议或者主任会议决定，由受质询机关再作答复。质询案以口头答复的，由受质询机关的负责人到会答复。质询案以书面答复的，由受质询机关的负责人签署。

（五）特定问题调查制度

《地方各级人民代表大会和地方各级人民政府组织法》规定，县级以上的地方各级人民代表大会可以组织关于特定问题的调查委员会。主席团或者1/10以上代表书面联名，可以向本级人民代表大会提议组织关于特定问题的调查委员会，由主席团提请全体会议决定。调查委员会由主任委员、副主任委员和委员组成，由主席团在代表中提名，提请全体会议通过。调查委员会应当向本级人民代表大会提出调查报告。人民代表大会根据调查委员会的报告，可以做出相应的决议。人民代表大会可以授权它的常务委员会听取调查委员会的调查报告，常务委员会可以做出相应的决议，报人民代表大会下次会议备案。

《各级人民代表大会常务委员会监督法》规定，各级人民代表大会常务委员会对属于其职权范围内的事项，需要做出决议、决定，但有关重大事实不清的，可以组织关于特定问题的调查委员会。委员长会议或者主任会议可以向本级人民代表大会常务委员会提议组织关于特定问题的调查委员会，提请常务委员会审议。1/5 以上常务委员会组成人员书面联名，可以向本级人民代表大会常务委员会提议组织关于特定问题的调查委员会，由委员长会议或者主任会议决定提请常务委员会审议，或者先交有关的专门委员会审议、提出报告，再决定提请常务委员会审议。调查委员会由主任委员、副主任委员和委员组成，由委员长会议或者主任会议在本级人民代表大会常务委员会组成人员和本级人民代表大会代表中提名，提请常务委员会审议通过。调查委员会可以聘请有关专家参加调查工作。与调查的问题有利害关系的常务委员会组成人员和其他人员不得参加调查委员会。调查委员会进行调查时，有关的国家机关、社会团体、企事业组织和公民都有义务向其提供必要的材料。提供材料的公民要求对材料来源保密的，调查委员会应当予以保密。调查委员会在调查过程中，可以不公布调查的情况和材料。调查委员会应当向产生它的常务委员会提出调查报告。常务委员会根据报告，可以做出相应的决议、决定。

第二节　中国权力机关对行政机关问责的现实困境

在我国，人民代表大会制度体现了我国社会主义代议制民主共和政体的性质。作为国家的权力机关，《宪法》规定了人民代表大会在国家权力体系中的地位。根据"主权在民"的原则，人民代表大会的权力来自人民，它代表人民来行使权力。政府作为国家的行政机关，由人民代表大会选举产生，它的权力来自人民代表大会。因此，它要向人民代表大会负责并报告工作，不折不扣地执行人民代表大会制定的各种决策。与此同时，作为公共权力的受托者，人民代表大会有权力对政府的行为进行监督，对于政府及其官员的履职行为进行考核，并对政府及其官员履职不当的行为予以追究，并责令相关责任人进行整改。通过充分发挥其监督功能，促使政府依法行政，增进社会公共利益。

从法理上讲，人民代表大会拥有最高权力，在我国政治权力体系结构中居于核心地位。然而，在制度的实际运行中，人民代表大会的法律地位高、实际地位低，存在着人民代表大会法律地位和实际地位不相符的现象。这就使人民代表大会对政府的监督问责作用发挥得极不充分，对政府的问责困难重重，问责力度不足，甚至严重缺位。政府自身充当了问责的主要主体，损害了人民代表大会的权威性。当前，我国权力机关对行政机关问责工作存在的问题，主要表现在以下几个方面。

一　权力机关对行政机关问责的相关法制存在缺失

美国立宪主义者汉密尔顿和麦迪逊认为："如果人人都是天使，就不需要任何政府了。如果是天使统治人，就不需要对政府有任何外来的或内在的控制了。"[①]在这里，他们指出了权力的一个特性，即权力领域充满了危险与变数，权力的规范行使不能依靠统治者的道德、人品进行自我约束，而应该通过制度对权力进行外在的制约。在设计这种制度时，不是首先要考虑人的品德是多么完善，而是恰恰相反，应考虑人的品德是不完善的。故此，为了防止某些权力逐渐集中于同一部门，必须把权力分散在不同的部门之中，并给予各部门的主管人员抵制其他部门侵犯的必要法定手段。要保证政府切实履行职责，防止权力的腐败和滥用，就必须建立健全相应的法律法规，以完善的制度强制功能，促使政府官员为社会公共利益而规范行使权力。

行政问责制在我国起步较晚，2003年的"非典"为行政问责制

---

① ［美］汉密尔顿、杰伊、麦迪逊：《联邦党人文集》，程逢如等译，商务印书馆1997年版，第264页。

的发展提供了契机。此后，不断有因履职不力的官员受到问责，行政问责的理念逐步深入人心。在行政问责制发展的过程中，中国共产党对其党员干部的问责、行政系统内部的问责发展较快，有关的制度安排不断出台。为了有效地防范特大安全事故的发生，严肃追究相关行政机关及其工作人员的责任，保障人民群众的生命财产安全，2001年4月21日，国务院出台《关于特大安全事故行政责任追究的规定》，对地方人民政府主要领导人和政府有关部门正职负责人对特大安全事故的防范、发生负有失职、渎职或领导责任的，给予行政处分，构成玩忽职守罪或其他犯罪的，依法追究刑事责任。该规定为行政机关内部追究特大安全事故行政责任提供了制度依据。2005年《国家公务员法》的通过，以及2007年《行政机关公务员处分条例》的出台，使得行政纪律惩戒制度建设得到进一步的发展，为政府政令畅通、政府效能的提升、正常行政管理秩序的稳定提供了保障。与此同时，中国共产党对其党员干部的监督问责制度也在不断完善，2004年中共中央颁布《中国共产党党内监督条例（试行）》，对党员干部的"罢免和撤换""询问与质询"的程序做出相应规定。为了适应改革开放新形势的需要，2014年中共中央印发了《党政领导干部选拔任用工作条例》，要求全面落实党要管党、从严治党的要求，从严培养选拔干部，从严管理监督干部，坚决整治和严厉查处失职、渎职干部。同时，进一步规范党员领导干部的履职行为，2015年，中共中央政治局审议通过了《中国共产党纪律处分条例》，对失职、渎职行为的党员干部加强了纪律惩处。除了中央高层党政系统加强有关行政问责制度建设外，地方也积极行动起来，不断对行政问责制的具体落实进行探索和完善。自2003年问责风暴以来，重庆、长沙、海南、天津等地方政府相继出台有关地方行政问责的细则，为行政问责的可操作性提供了很好的经验。

　　然而，从行政问责制的现有制度安排来看，存在着较大缺陷，表现在中国共产党对其党员领导干部、上级行政机关对其下级行政机关的有关问责制度较多，而异体行政问责，不管是制度安排还是现实运作，都存在较大不足。尤其是人民代表大会对其选举产生的政府及其所属部门的问责，更是存在较大问题。在行政问责的实践中，人民代表大会的问责基本缺位，地位尴尬。其原因主要在于权力机关对行政机关的监督问责规定主要散见于其他有关法律制度中，没有形成专门的行政问责法。这就导致权力机关对行政机关进行行政问责缺乏明确的法律制度保障，权力机关变成了对党委和上级行政机关行政问责的事后确认，影响了权力机关对行政机关问责的效能。

二　权力机关对行政机关问责的相关程序不够完善

客观地讲，我国《地方各级人民代表大会和地方各级人民政府组织法》《各级人民代表大会常务委员会监督法》等相关法律，就权力机关对行政机关问责的程序做出了基本的制度设计，为权力机关开展行政问责工作提供了程序性保障。但是，不可否认，现行规定还存在不少问题。

（一）基本理念较为落后

综观《地方各级人民代表大会和地方各级人民政府组织法》《各级人民代表大会常务委员会监督法》，权力机关对行政机关问责的一系列基本权力，如罢免权、撤职权、撤销权等，已经得以确立。但是，关于权力机关对行政机关问责的程序性规定比较少，且大都较为原则和笼统，不易具体落实。究其原因，与我国权力机关对于行政问责的重要性缺乏足够重视、对于行政问责程序的重要作用缺乏清醒的认识有直接关系。长期以来，社会各界普遍缺乏"公共精神"，"公共精神是一种关心公共事务，并愿意致力于公共生活的改善和公共秩序的建设，以营造适宜人生存与发展条件的政治理念、伦理追求和人生哲学"。[①] 许多人习惯性地认为，行政问责是行政机关的内部事务，与我何干。行政问责应当由各级行政机关负责，其他机关（包括权力

---

① ［英］罗伯特·D. 帕特南：《使民主运转起来》，王列、赖海榕译，江西人民出版社 2001 年版，第 56 页。

机关）不便插手。因此，尽管《地方各级人民代表大会和地方各级人民政府组织法》《各级人民代表大会常务委员会监督法》已经明确赋予权力机关一系列行政问责权力，但是，各级权力机关仍然固守原有思维，长期游离于行政问责之外，大有"事不关己，高高挂起"之态。不仅如此，权力机关对问责程序的重要性缺乏足够重视，"重实体、轻程序"的传统观念依然根深蒂固，不少人习惯性地认为，只要实体性规定健全，程序性规定简单一些、缺失一些，不会影响行政问责的大局。

（二）制度设计不够科学

目前，在我国《宪法》和法律中，并没有关于权力机关对行政机关问责权力的具体描述，只是在《宪法》和有关法律中列举了全国人民代表大会及其常务委员会、地方各级人民代表大会及其常务委员会的职权。这些职权可以粗略地分为立法权、监督权、人事任免权和重大事项决定权。其中，监督权是涵盖面最广、内容最丰富、形式最多样的一项职权，在某些方面与人事任命权和重大事项决定权重合。根据监督的内容不同，人大的监督权可以分成四个方面：一是全面的工作监督，主要是对"一府两院"的工作监督；二是对计划和财政的监督；三是对法律执行的监督；四是人事监督。根据监督的手段不同，人大监督大致可分为八种：听取及审议工作报告；审查和批准计划、预算；审查法规等规范性文件；对法律的施行进行调查、视察或检查；受理申诉、控告和检举；询问和质询；特定问题的调查；罢免和撤职。不难发现，权力机关依法享有的罢免权、撤职权、质询权、特定问题调查权等行政问责权力事实上被监督权吸纳和覆盖，权力机关的行政问责权缺乏独立地位，其应有的制度价值难以凸显。与之相适应，权力机关对行政机关问责的程序性规定也被各级人民代表大会及其常务委员会的监督程序所吸纳，无法独立存在和运行。显然，现有的制度设计不够科学，权力机关依法享有的行政问责权变成了监督权的附属物，权力机关对行政机关问责的独立地位没有获得认可和体现，难以充分发挥权力机关在行政问责工作中的重要作用。

（三）相关措施不够完善

从整体来看，现行法律就权力机关对行政机关问责的程序做出了较为明确的规定，使权力机关对行政机关问责工作有了基本的操作规程。但是，应当看到，现有的程序性规定较为粗糙，存在诸多疏漏。以质询程序为例，现行法律规定各级人民代表大会及其常务委员会依法享有质询权，可以对本级人民政府及其部门提出质询，但是，并没有规定被质询机关必须予以答复。对于拒不答复或答复不力如何处理，法律并没有规定后续的惩戒性措施。以特定问题调查程序为例，现行法律赋予县级以上各级人民代表大会及其常务委员会关于特定问题调查的权力，并就操作的基本程序做出了规定，但是，没有对特定问题调查的一般期限做出时间性规定，这就容易造成某些特定问题的调查工作遥遥无期、久拖不决，最后甚至不了了之。在罢免、撤职程序上，现行法律也存在许多不完善之处。作为一种问责方式，罢免和撤职程序在现行法律中有了原则性的规定，特别是《各级人民代表大会常务委员会监督法》，对撤职案的提出、调查、审议以及表决等一系列程序做了具体的规定。不足之处在于撤职案的提出、调查、审议以及表决等几方面程序有待进一步细化，许多关键性的规定缺位。如，人民代表大会常务委员会在什么条件下才可以提出撤职案？常务委员会对撤职案审议、表决的依据是什么？标准是什么？常务委员会应当如何处理当事人的申辩？依据是什么？撤职案提出后，由主任会议决定是否提请常务委员会会议审议，如果主任会议决定不提请常务委员会会议审议，怎么处理？法律应当对上述问题做出具体规定。尤为重要的是，现行法律对被罢免、被撤职的行政机关负责人缺乏必要的权利救济。如果当事人对权力机关的罢免、撤职决定不服，现行法律未设置提出异议、维护权益的程序性通道，不利于保护当事人的合法权益。

（四）程序之间的衔接存在缺失

审视现行的法律规定，不难发现，权力机关对行政机关问责的基本程序形成了若干板块——质询、特定问题调查、撤销、撤职、罢免等，各板块的独立性较强，但板块之间的衔接并不理想。以撤职、罢免程序与特定问题调查程序之间的衔接为例，《地方各级人民代表大会和地方各级人民政府组织法》规定，向县级以上地方各级人民代表大会提出的罢免案，可以由主席团提议，经全体会议决定，组织调查委员会，由本级人民代表大会下次会议根据调查委员会的报告审议决定；《各级人民代表大会常务委员会监督法》规定，撤职案可以由主任会议提议，经全体会议决定，组织调查委员会，由以后的常务委员会会议根据调查委员会的报告审议决定。客观地说，撤职、罢免程序与特定问题调查程序之间建立起了链接，但是，上述两部法律规定得过于笼统，对于衔接的具体要求缺乏规定。在罢免案中，谁负责组织调查委员会，是人民代表大会主席团，还是人民代表大会常务委员会？同样的问题，在撤职案中，谁负责组织调查委员会，是人民代表大会常务委员会，还是人民代表大会常务委员会主任会议？另外，如果人民代表大会及其常务委员会对于调查委员会的报告不满意，怎么办？是否可以另行组织调查委员会重新进行调查？以质询程序与其他程序之间的衔接为例，存在的问题更为突出。质询程序的主要任务在于发现问题，分清责任，为后续处理奠定基础。如果通过质询发现案件的事实清楚，证据充分，责任人明确，且应当对责任人予以罢免或撤职，可否由质询程序转入罢免或撤职程序？假如可转，如何操作？换一种情况，如果通过质询发现案情较为复杂，可否由质询程序转入特定问题调查程序？假如可转，如何处理？现行法律对上述问题并未做出回应，客观上造成质询程序与其他程序之间难以建立有效的衔接。①

三　权力机关对行政机关问责的制度安排缺乏可操作性

我国《宪法》和有关法律规定，各级人民代表大会及其常务委员会有权对政府及其所属部门进行监督和问责，其主要方式有质询、特

---

① 张成立：《论我国权力机关行政问责程序建设》，《山东社会科学》2016 年第 7 期。

定问题调查、撤销、撤职、罢免等，但在实际运行中，由于相关规定可操作性不强，各级人民代表大会及其常委会对政府及其所属部门的行政问责效果并不乐观。仅以质询权的行使，就可管窥全貌。

质询权是代议机关对行政机关进行监督的一种重要形式，对行政机关形成很强的威慑和约束作用。"在西方国家，质询有口头质询和书面质询之分，也有普通质询和正式质询之分。普通质询是议员对内阁成员、政府部长掌管事项的质询，它只是质询者与被质询者之间一般性的问答。正式质询是议员对内阁施政方针、重要措施的质询，它构成议会的辩论，往往导致不信任案的提出，甚至产生政府危机、内阁改组。"① 在我国，关于质询权的行使，有关法律做出了详细的规定：在全国人大会议期间，"一个代表团或者30名以上的代表联名，有权书面提出对国务院和国务院各部委的质询案；地方各级人大举行会议的时候，代表10人以上联名可以书面提出对本级人民政府及其所属各部门的质询案"②。对提出质询人数的限制有助于质询案提出的严肃性，但质询制度还有待进一步完善。全国人民代表大会会议期间，提质询案的代表、代表团对被质询机关的答复不满意时，可以提出要求，经主席团会议决定，由被质询机关再作答复。如果对于被质询机关的再次答复不满意，怎么办？法律没有进一步地规定。

同时，由于我国人民代表大会的代表主要还是兼职制，没有实现职业化，人大代表多数是由政府官员组成，行使人民代表的工作相对于他们来讲只是一定期限内的角色使然，加上自身议政能力的缺失，他们对质询权的运用缺乏正确的认识，不但影响了提出质询案的动力，而且导致了自我监督问责的困境。因为官员很少有动力对自身的失职行为主动进行问责，以避免不必要的麻烦。"在究责的问题上，官员之间更容易达成互保共识，即使某个代表有质询的意图，要想联

---

① 田穗生等：《中外代议制度比较》，商务印书馆2005年版，第171页。
② 浦兴祖：《当代中国政治制度》，复旦大学出版社1999年版，第78页。

合其他代表达到法定人数，难度可想而知。"① 并且，质询案的提出，多是在各级人大召开时以书面的形式提出才具有较强的约束性。但是，我国各级人民代表大会一年才召开一次全体会议，并且会议的期限较短，需要讨论的问题多、任务重，议程紧密，如果有人大代表提出质询案，会在一定程度上影响会议议程的顺利进行，从而无法保证在既定的期限内审议完成预定的议题。因此，大会主席团对人大代表的质询并不会表现出积极的支持，一般情况下会以质询问题不准确、质询事实不清楚、质询依据不可靠为理由而将质询案排除出会议议程，而建议人大代表在会后以建议、询问等其他方式提出，从而影响了质询权能的发挥。

质询案的提起有较严格的法定条件和处理程序，并可能会导致进一步的责任追究，因此，质询权的运用较为谨慎。目前，我国只有少数地方行使过质询权，人民代表大会的质询权并没有发挥应有的功能。究其原因，质询制度不完善，人民代表大会本身不善于使用质询权，政府及其所属部门害怕被质询等，均为重要原因。它从某个方面也反映了人们对质询的认识还不到位。在解决认识的基础上，应当进一步完善质询制度，可从以下两个方面入手：一是规定对质询不满意的法律后果。人大代表或委员对质询不满意时，可以要求大会主席团或常务委员会将被质询的问题提交大会或常务委员会全体会议讨论。若质询案根据一定程序被提交大会或常务委员会讨论后，下一步的结果可以是：或表示满意通过；或需要进一步组织特定调查；或提出罢免、撤职案等，都由会议来决定。二是应用更详尽的法律程序规定质询案的组织规则，质询案的提交期限、准备时限、被质询人的答复和辩解权利，质询情况的通告和报告等。②

---

① 谢昱航：《人大质询权为何长期沉睡》，《山西晚报》2010 年 3 月 11 日。

② 蔡定剑：《中国人民代表大会制度》（第四版），法律出版社 2003 年版，第 391 页。

四 权力机关组成人员的问责意识和能力存在不足

民主就是公民参与国家公共事务管理的制度。正如人们经常说的，民主依赖妥协，若干冲突的、互不相容的群体通过协商、谈判、讨价还价实现妥协。① 从民主制度考察，代议制是间接民主，代表制是一种有局限的民主制。在现代国家，受国土面积大、人口规模大等因素的影响，在经济、文化和技术条件的约束下，公民不可能直接参与公共事务的管理，为代议制的产生和发展提供了条件。公民把自己的权力委托给自己选出的代表，让他们决定国家事务，监督国家管理，这就是代议制民主的含义。代议制能否实现民主，受到代表产生是否按民主程序、代表资格取得是否合法、代表是否有代表性、是否有机制保证代表按选民或全体人民的意志行事等不确定因素的制约。因此，没有代议制，就没有代表，就没有现代代议制。在代议民主制度下，代表与人民的关系理论有强制委托说、代表责任说、代表授权说等。② 在现代民主社会，代表责任制理论占据主导地位，许多国家都以《宪法》规定了代表责任制原则。

在我国，人民代表大会的代表是各级人民代表大会的组织细胞。要充分发挥人民代表大会的作用，人民代表大会的代表不可或缺。在我国，人民代表大会代表是人民当家作主、管理国家事务的中间环节，它一头连着国家机关，一头连着人民群众，把国家和人民联系在一起。广大人民也正是通过自己选出的代表参与国家公共事务的管理，监督国家工作人员。马克思认为，代表是由人民选派或委托去参加代表机关工作的，必须忠实选民的意志和利益，"脱离被代表人意志的代表机关，就不能称其为代表机关。"③ "国民议会本身没有任何

---

① ［美］罗伯特·达尔：《民主理论的前言》（扩充版），顾昕译，东方出版社2009年版，第1页。

② 蔡定剑：《中国人民代表大会制度》（第四版），法律出版社2003年版，第181—182页。

③ 《马克思恩格斯全集》（第1卷），人民出版社1965年版，第54—55页。

权利，人民委托给它的只是维护人民自己的权利。如果它不根据交给它的委托来行动，这一委托就失去效力。"① 可见，社会主义国家的代表与选民之间的委托—代理关系，意味着选民可以监督罢免代表，从而保证代表服从选民意志，服从选民利益。

学术界对我国人民代表大会代表与选民或选举单位的关系有强制委托论、非强制委托论、集中代表论的探讨。② 在实际运行中，我国人大代表理论更多地表现出集中代表论的特点。根据人民代表大会代表产生的制度规定，代表并不受选区和选举单位的支配，在代表大会上发言表决只是空洞地代表人民的意志，而不具体代表本选区或选举单位。"集中代表论"要求代表按全体人民的意志和利益行事，然而，抽象空洞的全民意志和利益是不存在的，全民意志和利益是每个局部和地方人民意志和利益的整合，只有每个代表都全面、客观地反映各自所代表的选民和选举单位的意志和利益，各种利益通过代表大会上的交流、调和、妥协，最后按少数服从多数表决，就能形成全体人民的意志和利益。否则，空洞的代表只能增加代表行为的盲目性，无异于让代表去服从一个统一的意志，代表就会容易被人操纵利用。③

另外，由于我国人民代表大会代表的选举竞争性不足，人大代表的当选具有一定程度的自上而下的政治任命性质，这使得人大代表履行议政职责的动力不足，把参加人民代表大会会议看作一种荣誉。人大代表很少提出反对意见，只是履行投票表决职责，问责意识不强，认为人民代表大会对政府机关的问责就是在添乱，不利于社会的和谐稳定。即使在现实中出现了政府官员履职不当的行为，他们主动进行监督问责的积极性和主动性也不强，而是寄希望于各级党委的问责和行政机关内部的问责。另外，人大代表对于《宪法》和有关法律规定的监督问责方式也不熟悉，有的代表曾自豪地说从来不投反对票，

---

① 《马克思恩格斯全集》（第1卷），人民出版社1965年版，第305页。

② 蔡定剑：《中国人民代表大会制度》（第四版），法律出版社2003年版，第185—186页。

③ 同上书，第186页。

只是积极配合党委政府的工作，这种观点也反映了很大一部分人民代表大会代表的意愿，影响了人大代表履行监督问责的能动性。①

同时，我国人民代表大会代表的构成不合理，政府官员比例过高，形成了自我监督的困境。学者王贵秀统计：全国人大代表中有近70%是来自行政和企事业单位的领导；② 不少地方各级人大代表中有40%—50%是来自行政和企事业单位的领导，少数地方高达60%以上。③ 由于人民代表大会对政府及其所属部门的监督问责属于比较刚性的方式，一旦采用，就会影响相关官员的政治上升空间。由于政府官员也是理性的"经济人"，他们掌握了有关政务管理的诸多信息，由于信息的不对称，他们倾向于隐瞒对己不利的信息，以避免受到问责。在政府官员兼任人民代表大会代表的情况下，人民代表大会代表的身份既是"运动员"又是"裁判员"，监督问责的效果可想而知，因此，权力机关对行政机关监督问责效果如此有限，也就不足为奇了。

"公共精神是一种关心公共事务，并愿意致力于公共生活的改善和公共秩序的建设，以营造适宜人生存与发展条件的政治理念、伦理追求和人生哲学。"④ 人民代表大会代表更应具备这种精神。人民代表大会之所以在行政问责中经常集体失语，"归根结底是人大和人大代表还没有感受到选民实实在在的外部压力，从而还没有被迫地真正树立起代表选民行使国家权力的职责观，可以说是集体失职"⑤。因此，必须通过制度安排提升人民代表大会代表的责任感，改变把人民代表大会当作荣誉机构的看法，还原其权力机关的真正地位。通过制

---

① 陈云发：《申纪兰终身当代表没有投过反对票》，http：//news. qq. com/a/20100313/001443. htm。

② 王贵秀：《人民代表大会可否减少官员代表》，《华夏时报》2005 年 2 月 23 日。

③ 王石山：《地方人大代表结构优化与素质提高之我见》，《唯实》2003 年第 5 期。

④ ［英］罗伯特·D. 帕特南：《使民主运转起来》，王列、赖海榕译，江西人民出版社 2001 年版，第 56 页。

⑤ 贾伟：《人大怎能集体失语》，《成都大学学报》（社科版）2005 年第 1 期。

度设计让其感受到选民压力，使其真正树立切实为人民意志和利益服务的理念，并通过不断改革和完善人民代表大会监督问责制度、人大代表的工作机制，真正发挥权力机关对行政机关问责的威力。

五　权力机关对行政机关问责的权威性不足

从理论上讲，国家权力机关对其选举产生的政府进行监督和问责，具有很强的合法性，是其履行职权的重要体现。然而，在政治实践中，尤其是在一些突发事件和重大事故中，相比于党委对政府的监督问责，以及行政机关内部的监督问责，人民代表大会对政府的监督问责力度存在严重不足，甚至经常出现缺位，既损害了人民代表大会的权威性、公信力和影响力，进一步弱化了人民代表大会的地位，也不利于政府对人民代表大会负责的理念的确立，影响社会主义民主法治建设的推进。

人民代表大会对政府监督问责的方式有执法检查权、质询权、处置权等，但在实际运作中，这些权力的运用存在诸多的障碍。特别在地方，人民代表大会作为权力机关的独立性欠缺、权威性不足。首先，中国共产党和人民代表大会之间的关系尚未完全理顺。人民代表大会作为国家的权力机关，要接受党的领导，这种领导主要是思想领导、组织领导和政治领导。有关法律规定，政府要接受党的领导，同时还要对产生它的同级人民代表大会负责并报告工作。党和人大都拥有权力，都对政府负有监督问责的权力，但由于这两种机构的性质不同，其工作方式、对政府的监督问责也应该是不相同的。党对政府的监督问责应该通过法定的程序，通过人民代表大会对政府进行监督问责更为合理。在现实生活中，党对政府的监督问责更具有权威性和强制性，往往问责后只是需要人民代表大会的程序确认，甚至越过人民代表大会正常的程序进行问责，影响了人民代表大会对政府的监督问责效能。其次，尽管从理论上讲，人民代表大会选举产生政府，政府对人民代表大会负责并报告工作，接受人民代表大会的监督问责。但在实际运行中，政府行政首长的地位更加强势。在党委权力序列中，地方行政首长是副书记，当党委书记不兼任人大常委会主任的时候，地方行政首长的实际地位往往高于本级人大常委会主任，这就导致人民代表大会对地方行政首长的问责力度大打折扣。同时，由于地方政府掌握着更多的资源，人民代表大会及其常委会的正常运作需要地方政府的大力支持，这也影响了人民代表大会及其常委会对政府的问责。最后，地方人民代表大会的代表在实际工作中，由于受到各方面因素的制约，加上自身参政议政能力的欠缺，监督问责政府的积极性并不高，这也影响了人民代表大会及其常委会监督问责政府的效能。

自 2006 年到 2010 年，《人民日报》所报道的行政问责案例总共涉及被问责官员 1666 人，其问责程序的启动者、实施者均为上级党委和上级政府部门。其中，上级党委问责 32 人，占 2%，上级政府问责 1539 人，占 92.4%，上级党委、政府共同问责 95 人，占 5.7%，所有的追责中没有一例属于人民代表大会对政府进行的问责。[①] 由此不难发现，我国权力机关对政府及其所属机构的问责严重缺位，权威性和威慑力存在严重不足，没有充分发挥出权力机关应有的监督问责功能。这使得行政问责"内部监督，由于部门利益，往往出现'相互礼让'；外部监督，尽管主体众多，但难以统一协调，形成合力；专门监督，虽制度不少，但实施起来步履艰难。如审计监督阻力很大，监察监督难以独当重任，舆论监督缺乏保障，权力机关的监督往往由于责任缺乏，监督不到位，出现走过场式的'软监督'"。[②] 人民代表大会及其常委会在行政监督中的弱势地位进一步制约了人民代表大会职能的发挥，影响了人民代表大会在社会公众中的影响力和公信力，不利于人民代表大会地位的提升和社会主义民主政治建设。

---

① 寇凌：《行政问责主体研究》，硕士学位论文，中国政法大学，2011 年，第 25 页。
② 于仁伯：《转变职能，建设诚信政府》，《中央社会主义学院学报》2002 年第 8 期。

第三节　中国权力机关对行政机关问责的制度完善

"无论从促进公共福利、保护个人权利还是从控制灾祸等角度考虑，文明社会秩序的建构与维持都离不开国家或政府掌握的公权力，'政治'就是公权力运行的过程。国家是为了实现理性人都认为正当的目的，并因为理性人认为有必要而共同创设的对所有人都产生约束力的机制。"① 然而，公权力的行使不应是任意的，而是应该以法律文本的形式确定下来，并通过必要的机制得到落实，也就是实行"依法治国"。

在我国，政府由人民代表大会选举产生，接受人民代表大会的监督，对其负责并报告工作。作为国家权力机关，人民代表大会授权政府管理国家公共事务。作为政府权力的委托者，人民代表大会对政府及其所属部门的监督问责具有天然的合法性和权威性。因此，必须完善人民代表大会对政府及其所属部门的监督问责机制，使政府及其工作人员规范行使权力，更好地为社会公众利益服务。

由于"行使公权力的政府并不是任何意义上的真理化身，恰恰相反，公权力的正当性永远是一个受到质疑的问题"②。因此，对政府的监督问责尤为重要，关系依法治国方略的顺利实现。必须强化对公权力的制约监督，以确保公共政策确实能代表最大多数人的最根本利益。然而，改革和完善权力机关异体行政问责是一个系统工程，不仅需要树立正确的理念，更需要相关制度安排的设计，以树立权力机关行政问责在整个行政问责体系中的核心地位，实现其行政问责的有效性、权威性和威慑力。

---

① 张千帆：《宪政原理》，法律出版社 2011 年版，第 1 页。
② 同上书，第 5 页。

一　提高权力机关对政府监督问责的认识

"人民代表大会制度是履行国家意志的表达功能、实现人民当家作主的制度保障和载体，是维护社会稳定的源泉，保证公民自由权利的基石。"① 我国人民代表大会不仅是立法机关，同时还是《宪法》和法律实施的监督机关，这构成了它的权力机关性质。人民代表大会监督问责由其选举产生的政府官员，是人民当家作主权利的重要体现，妨碍人民代表大会监督问责权利的落实，会妨碍人民当家作主权利的实现，将会有损于人民代表大会制度的性质，损害人民代表大会的权威，不利于社会主义民主政治建设的发展和依法治国方略的推进。

当前，人民代表大会对政府及其所属官员监督问责的力度还不足，面临许多困难，其原因既有制度设计和制度安排方面的问题，也有对人民代表大会监督问责的认识方面的偏差。例如，在革命战争时期形成的以党代政、党政不分的现象，至今没有得到很好的解决。而且，当前发展战略的实施客观上要求政策制定和执行的高效，这也使得党政领导人更注重人民代表大会的"程序确认"功能，忽视了人民代表大会监督问责政府功能的发挥。一些党政领导人对人民代表大会的监督问责工作不重视，甚至认为人民代表大会的监督问责会损害党的权威，不利于党的领导，把人民代表大会对政府的监督看作"挑刺儿""多管闲事"。少数党政领导人甚至不能容忍人民代表大会的监督问责，不能容忍自身的权力受到权力机关的约束。面对人民代表大会的监督问责，不是虚心接受，认真整改，而是借助于手中的资源配置权力，干扰人民代表大会及其常委会的工作，影响了人民代表大会行政问责的效果和权威。"这些错误认识，说严重一点，就是他们对人民代表大会制度是国家的根本制度的无知。"② 不了解现代民主

---

① 张西勇：《中国人民代表大会制度规定与实际过程不一致探因》，博士学位论文，中共中央党校，2014 年，第 3 页。

② 蔡定剑：《中国人民代表大会制度》（第四版），法律出版社 2003 年版，第 409 页。

政治的常识，政府由人民代表大会选举产生，权力来自于谁就对谁负责，人民代表大会对政府监督问责是应有之义。

为了提升人民代表大会行政问责的效能，必须加强教育，提高权力机关对政府及其所属部门监督问责的认识。尤其是要加强各级领导干部的"公仆"意识，增进政府官员对人民代表大会监督问责职权及其作用的认识。要使他们充分认识到，加强人民代表大会的监督问责能有效地防止权力滥用和重大决策的失误，使他们自觉、主动地接受人民代表大会的监督和制约。作为监督《宪法》和法律实施的国家权力机关，人民代表大会能有效地规范政府权力的行使，保障公民权利的实现。"一个国家只有实行宪政，人民才能免于暴政。《宪法》是国家的结构、权力分配方式，以及公民的权利和义务的基本框架。宪政意味着用法治来规制政府，意味着政府的行为不能依照官员的个人好恶而定，而应征得人民的同意并按照正当的程序进行。对政府行为自由的制约是为了保证公民的自由。政治自由要求制约权力，限制能使政府恰当地履行自己的职责。"①

提升政府官员接受人民代表大会监督问责的意识，有助于养成他们在《宪法》和法律框架内解决问题的观念，有利于社会的稳定和发展。英国《宪法》属于典型的不成文《宪法》，由不同时期的《宪法》性文件、《宪法》惯例与判例所构成，这一套《宪法》体系历经数百年的发展至今依然生机勃勃，并为英国社会创造了一个相对稳定的政治格局。虽然英国历史上也曾出现一些宪政危机，但最终都能在其既有的宪政框架内有效地得以化解，其神奇之处在于"英国《宪法》并非一种抽象理由之结果，乃系一种实际问题之实际解决也"。② 正是由于《宪法》的实用性以及对《宪法》的尊崇，一个国家才能在宪政框架内解决问题，政治体系才能呈现出连续

---

① ［美］莱斯利·里普森：《政治学的重大问题——政治学导论》，刘晓等译，华夏出版社 2001 年版，第 200 页。

② ［英］S·李德·布勒德：《英国宪政史谭》，陈世第译，中国政法大学出版社 2003 年版，第 5 页。

性、渐进性的特征，才能使政治、经济和社会可持续发展。

在提高权力机关对政府监督问责的认识的同时，还需要提升全社会对人民代表大会行政问责的正确认识。"任何国家的公民对总统或首相的印象要深于议会，人类也许存在着一种响应单一领导人格的深层的心理需要。一个总统可以拥有超凡魅力，但从没听说过一个拥有超凡魅力的国会。即使在议会制体系里，选民更多地响应首相候选人的人格。电视通过给行政首脑多于任何其他政治任务的播出时间而强化了这种趋势，人们倾向于将其总统或首相视为父母般的人物，冷静地将国家引向安全，而愚蠢的议员只会互相争吵。"① 长期以来，由于受传统文化"官本位"的影响，许多民众有"清官"情结，对行政官员的履职不当行为的纠正，更多地寄希望于强势的上级党政领导，而对人民代表大会行政问责的程序性、权威性认识不足。通过创造良好的社会氛围，提升全社会人民尊重《宪法》的习惯，能够提升人民代表大会及其常委会在民众心目中的权威性。这就需要人民代表大会及其常委会对政府及其所属部门官员的职务行为加强监督，对于履职不当的，要敢于问责、善于问责，勇于承担《宪法》赋予的职责，权力机关为人民掌好权、用好权，不辜负人民的委托，就能彻底改变人民代表大会工作中的行政观念和作风，养成依法定职权和程序行使监督问责权的良好习惯，提升其对政府及其组成人员问责的强制性、有效性和权威性。

二　加强权力机关对行政机关问责的立法

"法律的程序性在法律产生时就已经与法律权威性结合在一起而存在，可以转化为一种内在影响力；再正义的实体法律如果程序是非正义的，仍然是不被人们认可和信赖的。"② 要强化权力机关行政问责的权威性和威慑力，就必须实现人民代表大会对政府及其所属机构

---

① ［美］罗斯金等：《政治科学》，林震等译，华夏出版社2001年版，第297页。

② 孙笑侠：《法的现象与观念》，山东人民出版社2003年版，第60—61页。

监督问责的制度化、常态化。目前，尽管《宪法》和有关法律规定了人民代表大会有监督政府的权力，其方式有执法检查、质询、处置和制裁等，但这些监督问责规定散见于有关制度安排中，并且规定比较粗，不利于人民代表大会充分发挥监督问责的功能。因此，尽管各地在行政问责方面进行了一定的探索，但因尚未有一部统一的行政问责法典，在很大程度上阻碍了权力机关行政问责的效能，制定一部统一的《行政问责法》势在必行。该法可以吸取各地行政问责的经验和教训，整合行政监督的力量，为行政问责的规范化、法治化、常态化提供保障。

　　制定《行政问责法》的目的是构建完备的行政问责法律体系，要明确行政问责主体的职责和职能，既包括同体行政问责，即行政系统内部的监督问责，也包括异体行政问责，即权力机关、司法机关、民主党派、新闻媒体、社会团体、人民群众等的问责。在行政问责主体中，要明确人民代表大会对政府及其所属部门问责的核心地位，这样做既符合现代民主政治的原则，也能增强人民代表大会行政问责的正当性和权威性。并且，为了更好地发挥人民代表大会对政府及其所属机构的问责效能，需要进一步完善人民代表大会的议事规则，尤其是关于行政问责的议事规则。其原因在于听取政府工作报告、质询、组织特定问题调查、罢免等，都必须在人民代表大会和常委会会议期间进行，而我国各级人民代表大会全体会议是一年召开一次，人民代表大会常委会开会的频率也不高，一般是两个月召开一次，并且会期比较短，需要商议决定的事项也比较多。这样，就有可能不会把对政府及其所属部门的监督问责放在重要位置，除非是发生了重大事故。因此，需要细化人民代表大会及其常委会有关行政问责的议事规则，使人民代表大会行使监督问责职权具有较强的可操作性和实效性。通过明确规定人民代表大会行政问责的议事规则，可以使人大对政府及其所属部门的问责规范化和常态化。

　　另外，强化权力机关行政问责的功能，还需要制定和完善相关配套制度。人民代表大会行使的是《宪法》赋予的权力，人民代表大会及其常委会对其选举任命的官员进行监督和问责是应有之义，这种政治问责虽然一般不会导致严重的法律后果，但体现了人民当家作主、有权对政府权力行使进行规范的原则。因此，可以探索起草专门的《政府责任法》，并把《政府责任法》作为国家权力机关对政府进行责任要求和责任追究的基础性法律，以明确行政首长对人大的政治责任，真正解决政府的责任导向问题。进一步明确人民代表大会对政府及其所属部门问责的手段，主要包括政府及其首长的定期报告与质询、预算的报告与审查、人大专题的询问和质询、特定问题的调查等。问责的结果主要体现为政府或政府首长的道歉，政府不信任投票，政府首长的免职、撤职、辞职和罢免等。① 通过制定和完善行政问责的有关制度，明确权力机关对行政机关政治问责的权力、范围、方式和方法，有效提升权力机关对行政机关问责的绩效。

三　完善权力机关对行政机关问责的程序

针对权力机关行政问责程序中存在的问题，应当重点从思想观念、法律制度、立法技术等方面查找原因，对症下药，研究应对之策。

（一）更新观念，正确认识权力机关行政问责程序建设的重要性

我国的行政问责工作起步较晚，基础较为薄弱，相关的制度、措施很不完善。尤其在权力机关行政问责程序建设上，相当一部分人认为无关紧要，没有必要投入大量的人力、物力、财力。应当说，这种思想观念是非常落后的，也是非常错误的，因为它既没有正确认识权力机关与行政机关的关系，也没有充分认识程序建设在行政问责中的应有地位。在我国的政治架构中，权力机关与行政机关的关系是非常明晰的，各级人大是国家的权力机关，各级政府是权力机关的执行机关，政府应当对人大负责、自觉接受人大的监督。各级人大作为国家

---

① 任进：《地方人大常委会如何贯彻党政领导干部问责制》，《中国党政干部论坛》2011 年第 12 期。

权力机关有权力、有责任、有义务对于各级政府的工作实施监督，对于政府工作中的错误和不足予以指正，对于责任人依法追究责任。居于各种问责力量之首的人大，应如威尔逊在《国会政体》中阐述的那样："一个有效率的、被赋予统治权力的代议机构，应该不只是像国会那样，仅限于表达全国民众的意志，还应该领导民众最终实现其目的，做民众的代言人，并且做民众的眼睛，对政府的所作所为进行监督。"① 当然，确立权力机关的行政问责首要地位与真正发挥权力机关行政问责的重要作用还存在一定的距离，前者只是后者的基础，真正实现后者的目标必须要有制度支撑，既包括实体性规定，也包括程序性规定。就目前而言，人们对于权力机关行政问责的实体性规定尤其是权力机关行政问责的权力较为关注，相关法律也做出了规定，但是，对于如何行使这些权力、按照什么样的程序运用这些权力，并未引起人们足够的重视。事实上，程序性规定是实体性权力的保障，如果没有完善的程序，再好的实体性权力也难以落到实处。因此，应当充分重视问责程序在权力机关行政问责中的重要地位，更新思想，转变观念，将行政问责程序建设提到重要的议事日程上来。

（二）完善制度，细化权力机关行政问责的程序性规定

目前，我国权力机关行政问责程序建设已经初见成效，基本的程序性框架已经建立，存在的突出问题在于其具体规定比较欠缺，远远达不到问责的实际需要。因此，有必要认真分析和研究权力机关行政问责现行程序存在的问题以及实际工作对程序的要求，有针对性地细化相关程序性规定，增强权力机关行政问责的可操作性。以罢免为例，根据《地方各级人民代表大会和地方各级人民政府组织法》的规定，县级以上地方各级人民代表大会的主席团、常务委员会或者1/10 以上代表联名，可以提出对本级人民政府组成人员的罢免案，乡、民族乡、镇的人民代表大会的主席团或者 1/5 以上代表联名，可

① ［美］威尔逊：《国会政体》，熊希龄、吕德本译，商务印书馆 1982 年版，第164 页。

以提出对乡长、副乡长、镇长、副镇长的罢免案，但是，该法并没有明确规定在什么情况下、具备什么条件可以提出罢免案，客观上容易导致罢免案提出的随意性，甚至引发政治风险。根据该法规定，罢免案由各级人大主席团提请本级人大会议审议，审议后，提请全体会议表决，但是，该法并没有规定如何审议和表决，是大会审议还是分组审议？是举手表决还是无记名投票表决？是2/3以上通过还是过半数通过？特别重要的是，该法并没有规定人大对罢免案表决的基本依据和标准，人大代表投赞成票还是反对票完全取决于自己的主观意愿，这样的表决自然容易偏离客观与公正。可见，细化权力机关行政问责程序是非常必要的，有必要对权力机关行政问责的启动条件、实施步骤、各环节的内容和要求等做出明确规定，以增强其可操作性。

（三）注重衔接，构建权力机关行政问责程序体系

目前，我国权力机关的行政问责活动主要涉及质询、特定问题调查、撤销、撤职、罢免等几个方面，与之相适应，上述五种问责活动运行的程序各自独立，各有特色。应当看到，五种问责活动具有相对独立性，但是，又具有统一性，都是权力机关行政问责工作的组成部分，应当相互配合，相互协作。在程序方面，应当注重五种问责活动之间的程序衔接，减少相互间的脱节现象。一要解决质询程序与特定问题调查程序之间的衔接，法律应当明确规定，通过质询发现政府及其所属部门存在应予追责的情形，但案情较为复杂，负责质询的人民代表大会常务委员会有权决定由质询程序转入特定问题调查程序，以查明事实，明确责任。二要解决质询程序与撤销、撤职、罢免程序之间的衔接，法律应明确规定，通过质询发现受质询的地方人民政府发布的决定、命令确实存在越权、违法等不当情形，负责质询的人民代表大会常务委员会有权决定由质询程序转入撤销程序；通过质询发现政府及其所属部门存在严重问题，应当追究某些政府组成人员的责任，且事实清楚，证据充分，负责质询的人民代表大会常务委员会有权决定由质询程序转入罢免或撤职程序。三要解决特定问题调查程序

与撤职、罢免程序之间的衔接，法律应明确规定，在撤职、罢免案中，县级以上人民代表大会及其常务委员会决定组织调查委员会的，由同级人民代表大会常务委员会负责组织；该人大常委会对于调查委员会的工作不满意或者认为调查报告存在严重问题的，有权另行组织调查委员会进行重新调查。在权力机关行政问责程序衔接方面，县级以上人大常委会具有独特的作用，它既有权决定程序的启动，又有权决定程序的调整，处于中枢地位。

（四）进一步完善权力机关行政问责救济制度

权力机关行政问责工作是一项严肃、复杂的政治活动，既关系权力机关、行政机关的权力运行和社会形象，又影响被问责官员的政治前途和个人利益，应当严谨、细致、慎之又慎。和其他任何工作一样，权力机关的行政问责难以做到百分之百的正确，受各种因素的影响，有可能出现某些偏差和失误。因此，在制度设计上，有必要建立和完善权力机关行政问责救济制度，充分保护被问责官员的合法权益。目前，相关法律对权力机关行政问责救济制度已经做出了初步设计。如《地方各级人民代表大会和地方各级人民政府组织法》规定，被提出罢免的人员有权在主席团会议或者大会全体会议上提出申辩意见，或者书面提出申辩意见。在主席团会议上提出的申辩意见或者书面提出的申辩意见，由主席团印发会议。《各级人民代表大会常务委员会监督法》规定，撤职案在提请表决前，被提出撤职的人员有权在常务委员会会议上提出申辩意见，或者书面提出申辩意见，由主任会议决定印发常务委员会会议。上述法律规定给被提出罢免、撤职的人员提供了一项重要的救济渠道——申辩，在罢免案、撤职案表决前，被提出罢免、撤职的人员可以充分行使申辩权来保护自己。但是，罢免案、撤职案经过表决通过之后，被罢免、撤职的人员不服，能否依法救济自己的权利？通过何种方式救济自己的权利？现行法律并没有做出规定。笔者认为，无论是立足于保障人权，还是考虑公平、公正，被罢免、撤职的人员都有依法救济自己的权利，法律应当为其设置科学、合理的救济途径。借助现有的制度框架，应当赋予被罢免、撤职人员申诉权。具体而言，在《地方各级人民代表大会和地方各级人民政府组织法》中规定，被罢免人员对于县级以上地方各级人民代表大会通过的罢免案不服，有权向上一级人民代表大会提出申诉，上一级人民代表大会应当予以复查。在《各级人民代表大会常务委员会监督法》中规定，被撤职人员对于县级以上地方各级人民代表大会常务委员会通过的撤职案不服，有权向上一级人民代表大会常务委员会提出申诉，上一级人民代表大会常务委员会应当予以复查。此外，为充分保护被问责人员的合法权益，尽量减少问责工作的失误，法律还应当赋予被问责人员陈述权、申请回避权、申请听证权、请求国家赔偿权等重要权利。①

四　提升权力机关组成人员的问责能力

问责是一个人必须对上级，即法定的或组织的上级负责的范围，对其在整个社会上或者在特定组织中的职位上的活动负责。选任产生的公共官员，从理论上说是对选民的政治主权负责。行政问责是要求官员对一般民主和道德观念负责以及对特定法律授权时所担负的行政责任。弗里德里克和芬纳阐述了行政问责的两条途径：弗里德里克认为，行政责任可以通过职业精神、职业标准或规则确保从官僚内部得以实现，因为现代政策日益增长的复杂性要求广泛的政策上的专业知识以及行政官僚的职业能力。而芬纳则认为，行政责任可以通过立法或公众的监督确保从官僚内部得以实现，因为内部权力或监督最终会导致腐败。② 弗里德里克强调的是同体行政问责，分工的专业化使得行政官僚群体因其专业知识形成了相对封闭的群体，他们的行为深刻地影响公共政策执行的效果，通过职业精神的培养形成自律意识、通过制定规则形成纪律约束，可以使行政官员规范行使权力；芬纳强调

---

① 张成立：《论我国权力机关行政问责程序建设》，《山东社会科学》2016 年第 7 期。

② ［美］杰伊·M. 沙夫里茨等：《公共行政导论》，刘俊生等译，中国人民大学出版社 2011 年版，第 159 页。

的是异体行政问责，即通过行政系统外部的主体对行政机关的压力迫使政府及其所属部门依法行政。这意味着，强化行政问责，不仅需要以职业精神和职业伦理来约束自我，而且需要相关的制度安排来实现对公共权力的制约，其原因在于"公共权力的强制性往往使其具有腐蚀的诱惑力，可能诱惑国家公职人员利用公共权力损害公共利益而谋取私利"①。

"在民主社会中，公共行政权力的滥用经常成为被谴责的主要对象，并且可能成为耻辱和免职的主要理由。"② 也就是说，对公权力的监督和制约是民主的应有之义。人民通过选举代表组成人民代表大会，以行使国家权力。选民对其选举产生的代表进行监督和制约，符合现代民主政治原理，是主权在民思想在宪政中的具体实现。由于现代国家实行的是代议制，都属于间接民主，因此，人大代表增强对政府及其所属部门的问责意识和问责能力，既能不负选民重托，充分履行自身职责，又能促进政府规范行使权力，更好地为社会公益服务。

目前，我国各级人大代表的组成比例不够合理，来自党政机关的代表占了大多数，其他成分的代表比例相对较少。其实，代表的成分并不重要，关键是看这些人代表了哪个阶层的利益。在国外，律师出身的人也能代表农民的利益，因此，不应过于纠结于代表的职业背景，而是更应关注人大代表在履职的过程中代表的是哪个阶层的利益。另外，相对于其他职业背景的代表来说，来自党政机关的代表能够接触到更多的政务信息、公共事务管理信息，工作经验更为丰富，其议政问政的能力也更强。只是需要注意的是，党政官员代表监督问责政府会带来自我监督的困境，会严重影响权力机关对政府及其所属机关问责的效果。因此，必须从多方面入手，增强权力机关组成人员的问责意识和问责能力，更好地使其履行监督问责职能，促进政府及

---

① ［美］菲利普·J. 库珀：《二十一世纪的公共行政：挑战与改革》，王巧玲、李文钊译，中国人民大学出版社 2006 年版，第 3 页。

② ［美］杰伊·M. 沙夫里茨等：《公共行政导论》，刘俊生等译，中国人民大学出版社 2011 年版，第 161 页。

其工作人员依法行政。

　　"主权在民"原则要求人民代表大会的代表向人民负责，代表人民监督问责政府机关及其所属部门履职不当的行为。人大代表监督问责政府具有天然的正当性，如果人大代表不去行使自身的监督权，那就是失职，也应接受制裁。因此，人大代表必须强化问责意识和提升问责能力，以更好地履行职责。要做到这一点，可以探索人大代表履职培训机制，通过举办学习培训班，使其深刻认识对政府及其所属部门进行问责的重要性、必要性和迫切性，让他们珍视人民赋予的权力，提升问责意识，杜绝"老好人"心态，勇于开展对政府及其所属部门的问责活动，规范政府权力的行使。同时，通过专业培训和模拟训练，使人民代表大会代表掌握行政问责的方法和技巧，提升他们的问责能力。

　　另外，要深入探索如何走出"自我问责"的困境。由于官员在人民代表大会代表中占的比例过高，人民代表大会的行政问责往往会陷入"自我问责"的困境。而且由于人大代表也是理性的"经济人"，为了维护自身利益，他们在履职过程中也会出现选择性问责的现象。"公共权力的运作往往夹杂着特殊利益，持有者往往因公共权力而拥有很高的地位、荣誉乃至财富。公共权力的运行过程往往是社会价值和社会资源的分配过程，因此，这种权力关系也往往体现为利益关系。"① 因此，必须打破人大代表和政府官员之间的利益联结，使其能真正发挥对违法政府官员进行问责的功能。通过减少政府官员的比例，逐步实行人大代表专职化，既可以确保人大代表有足够的时间和精力议政问政，也能有效地对政府及其官员进行监督问责。这样，通过相应制度措施的完善，可以提升人大代表的问责意识和问责能力，为人大代表行使问责权力创造各种有利条件，使其更好地发挥人民赋予他们监督问责政府的功能，促进依法治国方略的实现。

---

　　① ［美］菲利普·J. 库珀等：《二十一世纪的公共行政：挑战与改革》，王巧玲、李文钊译，中国人民大学出版社 2006 年版，第 3 页。

　　总之，权力机关强化对政府及其所属部门的问责是构建国家治理体系和实现治理能力现代化的应有之义，它有助于法治理念的确立，能够推动我国社会主义民主政治建设的发展。"对每个行使政府公共权力的公务员而言，都存在着将公共目的或利益转变为他的个人目的或利益的可能性，如果对于公共权力的这种腐蚀性不加干涉，权力就会与特殊利益构成正相关关系，导致公共权力脱离公共利益的轨道。为了不使其脱离，就需要对公共权力进行控制。"① 作为国家权力的所有者，人民通过选举的方式把权力委托给权力机关，权力机关代表人民对政府公共权力进行制约具有很强的正当性和道义性。"只有当受治者同统治者的关系遵循国家服务于公民而不是公民服务于国家，政府为人民而存在而不是相反这样的原则时，才有民主制度存在。"②"一个有效率的，被赋予统治权力的代议机构，应该不只是像国会那样，仅限于表达全国民众的意志，还应该领导民众最终实现其目的，做民众的代言人，并且做民众的眼睛，对政府的所作所为进行监督。"③

五　树立权力机关监督问责政府的权威

　　"人民权力集中由人民代议机关行使，是保障人民自由的措施，人民自由，只有在全部政权完全地和真正地归人民所有的时候，才能得到完全的真正的保障，代议机关才能给人民保留完整的政权，满足人民充分行使管理国家权力的需要。"④ 人民代表大会是我国的权力机关，它能在所辖行政区域内代表人民，全面、独立地行使区域的统

① ［美］菲利普·J. 库珀：《二十一世纪的公共行政：挑战与改革》，王巧玲、李文钊译，中国人民大学出版社 2006 年版，第 3 页。

② ［美］乔·萨托利：《民主新论》，冯克利、阎克文译，东方出版社 2003 年版，第 38 页。

③ ［美］威尔逊：《国会政体》，熊希龄、吕德本译，商务印书馆 1986 年版，第 164 页。

④ 蔡定剑：《中国人民代表大会制度》（第四版），法律出版社 2003 年版，第 13 页。

治权。中国共产党是工人阶级的先锋队组织，是长期执政的党，它代表最广大人民的根本利益，以全心全意为人民服务为宗旨。在长期的革命斗争中，中国共产党领导中国人民对国家的政权组织形式进行了长期艰难的探索，先后经历过苏维埃政权制度、"三三制"参议会制度、人民代表会议制度，最后才确立人民代表大会制度为我国的政权组织形式，因此，人民代表大会制度是由中国共产党创设和发展的，人民代表大会制度发展的历程也表明，其衰落和发展都与党的领导息息相关。

在长期的革命和建设过程中，我国的政治体制形成了党政不分的局面。从理论上讲，党的领导主要是宏观领导，把握国家社会发展政治方向、政治原则，但从现实运行来看，中国共产党往往直接参与国家事务的决策和管理。因此，党和政府的联系极为密切，政府的行政首长是同级党委副书记，通常是党委决策，政府负责执行。这样，政府需要负责的组织就有两个：一个是同级党委，它通过设在政府部门的党组实施对政府的领导，政府官员多数都是共产党员，他们要接受党组织的领导和监督，接受党的纪律的约束；另一个是同级人民代表大会，按照《宪法》和有关法律的规定，政府由同级人民代表大会选举产生，其权力的行使来自人民代表大会的授权，政府应当对人民代表大会负责并报告工作。因此，当政府及其所属部门的官员履职不当时，人民代表大会对其进行问责具有很强的正当性和权威性。然而，"中国共产党是国家机关的领导者，因为在党政不分的情况下，党委和党的领导人直接决定国家的重大事项，甚至决定一些重大司法案件。如果这些事情出现了失误，人民代表大会就很难实施监督。作为党领导下的人大常委会，很难去要求党委做什么。如果是党委决策做的事情出现错误，只是去纠正和问责执行党委决定的行政人员的错误，这样既不能解决问责，并且对行政人员来讲也是不公正的。在实践中，凡是党委或某个党的领导人决定的事情出现了错误，人大监督很难予以纠正。"①

———————

① 蔡定剑：《中国人民代表大会制度》（第四版），法律出版社 2003 年版，第 410 页。

　　严格来说，根据权力来自于谁就对谁负责的原则，人民代表大会不能对非国家机关的政党实施监督问责，只能对由其选举产生的国家机关及其组成人员实施监督和问责。但《宪法》规定"一切国家机关和武装力量、各政党和各社会团体、各企业事业组织都必须遵守《宪法》和法律。一切违反《宪法》和法律的行为，必须予以追究"。从而把各政党都置于国家《宪法》和法律之下。党代表人民的利益，就应该尊重体现人民意志的法律，并把自己主动置于国家法律监督问责之下。不可否认，党领导的人民代表大会要对党实施有效的监督，很多困难是难以解决的。对党的监督主要是党内监督，但党以国家机关的方式进行活动，就要受到人民代表大会的监督，这是一党执政下党接受人民监督的一种途径。当然，人民代表大会对党实施的监督与对国家机关实施监督的范围、方式是不同的。人民代表大会只监督党的政策、决定、文件、指示和党的领导人行为是否违背《宪法》和法律。

　　在现实生活中，由于人民代表大会常委会中的党组要接受同级党委的领导，并且人民代表大会常委会工作的顺利展开，离不开党委的支持和帮助，国家权力机关不仅很难对同级党委进行监督，而且对由其选举产生的政府进行监督问责的难度也很大，因为很多问责最后都会"问责到党委头上"。因此，必须改善党的执政方式和执政体制，强化权力机关监督问责政府的权威。最重要的是要建立这样一种机制："党对政府重大问题进行决策，人大依法做出决定，政府去组织实施。只有这样，才符合党对国家实施政治领导和人民民主管理国家事务的要求，才符合依法治国的要求。"① 通过理顺党政关系，坚持党对国家事务的领导主要是政治领导的原则，党组织不能代替国家行政机关对具体事情做决定。党组织必须遵守在《宪法》、法律范围内活动的党章和《宪法》原则。只有从国家领导制度上改变以党代政，并且提高党的领导干部的法制意识和人民代表大会意识，使他们懂得尊重法律、尊重人民代表大会，才能为各级人民代表大会监督问责政府创造良好的条件。

① 蔡定剑：《一个人大研究者的探索》，武汉大学出版社 2007 年版，第 363 页。

第三章

司法机关对行政机关问责研究

司法机关对行政机关问责，亦称司法机关行政问责，是指司法机关按照法律的授权，依照法定的程序，对行政机关及其工作人员履行职务过程中存在的违法行为追究法律责任的活动。

在我国，司法机关依法对行政机关享有监督、问责的权力，有权依照我国《宪法》《刑法》《刑事诉讼法》《行政诉讼法》《国家赔偿法》等法律规定，对违法的行政机关及其工作人员追究法律责任。因此，在我国的行政问责体系中，司法机关是非常重要的外部问责力量，具有其他问责主体无法比拟的独特优势。

作为一种司法活动，司法机关对行政机关的问责更加严肃，更加规范。按照行政机关及其工作人员违法的性质、应当承担的法律责任的不同，司法机关对行政机关的问责主要涉及刑事责任追究、行政责任追究、行政赔偿责任追究。

第一节　司法机关对行政机关的刑事责任追究

在我国，行政机关及其工作人员职务犯罪案件时有发生，在某些领域甚至有多发态势。司法机关依法打击犯罪、惩处犯罪分子，是《刑法》《刑事诉讼法》的应有之义。根据我国《刑事诉讼法》的有关规定，人民检察院、人民法院依法履行职责，对行政机关及其工作人员的职务犯罪行为追究刑事责任。

一　行政机关及公务员职务犯罪的主要罪名、刑事责任

司法机关追究行政机关及其工作人员刑事责任的前提是，根据我国《刑法》的规定，该行政机关及其工作人员的职务违法行为已经构成犯罪。因此，我国《刑法》规定的国家机关工作人员职务犯罪的主要情形，均属于追究行政机关及其工作人员刑事责任的范围。

行政机关及其工作人员职务犯罪是指掌握一定管理、支配公共财产、人事关系等实权的行政机关及其工作人员，违反法律规定，利用职权谋取私利，侵犯公共利益，触犯刑律，应当追究刑事责任的行为。

行政机关及其工作人员职务犯罪可以分为三大类：贪污贿赂罪、渎职罪、侵犯公民人身权利民主权利罪。其中，贪污贿赂罪在我国刑法中规定了 12 个罪名，包括贪污罪、挪用公款罪、受贿罪、单位受贿罪、行贿罪、对单位行贿罪、介绍贿赂罪、单位行贿罪、巨额财产来源不明罪、隐瞒境外存款罪、私分国有资产罪、私分罚没财物罪。渎职罪在我国刑法中规定了 34 个罪名，包括滥用职权罪、玩忽职守罪、徇私枉法罪、私放在押人员罪等。侵犯公民人身权利民主权利罪在我国刑法中规定了 7 个罪名，包括非法拘禁罪、非法搜查罪、刑讯逼供罪、暴力取证罪、虐待被监管人罪、报复陷害罪、破坏选举罪。

在司法实践中，行政机关及其工作人员职务犯罪主要有以下几种类型。

（一）贪污罪

贪污罪是指国家工作人员利用职务上的便利，侵吞、窃取、骗取或者以其他手段非法占有公共财物的行为。[①]

在行政机关工作人员职务犯罪中，贪污罪属于高发型犯罪。行政机关工作人员犯贪污罪，需要同时具备以下几个要件。

1. 主体要件

本罪的主体是特殊主体，即必须是行政机关工作人员。既包括行政机关中的公务员，也包括行政机关中的工勤人员。在现实生活中，行政

---

① 高铭暄、马克昌：《刑法学》，北京大学出版社 2011 年版，第 621 页。

机关工勤人员利用职务上的便利非法占有公共财物的案件时有发生。

2. 客体要件

本罪侵犯的客体是复杂客体，行政机关工作人员犯贪污罪，既侵犯了行政机关工作人员公务的廉洁性，又侵犯了公共财产所有权。本罪侵犯的对象是公共财物。

3. 主观要件

本罪的主观方面必须是故意，并且具有非法占有公共财物的犯罪目的。

4. 客观要件

本罪在客观方面表现为行政机关工作人员利用职务上的便利，侵吞、窃取、骗取或者以其他手段非法占有公共财物的行为。

行政机关工作人员利用职务之便侵吞国家财产，构成犯罪的，应当受到刑事制裁。我国《刑法》对于行政机关工作人员贪污罪的处罚，做出了如下规定：

行政机关工作人员犯贪污罪的，根据情节轻重分别处罚，处数量不等的有期徒刑、无期徒刑，并处没收财产。情节特别严重的，处死刑，并处没收财产。行政机关工作人员贪污数额较小，情节较轻，或犯罪后有悔改表现、积极退赃的，可以减轻处罚或者免予刑事处罚。①

---

① 《中华人民共和国刑法》第三百八十三条对犯贪污罪的，根据情节轻重，分别依照下列规定处罚：

（一）贪污数额较大或者有其他较重情节的，处三年以下有期徒刑或者拘役，并处罚金。

（二）贪污数额巨大或者有其他严重情节的，处三年以上十年以下有期徒刑，并处罚金或者没收财产。

（三）贪污数额特别巨大或者有其他特别严重情节的，处十年以上有期徒刑或者无期徒刑，并处罚金或者没收财产；数额特别巨大，并使国家和人民利益遭受特别重大损失的，处无期徒刑或者死刑，并处没收财产。

对多次贪污未经处理的，按照累计贪污数额处罚。

犯第一款罪，在提起公诉前如实供述自己罪行、真诚悔罪、积极退赃，避免、减少损害结果的发生，有第一项规定情形的，可以从轻、减轻或者免除处罚；有第二项、第三项规定情形的，可以从轻处罚。

犯第一款罪，有第三项规定情形被判处死刑缓期执行的，人民法院根据犯罪情节等情况可以同时决定在其死刑缓期执行两年期满依法减为无期徒刑后，终身监禁，不得减刑、假释。

（二）受贿罪

受贿罪是指国家工作人员利用职务上的便利，索取他人财物，或者非法收受他人财物，为他人谋取利益的行为。

基于行政机关工作人员的岗位性质及权力配置，受贿罪在一些掌控实权的行政机关工作人员职务犯罪中，呈现多发态势。行政机关工作人员犯受贿罪，需要同时具备以下几个要件。

1. 主体要件

本罪的主体是特殊主体，即必须是行政机关工作人员，包括行政机关中的公务员，也包括行政机关中的工勤人员。从司法实务来看，犯受贿罪的行政机关工作人员，一般都是那些掌控较大的行政管理职权的人员，多为行政机关、行政机构的负责人。行政机关中的工勤人员犯受贿罪的，比较少。

2. 客体要件

本罪侵犯的客体是复杂客体，行政机关工作人员犯受贿罪，既侵犯了行政机关工作人员公务的廉洁性，又侵犯了行政机关的正常管理活动。本罪侵犯的对象是财物，包括货币、有价证券、商品等。

3. 主观要件

本罪的主观方面表现为直接故意，即行政机关工作人员明知利用职务上的便利索取财物，或者收受他人财物为他人谋取利益的行为是一种不法行为，具有社会危害性，而仍然决意为之。

4. 客观要件

本罪在客观方面表现为行政机关工作人员利用职务上的便利，向他人索取财物，或者收受他人财物并为他人谋取利益的行为。

对于行政机关工作人员犯受贿罪的，我国《刑法》规定了以下处罚措施：

行政机关工作人员犯受贿罪的，根据受贿所得数额及情节，参照贪污罪的处罚标准执行，处数量不等的有期徒刑、无期徒刑，直至死刑，并处没收财产。索贿的从重处罚。

（三）单位受贿罪

单位受贿罪是指国家机关、国有公司、企业、事业单位、人民团体，索取、非法收受他人财物，为他人谋取利益，情节严重的行为。

在单位受贿罪的多类主体中，行政机关是单位受贿罪一类重要主体。行政机关犯单位受贿罪，必须同时具备以下构成要件。

1. 主体要件

本罪的犯罪主体只能由国有单位构成。它包括：国家机关、国有公司、企业、事业单位、人民团体，其中包括各级各类行政机关。而集体经济组织、中外合资企业、中外合作企业、外商独资企业和私营企业，不能成为单位受贿罪的主体。

2. 客体要件

本罪的客体是国有单位的正常管理活动和声誉。具体到行政机关犯单位受贿罪，本罪的客体表现为行政机关的正常管理活动和行政机关的声誉。

3. 主观要件

本罪在主观方面表现为直接故意。行政机关犯单位受贿罪的，本罪在主观方面表现为行政机关具有索取或者收受贿赂，为他人谋取利益的动机、目的。一般而言，这种故意是经行政机关决策机构的授权或同意，由其直接负责的主管人员和其他责任人员故意收受或索取贿赂的行为表现出来的，是行政机关作为法人整体意志的体现。

4. 客观要件

本罪的客观方面，表现为行政机关索取、非法收受他人财物，为他人谋取利益，情节严重的行为。

对于行政机关犯单位受贿罪的，我国《刑法》规定了以下处罚措施：

行政机关犯本罪的，对行政机关判处罚金，并对其直接负责的主管人员与其他直接责任人员，处五年以下有期徒刑或者拘役。

（四）挪用公款罪

挪用公款罪是指国家工作人员利用职务上的便利，挪用公款归个人使用进行非法活动，或者挪用公款数额较大、进行营利活动，或者挪用公款数额较大、超过三个月未还的行为。

从司法实务来看，行政机关工作人员挪用公款、构成犯罪的，占挪用公款罪刑事案件相当大的比例。究其原因，主要在于行政机关及其工作人员管理公共财产的范围、权限比较大。

行政机关工作人员犯挪用公款罪，应当同时具备以下构成要件。

1. 主体要件

本罪的主体是特殊主体，即必须是国家工作人员。其中，行政机关工作人员犯挪用公款罪的，其主体一般包括行政机关的负责人以及具体负责单位公共财产管理的工作人员。

2. 客体要件

本罪的客体是复杂客体，既侵犯国家工作人员（包括行政机关工作人员）的职务廉洁性，也侵犯公共财产占有、使用、收益权。本罪侵犯的对象主要是公款，也包括用于抢险、救灾、防汛、扶贫、移民、优抚、救济的公物。

3. 主观要件

本罪在主观方面表现为直接故意，即行为人明知是公款而故意挪作他用。行为人实施犯罪的目的是暂时非法取得公款的使用权，而不是将公款据为己有。在主观方面，本罪并不考虑行为人挪用公款的动机，行为人动机如何不影响本罪的成立。

4. 客观要件

本罪的客观方面表现为行为人实施了利用职务上的便利，挪用公款归个人使用，进行非法活动，或者挪用数额较大的公款进行营利活动，或者挪用数额较大的公款超过三个月未还的行为。就行政机关工作人员犯挪用公款罪而言，客观方面的一个重要表现为，行为人滥用自己掌控的公共财产管理权，非法挪用公款，情节严重。

对于行政机关工作人员犯挪用公款罪的，我国《刑法》规定了以下处罚措施：

行政机关工作人员犯挪用公款罪，处五年以下有期徒刑或者拘役；情节严重的，处五年以上有期徒刑。挪用公款数额巨大不退还的，处十年以上有期徒刑或者无期徒刑。挪用用于救灾、抢险、防汛、优抚、扶贫、移民、救济款物归个人使用的，从重处罚。①

（五）玩忽职守罪

玩忽职守罪是指国家机关工作人员严重不负责任，不履行或者不认真履行职责，致使公共财产、国家和人民利益遭受重大损失的行为。

由于行政机关从事的行政管理、公共管理工作范围广泛、类型众多，某些行政机关工作人员玩忽职守、触犯刑律的案件时有发生。因此，行政机关工作人员是玩忽职守罪的一类重要主体。

行政机关工作人员犯玩忽职守罪，应当同时具备以下构成要件。

1. 主体要件

本罪的主体是特殊主体，即必须是国家工作人员。其中，行政机关工作人员犯玩忽职守罪的，其主体为行政机关工作人员，包括行政机关的公务员和工勤人员。

2. 客体要件

本罪的客体为复杂客体，即同时侵犯了国家机关工作人员的勤政性和国家机关的正常管理活动。行政机关工作人员犯玩忽职守罪的，侵犯的是行政机关的正常管理活动以及行政机关工作人员的勤政性。此外，"造成公共财产、国家和人民利益遭受重大损失"，也侵犯了公民的人身、财产权利以及公共财产安全和社会主义市场经济秩序等。

3. 主观要件

本罪在主观方面一般表现为过失，即行为人应当预见自己玩忽职守的行为会导致公共财产、国家和人民的利益遭受重大损失，因为疏忽大意而没有预见，或者已经预见会导致重大损失但轻信能够避免。不过，本罪在主观方面有时也表现为间接故意，即行为人明知自己玩

---

① 高铭暄、马克昌：《刑法学》，北京大学出版社 2011 年版，第 625—629 页。

忽职守的行为会造成重大损失，却放任该结果发生。

4. 客观要件

本罪客观方面表现为行为人严重不负责任，不履行或者不认真履行职责，并使公共财产、国家和人民利益遭受了重大的损失。行政机关工作人员犯玩忽职守罪的，客观方面表现为某些行政机关工作人员不认真履行行政管理职责，对工作严重不负责任，导致公共财产、国家和人民利益遭受了重大的损失。

根据我国《刑法》的规定，行政机关工作人员犯玩忽职守罪的，应当受到以下处罚：

行政机关工作人员犯玩忽职守罪的，处三年以下有期徒刑或者拘役；情节特别严重的，处三年以上七年以下有期徒刑。行政机关工作人员徇私舞弊，犯玩忽职守罪的，处五年以下有期徒刑或者拘役；情节特别严重的，处五年以上十年以下有期徒刑。

（六）滥用职权罪

滥用职权罪是指国家机关工作人员超过职权，违法决定、处理其无权决定、处理的事项，或者违反规定处理公务，致使公共财产、国家和人民利益遭受重大损失的行为。

在行政管理领域，行政机关工作人员滥用职权、触犯刑律的案件时有发生，有的表现为违法行政，有的表现为越权行政，往往给国家和人民造成巨大损失。

行政机关工作人员犯滥用职权罪，应当同时具备以下构成要件。

1. 主体要件

本罪的主体是特殊主体，即必须是国家工作人员。行政机关工作人员犯滥用职权罪的，其主体为行政机关的公务员，特别是行政机关中掌控一定行政职权的公务员。行政机关中的工勤人员一般不会成为滥用职权罪的犯罪主体。

2. 客体要件

本罪侵犯的客体是国家机关的正常活动。具体到行政机关工作人员犯滥用职权罪，其侵犯的客体则为行政机关的正常活动。本罪侵犯的对象可以是公共财产或者公民的人身及其财产。

3. 主观要件

本罪在主观方面为故意，即行为人明知自己滥用职权的行为会发生致使公共财产、国家和人民利益遭受重大损失的结果，希望或者放任这种结果发生。

4. 客观要件

本罪客观方面表现为行为人超过职权，违法决定、处理其无权决定、处理的事项，或者违反规定处理公务，致使公共财产、国家和人民利益遭受重大损失。行政机关工作人员犯滥用职权罪的，客观方面往往表现为违法行政、情节恶劣、后果严重。

根据我国《刑法》的有关规定，行政机关工作人员犯滥用职权罪的。应当受到以下处罚：

行政机关工作人员犯滥用职权罪的，处三年以下有期徒刑或者拘役；情节特别严重的，处三年以上七年以下有期徒刑。行政机关工作人员徇私舞弊，犯滥用职权罪的，处五年以下有期徒刑或者拘役；情节特别严重的，处五年以上十年以下有期徒刑。①

（七）巨额财产来源不明罪

巨额财产来源不明罪是指国家工作人员的财产或者支出明显超过合法收入，差额巨大，本人不能说明其来源是合法的行为。

从司法实务来看，犯巨额财产来源不明罪的国家工作人员中，行政机关工作人员占了相当大的比例。

行政机关工作人员犯巨额财产来源不明罪，应当同时具备如下构成要件。

1. 主体要件

本罪的主体是特殊主体，即必须是国家工作人员。行政机关工作人员犯巨额财产来源不明罪的，其主体必须是行政机关工作人员，包括行政机关的公务员和工勤人员。

---

① 高铭暄、马克昌：《刑法学》，北京大学出版社 2011 年版，第 643—645 页。

2. 客体要件

本罪侵犯的客体是复杂客体，即同时侵犯了国家工作人员公务的廉洁性和公私财物的所有权。行政机关工作人员犯巨额财产来源不明罪的，既侵犯了行政机关工作人员公务的廉洁性，又侵犯了公私财物的所有权。本罪侵犯的对象是公私财物。

3. 主观要件

本罪在主观方面表现为直接故意，即行为人明知财产不合法而故意占有，案发后又故意拒不说明财产的真正来源，或者有意编造财产来源的合法途径。

4. 客观要件

本罪客观方面表现为行政机关工作人员的财产或支出明显超过合法收入，且差额巨大，本人不能说明其合法来源。

根据我国《刑法》的有关规定，行政机关工作人员犯巨额财产来源不明罪的，应当受到以下处罚：

行政机关工作人员犯巨额财产来源不明罪的，处五年以下有期徒刑或者拘役；数额特别巨大的，处五年以上十年以下有期徒刑。来源不明的财产予以追缴。

行政机关工作人员在境外的存款，应当依照国家规定申报。数额较大、隐瞒不报的，处二年以下有期徒刑或者拘役；情节较轻的，由其所在单位或者上级主管机关酌情给予行政处分。

（八）私分国有资产罪

私分国有资产罪是指国家机关、国有公司、企业、事业单位、人民团体，违反国家规定，以单位名义将国有资产集体私分给个人，数额较大的行为。① 其中，行政机关私分国有资产、触犯刑律的案件，时有发生。

行政机关犯私分国有资产罪，应当同时具备如下构成要件。

---

① 高铭暄、马克昌：《刑法学》，北京大学出版社2011年版，第640页。

1. 主体要件

本罪的主体是单位主体，即国家机关、国有公司、企业、事业单位、人民团体。行政机关犯私分国有资产罪的，其主体只能是行政机关。但是，根据法律规定，受处罚的并非涉案的行政机关，而是私分国有资产的直接负责的主管人员和其他直接责任人员。

2. 客体要件

本罪侵犯的客体是国有资产的管理制度及其所有权。侵犯的对象是国有资产，包括依法由行政机关管理、使用或者运输的国有资产。

3. 主观要件

本罪在主观方面表现为直接故意，行为人明知是国有资产而故意违反国家规定，将其集体私分给个人。如果由于疏忽大意，误将国有资产当作可分配资金加以集体私分，则不能成立本罪。对于情节严重者，可按渎职犯罪处理。

4. 客观要件

本罪客观方面表现为行为人违反国家关于国有资产分配管理的有关规定，以单位名义将数额较大的国有资产集体私分给个人。行政机关犯私分国有资产罪的，一般表现为由单位领导班子集体决策或者由单位负责人决定并由直接责任人员经手实施，公开或半公开地以单位发奖金、单位下发节日慰问费等名义所进行的活动。这里的"数额较大"，一般是指累计数额在 10 万元以上。

根据我国《刑法》的有关规定，行政机关犯私分国有资产罪的，应当受到以下处罚：

行政机关犯私分国有资产罪的，对其直接负责的主管人员和其他直接责任人员，处三年以下有期徒刑或者拘役，并处或者单处罚金；数额巨大的，处三年以上七年以下有期徒刑，并处罚金。

二 追究行政机关及公务员刑事责任的程序

追究行政机关及其公务员刑事责任的程序是指司法机关对行政机关及其公务员涉嫌犯罪的案件进行立案、侦查、提起公诉、审判和执行所采用的具体方法、步骤、方式。

在我国《刑法》所确定的罪名中，涉及行政机关及公务员职务犯罪的罪名近 40 个，如：贪污罪、受贿罪、挪用公款罪、单位受贿罪、单位行贿罪、私分国有资产罪、滥用职权罪、玩忽职守罪、泄露国家秘密罪、放纵走私罪、环境监管失职罪等。针对上述犯罪，人民检察院、人民法院按照《刑事诉讼法》规定的程序，依据法律赋予的权限，分别进行立案、侦查、提起公诉、审判、执行等活动，依法追究涉案的行政机关及公务员的刑事责任。

具体而言，追究行政机关及其公务员刑事责任的程序主要包括以下环节。

（一）立案

在司法机关对行政机关及其公务员追究刑事责任的过程中，人民检察院负责立案工作。根据我国《刑事诉讼法》的规定，立案包括对于立案材料的接受、审查和处理三个部分。

立案材料的接受是指人民检察院对于行政机关及其公务员涉嫌犯罪案件的报案、控告、举报和自首材料的受理，它是立案程序的开始。根据《刑事诉讼法》的有关规定，人民检察院对于报案、控告、举报，都应当接受。对于不属于自己管辖的，应当移送主管机关处理，并且通知报案人、控告人、举报人；对于不属于自己管辖而又必须采取紧急措施的，应当先采取紧急措施，然后移送主管机关。报案、控告、举报可以用书面或口头提出。接受口头报案、控告和举报的工作人员，应当写成笔录，经宣读无误后，由报案人、控告人、举报人签名或者盖章。人民检察院应当为报案人、控告人、举报人保密，并保障他们及其近亲属的安全。

对立案材料的审查是指人民检察院对自己发现的或者接受的行政机关及其公务员涉嫌犯罪的立案材料进行核对、调查的活动。其任务是正确认定涉案的行政机关及其公务员有无犯罪事实发生，依法应否追究行为人的刑事责任，为正确做出立案或者不立案的决定打下基础。根据《刑事诉讼法》的相关规定，人民检察院对于行政机关及其公务员涉嫌犯罪的报案、控告、举报和自首的材料应当迅速进行审查。通过审查，应当查明：材料所反映的事件是否属于犯罪行为；如果属于犯罪行为，有无确实可靠的证据材料证明；依法是否需要追究行为人的刑事责任；有无法定不追究刑事责任的情形。在司法实践中，检察机关对立案材料进行审查时，可以要求报案、控告、举报的单位和个人提供补充材料，或者要求他们作补充说明，也可以进行必要的调查。检察机关对立案材料的审查，只要求所取得的证据足以证明有犯罪事实发生，并且依法需要追究刑事责任而应当立案时；或者依法不需要追究刑事责任而不应当立案时，立案前的审查工作就完成了。

对立案材料的处理是指人民检察院对行政机关及其公务员涉嫌犯罪的立案材料审查后，分别针对不同情况做出立案或者不立案的决定。根据《刑事诉讼法》的规定，人民检察院对立案材料审查后，认为涉案的行政机关及其公务员有犯罪事实需要追究刑事责任的时候，应当立案；认为没有犯罪事实，或者犯罪事实显著轻微，不需要追究刑事责任的时候，不予立案。在具体操作上，人民检察院审查后认为需要立案的，先由承办人填写《立案请示报告》，经检察长批准或检察委员会决定后，制作《立案决定书》，并将《立案请示报告》和《立案决定书》报上一级人民检察院备案。上级人民检察院认为不应当立案的，制作《纠正案件错误通知书》，通知下级人民检察院撤销案件。下级人民检察院如有不同意见，可以申请复议。经审查认为不符合立案条件的，应当做出不立案的决定。决定不予立案的，应当制作《不立案决定书》，写明案件的材料来源、决定不立案的理由和法律依据等。检察机关决定不立案的，应当将不立案的原因通知控告人。如果控告人不服，可以申请复议。对控告人的复议申请，应当及时审核并做出答复。

（二）侦查

根据我国《刑事诉讼法》的有关规定，行政机关及其公务员涉嫌犯罪案件的侦查工作由人民检察院负责实施。这是因为，人民检察院依法享有职务犯罪侦查权，"由检察机关办理职务犯罪案件是基于检察机关负有对国家机关和国家工作人员监督职责考虑的，并不是作为单纯的侦查分工"①。侦查的内容包括检察机关为收集、查明、证实犯罪和缉获犯罪嫌疑人而依法采取的专门调查工作和有关的强制性措施。

1. 侦查措施

人民检察院在侦查行政机关及其公务员涉嫌犯罪案件的过程中可以采取多种侦查措施，如讯问犯罪嫌疑人、询问证人、被害人、人身检查、搜查、扣押等。

《刑事诉讼法》规定，讯问犯罪嫌疑人必须由两名以上的侦查人员进行，严禁刑讯逼供和以威胁、引诱、欺骗以及其他非法的方法获取供述。在对犯罪嫌疑人依法进行第一次讯问后或者采取强制措施之日起，应告知犯罪嫌疑人有权聘请律师为其提供法律咨询、代理申诉、控告或者为其申请取保候审。

询问证人、被害人，必须由两名以上侦查人员进行，不得采用羁押、刑讯、威胁、引诱、欺骗以及其他非法方法获取证言。询问不满十八岁的证人、被害人，可以通知其法定代理人到场。询问证人、被害人时，检察人员应当出示询问通知书和工作证。

检察人员根据需要，可以对被害人、犯罪嫌疑人的人身进行检查。犯罪嫌疑人如果拒绝检查，检察人员认为必要的时候，可以强制检查。检查妇女的身体，应当由女工作人员或者医师进行。

检察人员进行搜查时，应当出示搜查证，并有被搜查人或者他的家属、邻居或者其他见证人在场。在执行逮捕、拘留时，遇有紧急情况，不持有搜查证也可以进行搜查，但搜查结束后应当及时补办有关手续。搜查妇女的身体，应当由女工作人员进行。搜查情况应当制作笔录，由检察人员和被搜查人或者他的家属、邻居或者其他见证人签名或者盖章。

---

① 彭真：《彭真选集》，人民出版社1991年版，第378页。

在勘验、搜查中扣押的物品、文件，应当制作扣押决定书，附扣押物品、文件清单一式两份，并由检察人员、见证人、物品文件持有人或被搜查人签字或盖章，清单一份交给持有人，一份附卷备查。扣押款物应指派专人妥善保管，不得使用、调换、损毁或者自行处理。

人民检察院指派、聘请鉴定人员，应当制作委托检验鉴定书或聘请书，并告知鉴定人故意作虚假鉴定应负的法律责任。用作证据的鉴定建议，应当告知犯罪嫌疑人、被害人或其法定代理人、近亲属、诉讼代理人。人民检察院决定重新鉴定的，应当另行指派或者聘请鉴定人。

2. 强制措施

为了保证侦查活动的顺利进行，人民检察院在办理行政机关及其公务员涉嫌犯罪案件的过程中，可以依法采取一系列强制措施，如拘传、取保候审、监视居住、拘留和逮捕等。

检察人员执行拘传时，不得少于两人，并应当向被拘传的犯罪嫌疑人出示拘传证和工作证件。对抗拒拘传的，可以使用戒具，强制到案。拘传持续时间最长不得超过十二个小时，不得以连续传唤、拘传的方式变相拘禁犯罪嫌疑人。

被羁押的犯罪嫌疑人及其法定代理人、近亲属和聘请的律师向人民检察院申请取保候审，人民检察院应当在七日内做出是否同意的答复。经审查符合规定条件的，依法办理取保候审手续；经审查不符合条件的，应当告知申请人，并说明不同意取保候审的理由。取保候审时间，最长不得超过十二个月。

人民检察院应当向监视居住的犯罪嫌疑人宣读监视居住决定书，由犯罪嫌疑人签名或者盖章，并告知其应遵守的规定和违反规定应负的法律责任。监视居住时间，最长不得超过六个月。

人民检察院对于犯罪后企图自杀、逃跑或者在逃的以及有毁灭、伪造证据或者串供可能的犯罪嫌疑人，可以决定拘留。人民检察院拘留犯罪嫌疑人的时间，最长不得超过十四日。

对涉案的行政机关公务员拘留、逮捕，均由公安机关执行，必要时人民检察院可以协助执行。执行拘留（逮捕）时，应向犯罪嫌疑人出示拘留（逮捕）证。对被拘留（逮捕）的犯罪嫌疑人，应当在拘留（逮捕）后的二十四小时内进行讯问。侦查人员在对被逮捕的犯罪嫌疑人第一次讯问时，应当将《逮捕羁押期限及权利义务告知书》交犯罪嫌疑人，同时告知其如不服逮捕决定可以要求重新审查。除有碍侦查或者无法通知的情形以外，检察人员应在二十四小时内把拘留（逮捕）的原因和羁押的处所，通知被拘留（逮捕）人的家属或其所在单位。

3. 侦查终结

根据《刑事诉讼法》的规定，对涉案的行政机关公务员逮捕后的侦查羁押期限，不得超过两个月；案情复杂、期限届满不能终结的案件，可以经上一级人民检察院批准延长一个月。交通十分不便的边远地区的重大复杂案件，在依照前两款规定的期限届满前不能侦查终结的，经省、自治区、直辖市人民检察院批准或决定，可以延长两个月。对犯罪嫌疑人可能判处十年有期徒刑以上刑罚，依照规定延长羁押期限届满，仍不能侦查终结的，经省、自治区、直辖市人民检察院批准或决定，可以再延长两个月。

人民检察院依法延长或者重新计算羁押期限，应当将法律根据、羁押期限书面告知犯罪嫌疑人、被告人及其委托的人。侦查部门侦查终结，应提出决定起诉、不起诉或撤销案件的意见。①

（三）提起公诉

人民检察院对行政机关及其公务员涉嫌犯罪的案件自行侦查终结，认为犯罪嫌疑人的行为已经构成犯罪，需要追究刑事责任，决定提请人民法院对犯罪嫌疑人进行审判的诉讼程序，称为提起公诉。根据《刑事诉讼法》的规定，行政机关及其公务员涉嫌犯罪的案件由人民检察院审查起诉。

人民检察院审查案件应当查明：涉案的行政机关公务员犯罪事

---

① 陈光中：《刑事诉讼法》，北京大学出版社 2013 年版，第 284—305 页。

实、情节是否清楚，证据是否确实、充分，犯罪性质和罪名的认定是否正确；有无遗漏罪行和其他应当追究刑事责任的人；是否属于不应追究刑事责任的；有无附带民事诉讼；侦查活动是否合法。

人民检察院审查案件，应当讯问犯罪嫌疑人，听取被害人和犯罪嫌疑人、被害人委托的人的意见。经过审查，人民检察院认为犯罪嫌疑人的犯罪事实已经查清，证据确实、充分，依法应当追究刑事责任的，应当做出起诉决定，按照审判管辖的规定，向人民法院提起公诉。

涉案的行政机关公务员有《刑事诉讼法》第十五条规定的情形之一的，人民检察院应当做出不起诉决定。对于犯罪情节轻微，依照刑法规定不需要判处刑罚或者免除刑罚的，人民检察院可以做出不起诉决定。对涉案的行政机关公务员不起诉，但需要给予行政处罚、行政处分或者需要没收其违法所得的，人民检察院应当提出检察意见，移送有关主管机关处理。有关主管机关应当将处理结果及时通知人民检察院。

对涉案的行政机关公务员不起诉的决定，应当公开宣布，并且将不起诉决定书送达其本人及其所在单位。如果涉案的行政机关公务员在押，应当立即释放。对于有被害人的案件，决定不起诉的，人民检察院应当将不起诉决定书送达被害人。被害人如果不服，可以自收到决定书后七日以内向上一级人民检察院申诉，请求提起公诉。人民检察院应当将复查决定告知被害人。对人民检察院维持不起诉决定的，被害人可以向人民法院起诉。被害人也可以不经申诉，直接向人民法院起诉。人民法院受理案件后，人民检察院应当将有关案件材料移送人民法院。

（四）第一审程序

第一审程序又称初审程序，是指人民法院对人民检察院提起公诉的行政机关及其公务员涉嫌犯罪的刑事案件进行初次审判时应当采取的方式、方法和应当遵循的顺序。

第一审程序所要完成的任务是，在对行政机关及其公务员涉嫌犯罪案件侦查起诉的基础上，由人民法院充分听取控辩双方的意见，客观、全面地审查证据，准确地查清和认定案件事实，依法对案件做出公正的裁判，从而使有罪的人受到应有的法律制裁，保障无罪的人不受刑事惩罚。第一审程序可分为对案件的审查、法庭审判两个阶段。

1. 对案件的审查

对案件的审查是指人民法院在收到人民检察院移送起诉的案件材料后，对移送的有关材料依法进行审查，以确定是否受理并开庭审理的诉讼活动。

根据《刑事诉讼法》的规定，人民法院对提起公诉的行政机关及其公务员犯罪案件审查后，对于起诉书中有明确的犯罪事实并且附有证据目录、证人名单和主要证据复印件或者照片的，应当决定开庭审判。案件审查采用书面审查的方式，只对人民检察院移送的材料进行程序上的审查，不涉及实体问题，避免办案人员先入为主，先定后审，使法庭审判流于形式。

人民法院对人民检察院提起公诉的行政机关及其公务员犯罪案件，应当在收到起诉书后，指定审判员对人民检察院移送的材料进行审查：案件是否属于本院管辖；起诉书指控的被告人的身份、实施犯罪的时间、地点、手段、犯罪事实、危害后果和罪名以及其他可能影响定罪量刑的情节等是否明确；起诉书中是否载明被告人被采取强制措施的种类、羁押地点、是否在案以及有无扣押、冻结在案的被告人的财物及存放地点；是否列明被害人的姓名、住址、通信处，为保护被害人而不宜列明的，应当单独移送被害人名单；是否附有起诉前收集的证据的目录；是否附有能够证明指控犯罪行为性质、情节等内容的主要证据复印件或者照片；是否附有起诉前提供了证言的证人名单；证人名单应当分别列明出庭作证和拟不出庭作证的证人的姓名、性别、年龄、职业、住址和通信处；已委托辩护人、代理人的，是否附有辩护人、代理人的姓名、住址、通信处；提起附带民事诉讼的，是否附有相关证据材料；侦查、起诉程序的各种法律手续和诉讼文书复印件是否完备；有无《刑事诉讼法》第十五条规定的不追究刑事责任的情形。

人民法院对案件进行审查后，对于起诉书中有明确的指控犯罪事实并且附有证据目录、证人名单和主要证据复印件或者照片的，应当决定开庭审判。

2. 法庭审判

法庭审判是指人民法院对于行政机关及其公务员犯罪案件，采取公开开庭的方式，在公诉人、当事人和其他诉讼参与人的参加下，通过控辩双方举证、质证，查明和认定案件事实，依法确定被告人是否有罪，应否处刑以及给予何种刑罚的诉讼活动。法庭审判分为宣布开庭、法庭调查、法庭辩论、被告人最后陈述、评议和宣判五个阶段。

宣布开庭是法庭审理的开始，不是对案件进行实体审理，而是为审判顺利进行做好准备。审判长宣布开庭，查明当事人是否到庭，宣布案由；宣布合议庭的组成人员、书记员、公诉人、辩护人、诉讼代理人、鉴定人和翻译人员的名单；告知当事人有权对合议庭组成人员、书记员、公诉人、鉴定人和翻译人员申请回避；告知被告人享有辩护权利。

法庭调查是法庭审判的核心阶段，是指在审判人员的主持下，在公诉人、当事人和其他诉讼参与人的参加下，当庭对案件事实和证据进行调查、核实的诉讼活动。具体包括公诉人宣读起诉书，被告人、被害人陈述，讯问被告人，举证和质证等活动。

法庭辩论是控辩双方在审判长的主持下，根据法庭调查举证、质证的证据、事实以及有关法律规定，就被告人的行为是否构成犯罪，犯罪的性质，罪责轻重，证据是否确实充分，以及如何适用刑罚等问题，提出各自的观点和理由，当庭进行辩驳的诉讼活动。法庭辩论应当按照下列顺序进行：公诉人发言；被害人及其诉讼代理人发言；被告人自行辩护；辩护人辩护；控辩双方进行辩论。在法庭辩论过程中，审判长对于控辩双方与案件无关、重复或者互相指责的发言应当制止。

被告人最后陈述，是保障被告人充分行使辩护权的一项重要措施。通过给被告人这一系统陈述和辩解的机会，既可以使被告人在事实和法律面前心服口服，认罪服法；又有利于法庭充分听取被告人的意见，对案件做出正确的裁判。被告人在最后陈述中提出了新的事实、证据，合议庭认为可能影响正确裁判的，应当恢复法庭调查。如果被告人提出新的辩解理由，合议庭认为确有必要的，可以恢复法庭辩论。

在被告人最后陈述后，审判长宣布休庭，合议庭进行评议，根据已经查明的事实、证据和有关的法律规定，分别做出以下判决：案件事实清楚，证据确实、充分，依据法律认定被告人有罪的，应当做出有罪判决；依据法律认定被告人无罪的，应当做出无罪判决；证据不足，不能认定被告人有罪的，应当做出证据不足、指控的犯罪不能成立的无罪判决。宣告判决，一律公开进行。当庭宣告判决的，应当在五日以内将判决书送达当事人和提起公诉的人民检察院；定期宣告判决的，应当在宣告后立即将判决书送达当事人和提起公诉的人民检察院。判决书应当由合议庭的组成人员和书记员署名，并且写明上诉的期限和上诉的法院。

人民法院审理行政机关及其公务员犯罪案件，应当在受理后二个月以内宣判，至迟不得超过三个月。对于可能判处死刑的案件或者附带民事诉讼的案件，以及有《刑事诉讼法》第一百五十六条规定情形之一的，经上一级人民法院批准，可以延长三个月；因特殊情况还需要延长的，报请最高人民法院批准。

（五）第二审程序

第二审程序是指，上一级人民法院根据上诉和抗诉，对下一级人民法院尚未发生法律效力的行政机关及其公务员犯罪案件的第一审判决或裁定，进行重新审理的诉讼程序。

行政机关及其公务员犯罪案件的被告人不服地方各级人民法院第一审的判决、裁定，有权用书状或者口头向上一级人民法院上诉。被告人的辩护人和近亲属，经被告人同意，可以提出上诉。

地方各级人民检察院认为本级人民法院第一审的判决、裁定确有错误的，应当向上一级人民法院提出抗诉。被害人及其法定代理人不服地方各级人民法院第一审的判决的，自收到判决书后五日以内，有权请求人民检察院提出抗诉。人民检察院自收到被害人及其法定代理人的请求后五日以内，应当做出是否抗诉的决定并且答复请求人。

第二审人民法院应当就第一审判决认定的事实和适用法律进行全面审查，不受上诉或者抗诉范围的限制。共同犯罪的案件只有部分被告人上诉的，应当对全案进行审查，一并处理。

第二审人民法院对上诉案件，应当组成合议庭，开庭审理。合议庭经过阅卷，讯问被告人、听取其他当事人、辩护人、诉讼代理人的意见，对事实清楚的，可以不开庭审理。对人民检察院抗诉的案件，第二审人民法院应当开庭审理。人民检察院提出抗诉的案件或者第二审人民法院开庭审理的公诉案件，同级人民检察院都应当派员出庭。第二审人民法院必须在开庭十日以前通知人民检察院查阅案卷。

第二审人民法院开庭审理上诉或者抗诉的行政机关及其公务员犯罪案件，除参照第一审程序的规定外，还应当依照下列规定进行：在法庭调查阶段，审判长或者审判员宣读第一审判决书、裁定书后，由上诉人陈述上诉理由或者由检察人员宣读抗诉书；如果是既有上诉又有抗诉的案件，先由检察人员宣读抗诉书，再由上诉人陈述上诉理由；法庭调查的重点要针对上诉或者抗诉的理由，全面查清事实，核实证据。在法庭调查阶段，如果检察人员或者辩护人申请出示、宣读、播放第一审审理期间已经移交给人民法院的证据的，法庭应当指令值庭法警出示、播放有关证据；需要宣读的证据，由法警交由申请人宣读。在法庭辩论阶段，上诉案件，应当先由上诉人、辩护人发言，再由检察人员发言；抗诉案件，应当先由检察人员发言，再由被告人、辩护人发言；既有上诉又有抗诉的案件，应当先由检察人员发言，再由上诉人、辩护人发言，并进行辩论。共同犯罪案件，没有提出上诉的和没有对其判决提出抗诉的第一审被告人，应当参加法庭调查，并可以参加法庭辩论。

第二审人民法院对不服第一审判决的上诉、抗诉案件，经过审理后，应当按照下列情形分别处理：原判决认定事实和适用法律正确、量刑适当的，应当裁定驳回上诉或者抗诉，维持原判；判决认定事实没有错误，但适用法律有错误，或者量刑不当的，应当改判；原判决事实不清楚或者证据不足的，可以在查清事实后改判；也可以裁定撤销原判，发回原审人民法院重新审判。

第二审人民法院发现第一审人民法院的审理有下列违反法律规定的诉讼程序的情形之一的，应当裁定撤销原判，发回原审人民法院重新审判：违反有关公开审判的规定的；违反回避制度的；剥夺或者限制了当事人的法定诉讼权利，可能影响公正审判的；审判组织的组成不合法的；其他违反法律规定的诉讼程序，可能影响公正审判的。①

（六）执行

行政机关及其公务员犯罪案件的执行是指人民法院将已经发生法律效力的判决和裁定交付执行机关，对构成犯罪的行政机关及其公务员实施刑事制裁。刑事执行作为刑事诉讼的最后一个阶段，其地位和意义都十分重要，通过执行才能使案件的审判结果得以实现。

刑事执行的依据是人民法院做出的、已经发生法律效力的判决和裁定。根据《刑事诉讼法》及有关法律规定，行政机关及其公务员犯罪案件发生法律效力的刑事判决和裁定有以下几种：已过法定期限没有上诉、抗诉的判决和裁定；终审的判决和裁定；最高人民法院核准的死刑判决和裁定；高级人民法院核准的死刑缓期两年执行的判决、裁定和依据最高人民法院授权核准的死刑判决和裁定。

由于行政机关及其公务员犯罪的性质、情节、后果、危害程度各不相同，其受到的刑事处罚也有区别。有可能是死刑、无期徒刑、有期徒刑，也有可能是管制、拘役、罚金、剥夺政治权利、没收财产。针对不同的刑事处罚，《刑事诉讼法》规定了不同的执行方式。

死刑是一种剥夺罪犯生命的最严厉的刑罚方法，执行死刑命令应当由最高人民法院院长签发，然后由高级人民法院交付原审人民法院

---

① 陈光中：《刑事诉讼法》，北京大学出版社 2013 年版，第 363—371 页。

执行。原审人民法院接到执行死刑命令后应当在七日内交付执行。但是，原审人民法院在执行死刑之前如果发现有下列情形之一的，应当停止执行死刑，并且立即报告最高人民法院，由最高人民法院做出裁定：在执行前发现判决可能有错误的；在执行前罪犯揭发重大犯罪事实或者有其他重大立功表现，可能需要改判的；罪犯正在怀孕的。在停止执行的情况下，执行死刑的人民法院应当立即用书面形式报告核准死刑的人民法院，由院长签发停止执行死刑的命令。经过审查核实，如果认为原判决是正确的，必须报请核准的人民法院再签发执行死刑命令，才能执行。如果查明罪犯确实是正在怀孕的妇女，应当报请核准死刑的人民法院依法改判。人民法院应当在交付执行死刑三日前，通知同级人民检察院派员临场监督。

死刑缓期两年执行、无期徒刑、有期徒刑、拘役虽然都属于限制人身自由的刑罚，但由于犯罪性质不同、刑种不同、刑期不同等，以上刑罚在执行方式、执行场所等方面都有所不同。根据《刑事诉讼法》的有关规定，对于被判处死刑缓期两年执行、无期徒刑、有期徒刑的罪犯，应当交付监狱执行；对于被判处有期徒刑的罪犯，在被交付执行前，剩余刑期在三个月以下的，由看守所代为执行；对于被判处拘役的罪犯，由公安机关执行。

此外，根据《刑事诉讼法》的规定，罚金、没收财产的判决和裁定，以及无罪或免除刑罚的判决，均由人民法院执行；暂予监外执行、缓刑、假释以及管制、剥夺政治权利的判决和裁定，由公安机关执行。在交付有关部门执行时，人民法院应当按照案件的性质和刑罚的不同，把判决或裁定交付法律规定的有关部门执行。

第二节　司法机关对行政行为的司法审查

司法审查是现代民主国家普遍设立的一项重要法律制度，是国家通过司法机关对其他国家机关行使国家权力的活动进行审查监督，纠正违法活动，并对其给公民、法人、其他组织合法权益造成的损害给予相应补救的法律制度。① 其中，司法机关对行政行为的司法审查尤为重要，它是因受到行政行为不法侵害或不利影响的行政相对人的请求，审查相应行政行为的合法性、适当性。

以英国和美国为代表的司法审查制度与起源于法国的行政诉讼制度，有许多共同特点，两者的实质和核心都是通过审判程序来确定行政行为是否合法、适当，并做出相应的裁决，以解决行政争议，监督行政行为。因此，一般而言，司法审查与行政诉讼通常被视为同一制度。

在我国，关于司法审查的最主要的法律文件就是 1989 年 4 月 4日通过的《中华人民共和国行政诉讼法》。它调处两种基本关系：司法权与行政权之间的关系，国家利益与个人利益之间的关系。它的创制过程实际上就是正确处理这两种关系的过程，其实施和完善也是为了正确处理这两种关系。

一　司法审查的范围

司法审查的范围是指哪些行政行为应当接受司法机关的审查和监督，司法机关对哪些行政行为拥有做出司法裁决的权力。

（一）可诉的具体行政行为

可诉的行政行为是指具有国家行政职权的机关和组织及其工作人员做出的，属于人民法院行政诉讼受案范围的行政行为。

可诉的行政行为具有以下特征：可诉的行政行为是具有行政职权的机关和组织所实施的行为；可诉的行政行为是行政主体实施的与行政职权有关的行为；可诉的行政行为是对相对人的权利义务产生实际影响的行为。

在我国，《行政诉讼法》第十二条规定了人民法院受理行政案件

---

① 罗豪才、湛中乐：《行政法学》，北京大学出版社 2012 年版，第 517 页。

的基本范围。① 这些行政案件大体可以划分为涉及人身权、财产权的案件和法律、法规规定的其他行政案件两大类型。其中，涉及人身权、财产权的案件是我国行政诉讼制度保护的重点。

根据我国《行政诉讼法》的规定，涉及人身权、财产权的案件主要包括以下几种。

1. 行政处罚案件。《行政诉讼法》规定，行政相对人对于行政主体做出的行政拘留、罚款、吊销许可证和执照、责令停产停业、没收财物等行政处罚不服的，可依法提起行政诉讼。从行政审判实践来看，人民法院审理的行政案件大量的是对行政处罚不服。因此，行政机关实施行政处罚措施是否合法，同公民、法人或其他组织的人身权、财产权关系甚密。

目前，我国尚有一些法律、法规规定了行政处罚，却没有规定对

---

① 《中华人民共和国行政诉讼法》第十二条 人民法院受理公民、法人或者其他组织提起的下列诉讼：

（一）对行政拘留、暂扣或者吊销许可证和执照、责令停产停业、没收违法所得、没收非法财物、罚款、警告等行政处罚不服的；

（二）对限制人身自由或者对财产的查封、扣押、冻结等行政强制措施和行政强制执行不服的；

（三）申请行政许可，行政机关拒绝或者在法定期限内不予答复，或者对行政机关做出的有关行政许可的其他决定不服的；

（四）对行政机关做出的关于确认土地、矿藏、水流、森林、山岭、草原、荒地、滩涂、海域等自然资源的所有权或者使用权的决定不服的；

（五）对征收、征用决定及其补偿决定不服的；

（六）申请行政机关履行保护人身权、财产权等合法权益的法定职责，行政机关拒绝履行或者不予答复的；

（七）认为行政机关侵犯其经营自主权或者农村土地承包经营权、农村土地经营权的；

（八）认为行政机关滥用行政权力排除或者限制竞争的；

（九）认为行政机关违法集资、摊派费用或者违法要求履行其他义务的；

（十）认为行政机关没有依法支付抚恤金、最低生活保障待遇或者社会保险待遇的；

（十一）认为行政机关不依法履行、未按照约定履行或者违法变更、解除政府特许经营协议、土地房屋征收补偿协议等协议的；

（十二）认为行政机关侵犯其他人身权、财产权等合法权益的。

除前款规定外，人民法院受理法律、法规规定可以提起诉讼的其他行政案件。

行政处罚可以提起行政诉讼，如行政机关对行政相对人做出的通报批评等。而且，随着我国法规的不断增多，行政处罚的种类也随之增加，从行政诉讼的立法目的来看，除《行政诉讼法》明确列举的这几种行政处罚形式外，还应包括所有的行政处罚行为，因为行政处罚行为不管采用何种形式，涉及的都是人身权、财产权问题，只要是行政处罚行为，就应允许公民、法人和其他组织提起行政诉讼，法院应予受理，这也是扩大行政诉讼受案范围的重要表现。

2. 行政强制措施案件。所谓行政强制措施是指行政机关在行政管理活动中，依其职权采取强制手段限制特定人行使某项权利或迫使其履行某种义务或达到与履行义务相同状态的具体行政行为。行政强制措施主要有两种：一种是限制人身自由的行政强制措施，另一种是对公民、法人或者其他组织的财产实行查封、扣押、冻结等。《行政诉讼法》规定对此类行政强制措施可以提起行政诉讼，是对公民、法人或其他组织合法权益的有力保障。

3. 行政许可案件。《行政诉讼法》规定，认为符合法定条件申请行政机关许可，行政机关拒绝或者在法定期限内不予答复，公民、法人或者其他组织可以提起行政诉讼。需要指出，这里的"行政机关拒绝或者在法定期限内不予答复"，既可以是明示的拒绝而不批准当事人的申请，也可以是默示的迟延。前一种情况是否定性的作为行为，它明确地对当事人的申请予以否定。后一种情况则是在一定的期限内行政机关对申请人的申请既不批准也不拒绝（即所谓行政机关应作为而不作为）。从理论上讲，行政机关必须对当事人的申请给予答复，否则就是违法、失职。在司法实践中，行政机关的行政许可与批准行为所涉及的事项很多，所涉及的权益也是广泛的，都应属于行政诉讼的受案范围。

4. 不履行保护人身权、财产权法定职责的案件。《行政诉讼法》规定，人民法院受理公民、法人或者其他组织因申请行政机关履行保护人身权、财产权的法定职责，行政机关拒绝履行或者不予答复而提起的诉讼。具体地说，符合该条件的行为可从以下几个方面来把握：

第一，必须是行政机关不履行法定职责的行为。第二，这种不履行法定职责的行为，限于法定的保护人身权、财产权的范围。第三，必须是当事人已向负有法定保护人身权、财产权职责的行政机关明确提出过申请。

5. 侵犯经营自主权的案件。《行政诉讼法》规定，对行政机关侵犯法律规定的经营自主权的具体行政行为，可以提起行政诉讼。结合司法实践，对此项规定的理解应包括以下几个方面：第一，侵犯经营自主权的行为限于具体行政行为。第二，侵犯经营自主权的主体并不限于"行政机关"，还应包括法律法规授权的组织。第三，经营自主权的内容一般指公民、企业、各种经济组织依法享有的自主调配和使用人力、物力和财力的权利以及在产、供、销环节中自主决定而不受干涉的权利。经营自主权的权利主体是很广泛的，包括国有企业、集体企业、私营企业、三资企业、合伙企业、个体工商户等。

6. 没有依法发给抚恤金的案件。抚恤金本身既具有财产权益的内容与性质，同时也涉及社会保障、物质帮助的权益，是一种多重性质的权益，对当事人关系重大。因此，《行政诉讼法》将"行政机关没有依法发给抚恤金"的具体行政行为纳入行政诉讼的受案范围。具体而言，"行政机关没有依法发给抚恤金"有下列几层含义：第一，代表国家发放抚恤金职责的是各级政府的民政部门，只有对民政部门发放抚恤金的行为不服才可提起行政诉讼。对于企业事业单位、社会团体或其他组织所属的成员死亡或伤残后未按规定发给抚恤金或困难补助费的，不属行政诉讼的受案范围。第二，依法领取抚恤金的对象只能是符合法律、法规及规章规定的优抚对象，包括军人、国家机关工作人员、民兵、民工等特定人员，也只有这些公民本人才能作为这类案件的原告。第三，"没有依法发给"是指没有按照有关法规、规章规定的内容、条件、对象、数额、程序发放抚恤金。这里的有关法规、规章包括国务院颁布的《革命烈士褒扬条例》《军人优抚优待条例》以及民政部发布的相关规章。除抚恤金外，与抚恤金性质相同的其他法定的救济金、福利金、奖励金等，也都应属于受案范围。

7. 违法要求履行义务的案件。在司法实践中，此类具体行政行为主要表现在：第一，法律、法规以及规章没有设定义务，而行政机关随意要求公民、法人或者其他组织履行义务，如乱收费、滥摊派等。第二，行政机关重复要求义务人履行义务。第三，行政机关超过法律、法规的种类、范围等而要求相对方当事人履行义务。第四，行政机关违反法定程序要求相对方当事人履行义务，如收费不出具合法收据，要求义务人提前履行义务等。

8. 行政机关侵犯其他人身权、财产权的案件。《行政诉讼法》规定，行政机关侵犯其他人身权、财产权的具体行政行为属于行政诉讼的受案范围。一般认为，该项规定是一个兜底条款，在逻辑上，使得涉及人身权、财产权的具体行政行为完整、周延。根据该规定，凡是有关人身权、财产权的案件，只要公民、法人或者其他组织认为自身的合法权益受到了行政行为的侵犯，都属于人民法院的受案范围。

我国《行政诉讼法》除对上述涉及人身权、财产权的案件做出具体规定外，该法还规定："除前款规定外，人民法院受理法律、法规规定可以提起行政诉讼的其他行政案件。"此款规定表明，除侵犯人身权、财产权的具体行政行为可向法院提起行政诉讼外，在法律、法规规定的情况下，对认为侵犯公民、法人或者其他组织的其他合法权益（人身权、财产权以外的权利及利益）的行政行为，也是可以提起行政诉讼的。此款规定标志着我国《行政诉讼法》对受案范围的规定并未固化，随着社会的发展与改革的深入，受案范围将会进一步扩大。

《行政诉讼法》在从正面明确行政诉讼受案范围的同时，也从反面列举了几类不予受理的事项，从而使行政诉讼受理与不受理的案件范围上的界限更加明确。根据《行政诉讼法》及相关司法解释，公民、法人或者其他组织对下列行为不服提起诉讼的，人民法院不予受理。

一是国家行为。所谓国家行为，是指国家制定行政法规、规章和发布具有普遍约束力的决定、命令的行为，行政机关对工作人员的奖惩、任免行为和法律规定由行政机关做出最终裁决的行为。

二是刑事司法行为。所谓刑事司法行为，是指公安、国家安全等机关依照刑事诉讼法的明确授权实施的行为。公安等行政机关的刑事司法行为，在有些国家被作为行政行为，并与其他行政行为一样接受司法审查。在我国，刑事司法行为是被排除在行政诉讼受案范围之外的。主要原因：其一，根据我国现行的司法体制，刑事侦查行为被视为司法行为，在习惯上不作为行政行为对待。其二，我国刑事诉讼法已经授权检察机关对刑事侦查等刑事司法行为进行监督。其三，根据我国国家赔偿法的规定，因刑事侦查等刑事司法行为违法而致人损害的，受害人可以根据国家赔偿法的规定获得救济。

三是调解行为以及法律规定的仲裁行为。所谓调解行为，是指行政机关在进行行政管理的过程中，在尊重各方当事人意志的基础上，对平等主体之间的民事争议所做的一种处理。由于调解行为是否产生法律效力不取决于行政机关的意志，而取决于各方当事人的意志，当事人如对调解行为持有异议，完全可以不在调解协议上签字，没有必要通过行政诉讼程序来解决。但如果行政机关在调解过程中采取了不适当的手段，如强迫当事人签字画押，该行为在事实上就不属于调解行为，而是违背当事人意志的行政命令，对这种行为不服，可以向人民法院提起行政诉讼。所谓仲裁行为，是指行政机关或者法律授权的组织，根据全国人大及其常委会依照立法程序制定的法律以及法律性文件的授权，依照法定的仲裁程序，对平等主体之间的民事争议进行处理的行为。仲裁行为与调解行为不同，行政机关实施仲裁行为可以违背一方或双方当事人的意志进行裁决，仲裁行为对当事人来说，显然具有强制性。但是，根据我国法律的规定，当事人对某些仲裁行为不服，可以向人民法院提起民事诉讼；而某些仲裁属于一级终局仲裁，当事人不服，在具备法定条件的情况下，可以通过执行程序解决。因而，没有必要通过行政诉讼解决问题。需要注意的是，这里的法律是狭义上的法律，即指全国人大及其常委会所制定的法律。如果某一仲裁行为不是法律而是由地方法规、行政法规甚至规章规定的，对于这种"仲裁"行为不服，就可以向人民法院提起行政诉讼。

四是不具有强制性的行政指导行为。行政指导行为是指行政机关在进行行政管理的过程中做出的具有咨询、建议、训导等性质的行为。行政指导行为不具有当事人必须履行的法律效果，当事人可以按照行政指导行为去做，也可以不按照行政指导行为去做，违反行政指导行为不会给行政管理相对人带来不利的法律后果。既然行政指导行为不具有强制性，而且当事人具有选择自由，就没有必要通过行政诉讼的途径来解决。如果某一行为具有强制力，或者某种行为要求当事人必须为或不为一定行为，行政管理相对人不履行或不执行就要承担不利的法律后果，那么，这种行为就不再是行政指导行为，当事人对这种行为不服，可以向人民法院提起行政诉讼。

五是驳回当事人对行政行为提起申诉的重复处理行为。所谓重复处理行为是指行政机关做出的没有改变原有行政法律关系、没有对当事人的权利义务产生新的影响的行为。这种行为通常发生在以下情形：当事人对历史遗留问题的行政行为、对已过争诉期间的行政行为或行政机关具有终局裁决权的行为不服，向行政机关提出申诉，行政机关经过审查，维持原有的行为，驳回当事人的申诉。这种驳回申诉的行为，在行政法中被称为"重复处置行为"。之所以规定对这类行为不能提起诉讼，主要是因为：一是重复处理行为没有对当事人的权利义务产生新的影响，没有形成新的行政法律关系；二是如果对这类重复处理行为可以提起诉讼，就会在事实上取消复议或提起诉讼的期间，也就意味着任何一个当事人在任何时候都可以通过申诉的方式重新将任何一个行政行为提交行政机关或法院重新进行审查，这不仅不利于行政法律关系的稳定，也不利于行政管理相对人对行政行为的信任。

六是对公民、法人或者其他组织的权利义务不产生实际影响的行为。此类行为主要指还没有成立的行政行为以及还在行政机关内部运作的行为等。之所以将这类行为排除在行政诉讼的受案范围之外，是因为行政诉讼的目的就是消除非法行政行为对行政管理相对人的权利义务的不利影响。如果某一行为没有对行政管理相对人的权利、义务产生实际影响，提起行政诉讼就没有实际意义。[①]

（二）部分抽象行政行为

抽象行政行为是行政机关制定法规、规章和其他具有普遍约束力的决定、命令等规范性文件的行为。关于抽象行政行为能否进行司法审查，世界各国有不同的做法。在我国，法院不能受理对抽象行政行为的起诉。但是，法院不受理对抽象行政行为的起诉并不意味着法院绝对不审查抽象行政行为。

人民法院在审查具体行政行为的合法性时，对于行政规章参照使用。若出现具体行政行为据以做出的规范性文件与更高层次的法律、法规及其他规范性文件相抵触时，可以选择适用高层次的规范性文件。

在实践中，有些具体行政行为侵犯公民、法人或者其他组织的合法权益，是地方政府及其部门制定的规范性文件中越权、错位等规定造成的。为从根本上减少违法行政行为，可以由法院在审查行政行为时应公民、法人或者其他组织的申请对规范性文件进行附带审查。2014 年 11 月 1 日闭幕的十二届全国人大常委会第十一次会议表决通过关于修改《行政诉讼法》的决定。新法增加规定：一是公民、法人或者其他组织认为行政行为所依据的国务院部门和地方人民政府及其部门制定的规范性文件不合法，在对行政行为提起诉讼时，可以一并请求对该规范性文件进行审查。但规范性文件不含规章。二是人民法院在审理行政案件中，发现上述规范性文件不合法的，不作为认定行政行为合法的依据，并应当向制定机关提出处理的司法建议。

可见，在我国，人民法院对部分抽象行政行为有一定的司法审查权，但不能予以撤销或宣布有关规范性文件无效。

---

① 罗豪才、湛中乐：《行政法学》，北京大学出版社 2012 年版，第 536—538 页。

二 司法审查的标准和结果

(一) 司法审查的标准

1. 证据是否确凿充分

在行政案件的审查中，首先要审查行政机关据以做出具体行政行为的事实是否清楚，证据是否确凿、充分。

2. 适用法律法规是否正确

根据《行政诉讼法》的规定，"适用法律法规错误"不仅包括适用实体性法律规范错误，还包括适用程序性法律规范错误。

适用法律法规错误通常表现为以下三个方面：适用法律法规性质错误；适用法律法规条款错误；适用法律法规对象错误。

3. 是否显失公正

行政处罚显失公正主要有以下几种表现形式：相同情况不同处罚；不同情况相同处罚；一个行为重复处罚。

4. 是否超越职权、滥用职权

超越职权是指行政主体（行政机关或者法律、法规授权的组织）所作的具体行政行为超越了法律法规规定或授权的范围，或行政机关委托的组织所作的具体行政行为超越了委托的范围。任何一种超越职权的行为都是违法行为。

5. 是否符合法定程序

我国目前尚没有统一的行政程序法典，关于行政程序的规定基本上各行其是，有的甚至没有规定。在实践中，主要应围绕以下几个方面对行政程序进行司法审查。

（1）受理。行政主体对于行政相对人提出的符合法定条件的行政许可等申请，必须受理。如无故不受理，即构成程序违法。

（2）表明身份。行政主体在进行行政执法过程中，应当向行政相对人出示工作证件等履行职权的有关证明，以防行政主体超越职权、滥用职权。

（3）告知。行政主体在进行行政行为时，依法应当将有关事项告知行政相对人，如告知是否受理、告知陈述、申辩权等权利及其他事项。如不告知，则属于违反法定程序。

（4）调查。调查要求由两人以上进行，并且要作好调查笔录。英国行政法就把调查列为一项独立的制度，以调整行政主体与行政相对人的权利义务关系。

（5）听取意见。听取行政相对人的意见，也是一种程序性制度。对于一些较为重大的事项，还应举行听证会，如我国《行政处罚法》第 42 条规定的应当依法听证的情形。

（6）回避。与做出具体行政行为有利害关系的行政执法人员应当予以回避，也是体现公正原则的一项重要制度。

（7）合议或集体讨论。行政机关做出具体行政行为时，应采取少数服从多数的原则进行合议，行政处罚法等法律、法规还规定了集体讨论制度。

（8）步骤、方式、顺序、时限是构成行政程序的基本要素。步骤指完成某一程序的若干必经阶段。方式是实施行为的方法和形式。顺序指行政主体做出具体行政行为时应遵循的先后次序。"先调查取证，后裁决"是基本的行政程序要求。

（9）复议、司法审查。复议在西方被称为"行政救济制度"，而提起行政诉讼则被称为"司法救济制度"。司法审查一旦提出，即进入诉讼程序。[①]

（二）司法审查的结果

1. 维持判决。该判决是法院经审理认为被诉具体行政行为合法，予以维持的判决形式。我国《行政诉讼法》规定，具体行政行为证据确凿，适用法律、法规正确，符合法定程序，判决维持。

2. 撤销判决。该判决是法院经审理认为被诉具体行政行为违法，全部或部分予以撤销，并且可以责令被告履行特定职责的判决形式。我国《行政诉讼法》规定，具体行政行为主要证据不足，或适用法

[①]　罗豪才、湛中乐：《行政法学》，北京大学出版社 2012 年版，第 555—559 页。

律、法规错误，或违反法定程序，或超越职权、滥用职权的，应当判决撤销或者部分撤销。

3. 履行判决。该判决是法院判令被告在一定期限内履行法定职责的判决形式。我国《行政诉讼法》的规定，被告不履行或者拖延履行法定职责的，判决其在一定期限内履行。

4. 变更判决。该判决是法院在判决中直接变更被诉具体行政行为确定的权利义务关系的判决形式。我国《行政诉讼法》规定，行政处罚显失公正的，可以判决变更。

5. 确认判决。该判决是指法院通过对引起争议的具体行政行为或者行政事实行为的合法性审查，直接确认其是否合法的判决形式。

《最高人民法院关于执行〈中华人民共和国行政诉讼法〉若干问题的解释》（以下简称《若干解释》）第五十七条规定，法院认为被诉具体行政行为合法，但不适宜判决维持或者驳回诉讼请求的，可以做出确认其合法或者有效的判决。《若干解释》第五十七条第二款规定，有下列情形之一的，法院应当做出确认被诉具体行政行为违法或者无效的判决：（1）被告不履行法定职责，但判决责令其履行法定职责已无实际意义的；（2）被诉具体行政行为违法，但不具备可撤销内容的；（3）被诉具体行政行为依法不成立或者无效的。

《国家赔偿法》第三条、最高人民法院《关于审理行政赔偿案件若干问题的规定》第三十四条规定，对于行政机关及其工作人员在行使行政职权时所作的下列事实行为，法院应当判决确认其违法：（1）非法拘禁或者以其他方法非法剥夺公民人身自由的；（2）直接对公民实施暴力行为或者唆使他人对公民实施暴力行为的；（3）违法使用武器、警械造成公民身体伤害或者死亡的。

6. 驳回诉讼请求判决。该判决是法院针对某些不宜以维持具体行政行为的判决方式驳回原告的诉讼请求的行政案件所做出的，对原告的诉讼请求不予支持的判决形式。《若干解释》第五十六条规定，有下列情形之一的，法院应当判决驳回原告的诉讼请求：（1）起诉被告不作为理由不能成立；（2）被诉具体行政行为合法但存在合理性问题的；（3）被诉具体行政行为合法，但因法律、政策变化需要变更或者废止的；（4）其他应当判决驳回诉讼请求的情形。

三　司法审查的程序

司法审查程序是指司法机关对于行政机关及其公务员违法行政、不当行政，侵犯公民、法人或者其他组织的合法权益的案件，依法进行审理和判决所采用的方式、方法和步骤。

我国《行政诉讼法》第一条明确规定："为保证人民法院公正、及时审理行政案件，解决行政争议，保护公民、法人和其他组织的合法权益，监督行政机关依法行使职权，根据《宪法》，制定本法。"可见，人民法院的行政审判活动担负着监督行政机关依法行使行政职权的法定职责，[①] 司法机关对行政机关及其公务员追究行政责任主要是通过人民法院的行政审判活动来实现的。因此，在我国，司法机关对行政行为司法审查的程序主要是指行政诉讼程序，具体包括行政诉讼的起诉、受理、第一审程序、第二审程序、审判监督程序和执行程序。

（一）起诉

在起诉条件方面，根据《行政诉讼法》的规定，任何个人、组织向人民法院提起行政诉讼均应符合下列条件：原告是认为行政行为侵犯其合法权益的行政相对人；有明确的被告；有具体的诉讼请求和事实根据；属于法院受案范围和受诉人民法院管辖。但该起诉条件的规定仅具有"提示"意义，而并非"限定"意义，法院不能在这个阶段进行实体审查，只要起诉人具有可能遭受行政机关侵害的可能性，就符合了起诉条件，具备了原告资格。

在起诉期限方面，我国《行政诉讼法》规定了三种起诉期限。一是直接起诉的起诉期限。行政相对人直接向人民法院提起诉讼的，应当自知道或者应当知道做出行政行为之日起六个月内提出。二是经过

---

① 寇学军：《关于行政审判对行政职权"柔性"监督与"刚性"监督的思考》，《行政与法》2008 年第 7 期。

复议程序不服复议决定的起诉期限。申请人不服复议决定的，可以在收到复议决定书之日起十五日内向人民法院提起诉讼。复议机关逾期不作决定的，申请人可以在复议期满之日起十五日内向人民法院提起诉讼。三是法律规定的特殊起诉期限。因不动产提起诉讼的案件自行政行为做出之日起超过二十年，其他案件自行政行为做出之日起超过五年提起诉讼的，人民法院不予受理。公民、法人或者其他组织申请行政机关履行保护其人身权、财产权等合法权益的法定职责，行政机关在接到申请之日起两个月内不履行的，公民、法人或者其他组织可以向人民法院提起诉讼。法律、法规对行政机关履行职责的期限另有规定的，从其规定。公民、法人或者其他组织在紧急情况下请求行政机关履行保护其人身权、财产权等合法权益的法定职责，行政机关不履行的，提起诉讼不受前款规定期限的限制。

在起诉的方式方面，根据《行政诉讼法》的规定，起诉应当向人民法院递交起诉状，并按照被告人数提出副本。书写起诉状确有困难的，可以口头起诉，由人民法院记入笔录，出具注明日期的书面凭证，并告知对方当事人。起诉状的主要内容有：当事人的情况，即原告、被告、第三人的基本信息；诉讼请求和所根据的事实和理由；证据和证据来源，证人姓名与住址。此外，起诉状还要写明接受起诉状的人民法院名称和起诉的具体日期，并由原告签名盖章。

（二）受理

受理是指人民法院对公民、法人或其他组织的起诉进行审查，认为符合法律规定的起诉条件而决定立案审理的诉讼行为。起诉是受理的前提，但受理并非起诉的必然结果。是否受理，是人民法院依据国家审判权对起诉行为进行审查的单方面行为的结果。

人民法院收到原告的起诉状后，应予以审查。审查的内容包括：起诉是否符合法定条件；起诉是否符合法定起诉程序，即审查行政复议是否必经程序；是否重复起诉；起诉手续是否完备，起诉状内容是否明确等。

经过审查，人民法院可作如下处理：决定受理，即对符合受理条件的，人民法院应在接到起诉状之日起七日内立案，并及时通知当事人；认为所接受的案件有欠缺或基本证据不足的，要求当事人补正，补正后符合受理条件的，从当事人补正后交人民法院之日起七日内立案；人民法院认为起诉不符合受理条件的，在接到起诉状之日起七日内做出裁定不予受理；人民法院在七日内不能决定是否受理的，应当先予受理；受理后经审查不符合起诉条件的，裁定驳回起诉。

（三）第一审程序

行政诉讼案件的第一审程序是指一审法院对行政案件进行审理应适用的程序，包括审理前的准备、开庭审理、合议庭评议和判决等阶段。

审理前的准备工作主要有：人民法院应在立案之日起五日内将起诉状副本发送被告；被告应在收到起诉状副本之日起十五日内向人民法院提交做出具体行政行为的有关材料，并提出答辩状，人民法院应在收到答辩状之日起五日内将答辩状副本发送原告；将开庭的时间、地点通知当事人和其他诉讼参与人；应公开审理的案件，公告当事人姓名、案由和开庭时间、地点。

法庭审理开始阶段的工作有：书记员查明当事人及其他诉讼参与人是否到庭并报告审判长；审判长核对当事人、宣布案由，宣布审判人员、书记员名单，告知当事人诉讼权利和义务，并询问是否申请回避。

法庭审理过程一般按下列顺序进行：按原告、被告、第三人的顺序陈述行政争议；举证、质证；辩论；当事人最后陈述等。

按照我国《行政诉讼法》的规定，行政案件的审判实行合议制。"法律规定合议制有其特殊需要，主要是被告地位特殊，行政案件内容特殊，审判尚无完整的经验，法官队伍的素质不高等。"① 合议庭评议是在上述审理基础上，合议庭人员进行评议，对如何判决提出各自的观点，达成一致意见后，报院长审批。合议庭评议应不公开进

---

① 蔡绍祥：《行政案件审理特点和审理方式探讨》，载陈光中《依法治国·司法公正》，上海社会科学院出版社 2000 年版，第 750—752 页。

行，实行少数服从多数的原则，有不同意见应允许保留并记入笔录。

判决是指人民法院对行政案件经过上述审理及合议庭评议后，以事实为根据，以法律为准绳，进行裁判的行为。人民法院宣告判决，应一律公开进行。宣判时，应告知当事人享有的上诉权利以及上诉期限和上诉法院。

在第一审程序中应注意以下问题：审判应组成合议庭，合议庭由审判员组成，或由审判员、陪审员组成，其成员应当是三人以上的单数；应开庭审理的不能书面审理；审结期限为立案之日起六个月内，如有特殊情况须延长的，由高级人民法院批准，高级人民法院审理第一审案件需要延长的，由最高人民法院批准。

（四）第二审程序

第二审程序又称"上诉审程序"，是指上级人民法院对下级人民法院就第一审案件所作的判决、裁定，在发生法律效力以前，基于当事人的上诉，依据事实和法律，对案件进行审理的程序。其特点主要有：第二审程序由当事人上诉而引起，该程序由第一审人民法院的上一级人民法院适用，二审法院做出的判决、裁定是终审判决、裁定。

在第二审程序中应注意：第二审程序是独立的审判程序，但并非每一个行政诉讼案件都必须经过这一程序；第二审程序既可适用开庭审理，也可适用书面审理，适用书面审理的条件是该上诉案件事实清楚；审结期限，人民法院应在收到上诉状之日起三个月内做出终审判决，有特殊情况需要延长的，由高级人民法院批准，高级人民法院审理上诉案件需要延长的，由最高人民法院批准。①

（五）审判监督程序

审判监督程序又称"再审程序"，是人民法院对已经发生法律效力的判决、裁定，发现违反法律、法规的规定，依法再次审理的程序。

提起审判监督程序的条件：必须具有法定理由，即发现已发生法律效力的判决、裁定违反法律、法规；必须由享有审判监督权的组织或专

---

① 姜明安：《行政法与行政诉讼法》，北京大学出版社 2011 年版，第 493—500 页。

职人员提出，即上级人民法院、人民检察院或者本级人民法院院长。

提起再审的程序有三种情况：原审人民法院院长提起的，必须报经审判委员会决定；上级人民法院提起的，可以自己审理，也可指令下级人民法院再审；人民检察院抗诉的，人民法院必须进行再审。

再审案件适用的程序根据案件原来的审级不同而不同：已经生效的裁判，原来是第一审人民法院做出的，再审时按照第一审程序审理，所作裁判当事人不服可以上诉。原来是第二审人民法院做出的，再审时按照第二审程序审理。最高人民法院或上级人民法院提审的案件，也按照第二审程序审理。二审法院做出的裁判为终审裁判，不得上诉。

（六）执行程序

在司法机关对行政机关追究行政责任的过程中，执行是一个重要环节。执行程序是指人民法院对已生效的判决或裁定，在行政机关逾期拒不履行时，依法采取强制措施，从而使生效裁判得以实现的活动。

执行程序是行政诉讼裁判的执行，而不是具体行政行为的执行。其特点是：执行主体是人民法院；执行的内容是人民法院已经生效的裁判；执行的被申请人为行政主体；执行程序同审理程序相衔接，成为行政诉讼程序的一个组成部分。

根据我国《行政诉讼法》的规定，行政机关拒绝履行判决、裁定的，第一审人民法院可以采取以下措施：对应当归还的罚款或者应当给付的赔偿金，通知银行从该行政机关的账户内划拨；在规定期限内不执行的，从期满之日起，对该行政机关负责人按日处五十元至一百元的罚款；将行政机关拒绝履行的情况予以公告；向该行政机关的上一级行政机关或者监察机关提出司法建议，接受司法建议的机关根据有关规定进行处理，并将处理情况告知人民法院；拒不履行判决、裁定、调解书，社会影响恶劣的，可以对该行政机关直接负责的主管人员和其他直接责任人员予以拘留；情节严重，构成犯罪的，依法追究刑事责任。

执行由一系列独立的环节组成，包括开始、审理、阻却、完毕、补救等，这些程序与民事诉讼执行程序基本相同。申请执行生效的行政裁判的期限为两年，从法律文书规定履行期间的最后一日起计算；

法律文书规定分期履行的，从规定的每次履行期间的最后一日起计算；法律文书未规定履行期间的，从法律文书生效之日起计算。

第三节　司法机关对行政赔偿案件的裁决

行政赔偿是指行政机关及其工作人员在行使职权过程中违法侵犯公民、法人或者其他组织的合法权益并造成损害，国家对此承担的赔偿责任。[①] 根据我国《国家赔偿法》的有关规定，人民法院对于行政赔偿案件拥有司法裁决权。

一　行政赔偿的范围

行政赔偿的范围是指国家承担行政赔偿责任的领域，即国家对哪些违法行政行为造成的哪些损害予以赔偿。

在我国，《国家赔偿法》第三条、第四条对行政赔偿的范围做出了明确规定。[②] 行政赔偿限于违法行使职权侵犯人身权的行政赔偿和

---

① 罗豪才、湛中乐：《行政法学》，北京大学出版社 2012 年版，第 406 页。

② 《中华人民共和国国家赔偿法》

第三条　行政机关及其工作人员在行使行政职权时有下列侵犯人身权情形之一的，受害人有取得赔偿的权利：

（一）违法拘留或者违法采取限制公民人身自由的行政强制措施的；

（二）非法拘禁或者以其他方法非法剥夺公民人身自由的；

（三）以殴打、虐待等行为或者唆使、放纵他人以殴打、虐待等行为造成公民身体伤害或者死亡的；

（四）违法使用武器、警械造成公民身体伤害或者死亡的；

（五）造成公民身体伤害或者死亡的其他违法行为。

第四条　行政机关及其工作人员在行使行政职权时有下列侵犯财产权情形之一的，受害人有取得赔偿的权利：

（一）违法实施罚款、吊销许可证和执照、责令停产停业、没收财物等行政处罚的；

（二）违法对财产采取查封、扣押、冻结等行政强制措施的；

（三）违法征收、征用财产的；

（四）造成财产损害的其他违法行为。

侵犯财产权的行政赔偿，对其他方面的损害，尚没有纳入行政赔偿的范围。

（一）侵犯人身权的行政赔偿

1. 违法拘留或者违法采取限制公民人身自由的行政强制措施

（1）违法拘留

行政拘留是指公安机关对违反治安管理的人依法在一定时间内限制人身自由的一种行政处罚。根据《中华人民共和国治安管理处罚法》的规定，行政拘留必须具备以下基本条件：第一，做出行政拘留决定的机关必须是县级以上公安机关；第二，被拘留人违反治安管理行为的事实清楚，证据确实、充分；第三，对被拘留人适用法律、法规正确；第四，行政拘留期限应在十五日以内；第五，行政拘留必须符合法定程序。

违法拘留是指违反其中任何一个条件的拘留。但应予强调，违反其中任何一个条件的拘留并不必然会侵犯被拘留人的人身自由权而产生国家赔偿。例如，依法应当向被拘留人告知诉权而没有告知的拘留，仅仅侵犯被拘留人诉权，而没有侵犯他的人身自由权。能够产生国家赔偿的违法拘留，主要有下列两种情形：其一，对没有违反治安管理的公民给予拘留处罚；其二，对虽有违反治安管理行为但依法不应拘留的公民给予拘留处罚。

（2）违法采取限制公民人身自由的行政强制措施

行政强制措施是指行政机关在行政管理活动中，依法定职权采取强制手段限制行政管理相对人行使某项权利或强制其履行某项义务的各种措施的总称，包括限制人身自由和限制财产权的行使两类。限制人身自由的强制措施是指国家行政机关为实现行政管理目的，依法定职权对行政管理相对人的人身自由加以限制的各种方法。主要包括以下几种。

其一，违法强制戒毒。

强制戒毒是指对吸食、注射毒品的人在一定的时间内进行强制药物治疗、心理治疗、法制教育和道德教育，使其戒除吸食、注射毒品恶习的行政强制措施。强制戒毒主要是根据 1990 年 12 月 28 日全国人大常委会通过的《关于禁毒的决定》和 1995 年 1 月 12 日国务院发布的《强制戒毒办法》。根据上述法律、法规，采取强制戒毒应符合以下条件：第一，有权决定强制戒毒的机关是县级以上公安机关；第二，对象是具有吸食、注射毒品恶习的人员；第三，强制戒毒的时间一般为 3—6 个月。负有国家赔偿责任的强制戒毒，主要有下列几种情形：一、将没有吸食、注射毒品恶习的无辜公民强制戒毒的；二、将吸食、注射毒品的人员强制戒毒超过法定期限的。三、在强制戒毒期间，采取强制措施过于严厉，造成被强制戒毒人员人身伤害的。

其二，违法强制传唤。

强制传唤是指公安机关为了查明案件，对经传唤无正当理由而拒不到案的违反治安管理人，强制其到指定的地点接受调查的行政强制措施。强制传唤的法律依据为《中华人民共和国治安管理处罚法》，主要程序包括：实施强制传唤的行政机关是公安机关；强制传唤必须是在经传唤无正当理由而不到案或被传唤人有逃避传唤之嫌疑；被传唤人有违反治安管理的行为；采取强制传唤措施以及在执行中使用械具时，应经公安派出所所长以上负责人批准。负有国家赔偿责任的违法强制传唤，主要有下列两种情形：一是对没有违反治安管理的人强制传唤的；二是对违反治安管理的人强制传唤超过 24 小时期限。

其三，违法强制约束。

强制约束是指公安机关对具有危险性的醉酒人和精神病人暂时限制其人身自由的一种强制性行政措施。强制约束的法律依据是《警察法》和《中华人民共和国治安管理处罚法》。《警察法》第十四条规定："公安机关的人民警察对严重危害公共安全或者其他人人身安全的精神病人可以采取保护性约束措施。需要送往指定单位、场所加以监护的，应当报请县级以上人民政府公安机关批准，并及时通知其监护人。"《中华人民共和国治安管理处罚法》规定："醉酒人在醉酒状态中，对本人有危险或者对他人的安全有危险的，应当将其约束到酒醒。"在实际操作时，判断相对人是否为精神病患者或醉酒人，则要根据其言行、神态等诸方面综合判断。倘若认为相对人言行等失常且符合约束条件的，就可对其采取约束措施，否则，判断失误而采取约束措施的，可能会产生国家赔偿责任。对精神病患者约束后，交给其监护人监护，对醉酒人约束后，将其约束至酒醒。假如公安民警对这两种人控制后采取的约束措施过于严厉造成其人身伤害，以及对醉酒人约束后不加看护等不作为导致其人身伤害，都有可能产生国家赔偿责任。

其四，其他违法限制公民人身自由的行政强制措施。

限制人身自由的行政强制措施，除了以上几种外，还有对流浪人员的强制遣送，对在公共场所闹事者强制带离现场和清理外来人员、"三无"人员等。采取这些限制公民人身自由的行政强制措施时，应根据相应的法规，严格按规定办事，并且在实施强制措施时注意采取安全措施，以保护相对人的人身安全。否则，可能产生国家赔偿责任。

2. 非法拘禁或者以其他方式非法剥夺公民人身自由

非法拘禁或者以其他方式非法剥夺公民人身自由属于违法的行政拘留和行政强制措施以外的其他非法限制或剥夺公民人身自由的行政行为。该行为产生于下列两种情形：其一，有的行政机关没有行政拘留权或限制公民人身自由的行政强制措施权，但在行使职权时以行政拘留或采用行政强制措施为名，将公民的人身自由加以限制或剥夺。其二，有的行政机关虽有行政拘留权或限制公民人身自由的行政强制措施权，但其工作人员行使职权时，既不以行政拘留名义，也不以采取强制措施名义，仅凭手中的职权随意地将公民的人身自由加以限制。这类行为一般不属于行政机关及其工作人员的职权行为本身，而是与行使职权密切相关的行为，是为执行职权而采取的非法手段。所以它往往是一种事实行为，一般不是具体行政行为。

（1）非法拘禁

非法拘禁是指国家行政机关及其工作人员在行使职权时，在没有法律、法规依据的情况下，对行政管理相对人实施禁闭、关押、扣留、隔离审查等非法手段，限制或剥夺其在一定时间内的人身自由的违法行为。非法拘禁作为一种违法的行政职权行为，行为人在主观上是故意的，即行为人明知拘禁行为非法限制、剥夺了相对人的行动自由，却希望或放任这种结果的发生。非法拘禁的对象可能是违法分子，但这并不影响非法拘禁的性质认定。

（2）以其他方法非法剥夺公民人身自由

这主要是指行政机关及其工作人员在行使行政职权时，以非法拘禁以外的强制方法非法限制公民行动自由的行为。这类行为的范围比较广泛，表现形式也很多。例如，不准公民参加某种社会活动，不准公民离开特定区域等。

3. 以殴打等暴力行为或者唆使他人以殴打等暴力行为造成公民身体伤害或者死亡

对于这类行政侵权行为，应明确两点：其一，这两类行为不是职权行为本身，而是与行使职权有关的行为，是执行职务所采取的非法行为，所以这类行为不是具体行政行为，而是事实行为。其二，从行为所造成的结果看，可将这些行为划分为下列几种情形：造成死亡的；造成重伤的；造成轻伤的；造成轻微伤的；暴力行为并没有造成上述四种伤害后果，但使相对人生病或皮肉之苦导致其花费医疗费的，国家亦得承担国家赔偿责任。可见国家赔偿法所称的伤害是广义的，与《刑法》和《中华人民共和国治安管理处罚法》规定的伤害并不完全相同。

（1）以殴打等暴力行为造成公民身体伤害或者死亡

暴力行为的种类可以多种多样，例如殴打、捆绑、使用电警棍击打等，但不包括以暴力相威胁及辱骂行为。使用暴力行为造成公民身体伤害或死亡的，国家才负赔偿责任。例如，某县公安局行政拘留所值班看守王某认为被拘留人员赵某有冲监嫌疑，使用电警棍击赵某双手和颈部，并令赵某双手握拳快速击墙，然后又令赵某做俯卧撑。在做第三下时，赵某由于遭受外伤情绪激动，诱发克山病急性发作而死亡。某县公安局对赵某死亡应负国家赔偿责任。值得注意的是，行政机关工作人员在行使职权时，为使公共利益、本人人身和他人的人身和其他权利免受正在进行的不法侵害而采取的正当防卫行为，是受法律保护的正义行为，应同致死、致伤的暴力行为严格区分开。

（2）唆使他人以殴打等暴力行为造成公民身体伤害或者死亡

在认定"唆使他人实施暴力行为"这一违法职权行为时，应注意下列几点：唆使者一般为行政机关工作人员，被唆使者既可以是行政机关工作人员，也可以是非行政机关工作人员；须有唆使行为，如授意、劝说、请求、挑拨、威胁等；被唆使人实施的致伤、致死的暴力行为与唆使人的唆使行为之间有因果关系；须出于唆使故意，过失不能构成这种违法职权行为。

4. 违法使用武器、警械造成公民身体伤害或死亡

该赔偿范围与刑事赔偿范围有一定重复。为避免重复，行政赔偿着重于使用警械的条件，以及负有国家赔偿责任的违法使用警械的情形。而在刑事赔偿范围中，着重于使用武器的条件以及负有国家赔偿的违法使用武器的几种情形。

根据《人民警察使用警械和武器条例》规定，警械指人民警察按照规定装备的警棍、催泪弹、高压水枪、特种防暴枪、手铐、脚镣、警绳等警用器械；武器是指人民警察按照规定装备的枪支、弹药等致命性警用武器。有权使用武器、警械的人员为人民警察、武装部队人员等。按照规定配备武器、警械人员在使用武器和警械时，应遵守《人民警察使用警械和武器条例》关于使用警械和武器的有关规定。人民警察和武装部队人员按规定配备武器和警械，在使用时应严格遵守规定，包括使用的场合，使用的条件，使用的时间，使用的种类，达到的程度，使用的程序以及如何使用等规定。任何人都不得违反规定使用警械、武器。违法使用警械、武器就是违反规定而使用警械、武器。行政机关及其工作人员违反规定的某一方面而使用警械、武器造成公民身体伤害或死亡的，国家都要承担赔偿责任。

5. 造成公民身体伤害或者死亡的其他违法行为

该规定系兜底条款，具有扩张性，泛指上述四项侵犯人身权的行政行为之外的其他情形。事实上，行政机关侵犯人身权的情形多种多

样，法律无法作穷尽性列举。按照国家赔偿法的立法本意，行政机关及其工作人员违法行使行政职权造成公民身体伤害或死亡的，除法定免责事项外，国家都应当负赔偿责任。

（二）侵犯财产权的行政赔偿

1. 违法实施罚款、吊销许可证和执照，责令停产、停业，没收财产等行政处罚

行政处罚是国家行政机关对违反行政管理法律法规的公民、法人和其他组织所给予的一种行政制裁，包括有关人身权方面的行政处罚和有关财产权方面的行政处罚。有关财产权的行政处罚又分为财产罚和能力罚两种。财产罚是指国家行政机关强迫违反行政管理法律法规的公民、法人和其他组织缴纳一定数额的金钱，以剥夺其财产权的行政处罚，如罚款、没收非法所得等。能力罚也称"行为罚"，是指国家行政机关对违反行政管理法律法规的公民、法人和其他组织进行限制或剥夺其某项行为能力的制裁措施。例如，吊销许可证和执照，责令停产、停业等。

（1）违法罚款

罚款是指行政机关强制违反行政管理法律法规的公民、法人或其他组织在一定期限内，向国家缴纳一定数额的货币的行政处罚。行政机关对行政管理相对人实施罚款处罚必须在适用罚款主体、罚款条件、处罚幅度、罚款程序等方面符合行政法律法规规定，违反其中一项规定即构成违法罚款。负有国家赔偿责任的违法罚款，主要指下列几种情形：其一，对没有违反行政管理法律法规的公民、法人和其他组织实施罚款；其二，对违反行政管理法律法规的公民、法人或其他组织的罚款超过法定幅度；其三，对虽然违反行政管理法律法规，但不够罚款处罚标准的公民、法人或其他组织予以罚款处罚。

（2）违法没收财物

没收财物是指行政机关将公民、法人或其他组织非法所得、持有的违禁物品或用于违法行为的工具等无偿收归国有的一种行政处罚。如公安机关依法收缴、没收、销毁非法枪支、淫秽物品。行政机关对

于上列物品，首先应收缴，然后加以没收，最后根据不同情形区别对待：对淫秽物品等违禁品予以销毁；对于非法所得等上缴国库；对于作案工具等加以扣存。收缴是行政措施，销毁是处罚方式，唯有没收是实体处理，涉及财物所有权的转移。因而，在做出没收财物处罚时应当慎重，必须严格按照法律法规规定的条件、程序进行，不按法律法规规定的条件和程序进行的没收都属于违法没收。负有国家赔偿责任的违法没收财物主要发生于下列情形：没收的财物不属于上列范围，没收的财物不是赃款赃物。

（3）违法责令停产、停业

责令停产、停业是行为罚的一种，是指行政机关对违反行政管理法律法规的法人和其他组织做出停止其生产或营业的一种行政处罚。责令停产、停业涉及企业和其他组织的重大经济利益，因而必须依法进行，严格遵循责令停产、停业的条件、程序实施处罚，违反任何一项都构成违法。下列责令停产、停业可能产生国家赔偿责任：其一，相对人经营或生产守法，不存在重大隐患等弊端；其二，可采用整顿方式解决，而做出责令停产、停业处罚；其三，相对人在经营或生产中虽有违法行为，但依法不应对其责令停产、停业处罚。

（4）违法吊销许可证和执照

许可证和执照是行政机关向申请人颁发的从事某种职业和活动的书面凭证。国家赔偿法中所称的许可证和执照应作广义理解，它不仅包括人们通常所讲的许可证和执照，而且包括行政机关颁发的其他具有许可性质的法律文书。许可证和执照赋予公民、法人和其他组织某种权利，可从事某种特定的职业或活动。吊销许可证和执照就是取消其某种权利，不再允许其从事某种职业或活动。可见吊销许可证和执照是涉及许可证和执照持有人生计的大事，必须谨慎，依法办理，严格遵循吊销许可证和执照的条件、程序进行，违反某项规定就是违法吊销许可证和执照。应予强调的是，违法吊销许可证和执照本身并不会产生国家赔偿责任，但是，因违法吊销许可证和执照引起下列损害，国家应当负赔偿责任：其一，补办许可证和执照应支付的费用；

其二，许可证和执照具有许可营业性质，停产停业期间的经常性开支属于行政赔偿的范围。

2. 违法对财产采取查封、扣押、冻结等行政强制措施

对财产采取行政强制措施是指国家行政机关为实现行政管理目的，依法对行政管理相对人强制限制其行使财产权，或强制其履行财产方面义务的行政行为，包括查封、扣押、冻结等。查封是指行政机关对行政管理相对人等有关人员的财产（包括动产和不动产）就地封存，贴上封条，不允许变卖、转移和动用该财产的行政强制措施。查封的目的是防止行政管理相对人将财产转移、隐匿或灭失，便于查办与该财产有关的行政案件。扣押是指行政机关对行政管理相对人等有关人员的动产进行扣留的强制措施。扣押财产的目的是查明案情或防止财产的灭失和转移。如交通警察将违反交通管理法规的肇事车辆进行扣押，工商管理部门将冒充他人名牌产品的伪劣产品进行扣押等。冻结是指行政机关通过银行等金融机构暂时停止违法人支付、动用存款，或暂停账面流动资金流动和使用的行政强制措施。冻结的目的是防止行政管理相对人转移资金，以保证行政案件的办理或行政处罚顺利执行。

合法的限制财产流转的行政强制措施，应具备下列基本条件：（1）有权采用限制财产权这一行政强制措施的主体，应是法律、法规授予其行使该项职权的行政机关。这些机关主要有税务机关、海关、工商行政管理机关、公安机关等。这些机关在采用行政强制措施时，应在法律、法规所授予的权限范围内行使，超越权限就构成违法。（2）应当在遇有法定情形时采用。例如，交通事故发生后，公安机关要扣留肇事车辆，应符合《中华人民共和国道路交通安全法》规定的情形。如，为了检验或鉴定交通事故的车辆。（3）应采用法律、法规规定的限制财产流转的强制方法。限制财产流转的行政强制措施，不仅应在遇有法定情形时采用，而且应采用与该情形相应的法定强制措施。例如，海关对经其查明来源于走私行为的存款、汇款，根据《中华人民共和国海关法行政处罚实施细则》的规定，可采用

书面通知银行或邮局暂停支付的强制措施。海关对此种存款、汇款无权采用扣押、查封等强制措施。（4）应符合采用限制财产流转强制措施的法定程序。

违反上列四个条件中的任何一个条件均构成违法采用限制财产权的行政强制措施。负有国家赔偿责任的违法对财产采取强制措施的情形，主要有：其一，对与案件无关的公民、法人和其他组织的财产采取了行政强制措施；其二，对行政管理相对人财产采取行政强制措施后，查明该相对人没有违法行为；其三，行政管理相对人确有违法行为，但依法不应当对其财产采取行政强制措施；其四，依法查封、扣押了相对人的财产，但查封、扣押后由于疏于管理造成被查封、扣押的财产毁坏或丢失。

3. 违反国家规定征收财物、摊派费用

行政机关基于社会公共利益的需要，根据法律法规的规定，可以向公民、法人或其他组织征收财物，摊派费用。如，税务机关依法向纳税义务人征税等。行政机关违反国家法律法规的规定，向行政管理相对人征收财物、摊派费用，行政管理相对人有权请求国家赔偿，国家应承担赔偿责任。

（1）违法征收财物

其一，违法征收税款。行政机关依据法律、法规的规定有权向纳税义务人征收税款。征收税款应具备以下条件：一是主体合格，主体必须是有征税职权的行政机关，或法律法规授权的行政机关，或税务机关委托的机关；二是有法律、法规明确规定的税种和税率；三是征收的对象是有纳税义务的行政相对人；四是征税应符合法定的程序和方式。凡违反上述条件之一的征税，即是违法征税。

其二，违法征收规费。征收规费是指行政机关依法向行政管理相对人征收的行政管理费用。征收规费的条件：一是主体必须是有征收费用权的行政机关或法律法规授权的组织；二是征收的项目和数额必须由法律法规明确规定；三是征收规费应严格依照法律规定的条件和程序进行。违反上述条件之一的征收规费，即属于违法征收规费。

其三，违法征收土地。为了国家建设的需要，行政机关有权依照法律规定，将土地使用人的土地或相对人所有的土地有偿地收归国有。但征收土地应严格依照法律规定进行，征收土地必须是为了国家建设的需要，并且应当依法给付土地征收补偿金等。违反上述规定征收土地的，即属于违法征收土地，国家应承担行政赔偿责任。

（2）违法摊派费用

摊派是行政机关及其工作人员在一定范围内，凭借职权要求行政管理相对人提供财力、物力或人力的行为。摊派主要是依据政策性的规定或行政规章，摊派应限定在一定范围内，并且按照规章确定适当的数额，向行政管理相对人要求提供财力、物力或人力。摊派不能随意，摊派的数额和次数应有所限制并严格执行。违反有关规定进行摊派并造成相对人损失的，即属于违法摊派费用，国家应当承担行政赔偿责任。

4. 造成财产损害的其他违法行为

造成财产损害的其他违法行为是指除了上述三种情形以外，行政机关及其工作人员侵犯公民、法人或其他组织财产权的情形。

我国《国家赔偿法》对侵犯财产权的赔偿范围，前三项作了具体列举，第四项进行了兜底性规定。可见，《国家赔偿法》规定的侵犯财产权的赔偿范围比较广泛。除法定的免责事项外，行政机关及其工作人员违法行使行政职权侵犯公民、法人或其他组织的财产权造成损害的，国家都应当负赔偿责任。[1]

（三）行政赔偿免责事项

行政赔偿中的免责是指国家对行政管理中出现的特定的损害不负赔偿责任。在一般情形下，有权利就有救济，有损害就有赔偿。但是，在国家赔偿中，出现一些法定事由或出现一些特殊情况，国家可以不负赔偿责任。根据我国《国家赔偿法》的规定，行政赔偿中的

---

[1]　胡锦光、余凌云：《国家赔偿法》，中国人民大学出版社 2011 年版，第 59—71 页。

免责事由主要有以下几种。

1. 行政机关工作人员与行使职权无关的个人行为

行政机关工作人员的个人行为是指行政机关工作人员实施的、与其职权无关的行为。行政机关的工作人员的身份具有二重性：公民；公务员。依不同的身份从事的活动，法律性质是不同的，所带来的法律后果也不同。个人行为带来的后果应当由个人承担；公务行为带来的损害应由国家承担赔偿责任。具体而言，当他执行职务时是以行政机关工作人员的身份出现的，这时其行为造成的损害，应当由国家承担行政赔偿责任；当行政机关工作人员不执行职务时，他是以一般的公民身份参加社会活动，这时其行为造成的损害，与其职务无关，应由行政机关工作人员个人承担，国家不负行政赔偿责任。

行政机关工作人员与行使职权无关的个人行为主要有以下两种：一是民事侵权行为。行政机关工作人员作为民事活动的主体参与民事活动过程中，所实施的侵害其他公民、法人或其他组织的民事权益并造成损害的行为，是民事法律上的侵权行为。这种行为所带来的法律后果由该行政机关工作人员个人依照民事法律规范承担民事赔偿责任。二是某些事实行为。行政机关工作人员自己实施的与职权无关的行为，该行为不是民事侵权行为，而是违反其他法律法规的事实行为。该行为造成的后果由行政机关工作人员个人承担，国家不承担行政赔偿责任。例如，行政机关工作人员在上班路上的交通肇事行为，国家不承担行政赔偿责任。

2. 自己行为造成的损害

自己行为是指行政管理相对人自己实施的行为。自己行为造成的损害就是指行政机关及其工作人员在执行职务中，由于公民、法人或其他组织自己实施的行为造成了损害。这种损害，国家不负行政赔偿责任。

（1）行政管理相对人的损害完全是由其自己的行为造成的。例如，某人酒后驾驶机动车上路行驶，恰遇交警设卡查处酒驾，为了逃避查处，该人弃车而逃，结果不慎跌倒，摔断了腿。这种损害应由行政管理相对人自己负责，国家不承担行政赔偿责任。

（2）损害发生以后，由于行政管理相对人自身的原因导致损害进一步扩大的，其扩大部分，国家不承担行政赔偿责任。在司法实践中，有的损害虽然是由行政机关工作人员造成的，但损害发生以后，由于行政管理相对人自己的原因，损害扩大，对于损害扩大部分国家不承担赔偿责任。

3. 法律规定的其他情形

国家赔偿中的免责情形很多，不可能一一列出，法律也不能穷尽规定。就司法实践看，国家不承担赔偿责任的其他情形主要有以下几种。

（1）不可抗力

不可抗力是指人们无法预见、无法避免并且无法克服的情形，既包括来自自然的力量，也包括人为造成的事件。例如，地震、火山爆发、洪涝灾害、瘟疫、战争等。由于不可抗力，行政机关工作人员在执行职务中造成损害的，国家不承担行政赔偿责任。

（2）第三人过错

第三人过错是指损害的发生既不是国家行政机关工作人员造成的，也不是受害人自身造成的，而是由国家行政机关工作人员和受害人以外的第三人造成的。按照过错责任原则，这种损害应由第三人负责，国家不负行政赔偿责任。

二　行政赔偿诉讼程序

行政赔偿诉讼程序是指人民法院受理和裁判行政赔偿请求的程序。受害人可以在提起行政诉讼时一并提出赔偿要求即提起行政赔偿诉讼，也可以在行政复议机关做出决定或者赔偿义务机关做出决定后，向人民法院提起行政赔偿诉讼。①

行政赔偿诉讼程序是解决行政赔偿争议的最终程序。从我国《国

---

① 胡锦光、余凌云：《国家赔偿法》，中国人民大学出版社 2011 年版，第 86 页。

家赔偿法》《行政诉讼法》的相关规定看，我国的行政赔偿诉讼适用行政诉讼程序，属于行政诉讼程序中的一个特殊类别。

（一）行政赔偿诉讼程序的适用范围

行政赔偿诉讼程序适用于以下两类行政赔偿案件。

1. 行政赔偿请求人单独提起行政赔偿请求的案件

（1）赔偿请求人单独向行政赔偿义务机关提出行政赔偿请求，行政赔偿义务机关在法定期限内做出不赔偿的行政决定，或者虽然做出行政赔偿决定，但赔偿请求人对赔偿数额有异议，而向人民法院提起行政赔偿诉讼。

（2）赔偿请求人单独向行政赔偿义务机关提出行政赔偿请求，行政赔偿义务机关逾期不予答复，赔偿请求人在法定期限内向人民法院提起行政赔偿诉讼。

（3）法律规定由行政机关最终裁决的具体行政行为，被做出最终裁决的行政机关确认违法，赔偿请求人以赔偿义务机关应当赔偿而不予赔偿或逾期不予赔偿或者对赔偿数额有异议而向人民法院提起行政赔偿诉讼。

2. 行政赔偿请求人在提起行政诉讼的同时一并提出行政赔偿请求的案件

最高人民法院《关于审理行政赔偿案件若干问题的规定》第四条第一款规定："公民、法人或者其他组织在提起行政诉讼的同时一并提出行政赔偿请求的，人民法院应一并受理。"

根据最高人民法院《关于审理行政赔偿案件若干问题的规定》第六条，下列赔偿请求不属于行政赔偿诉讼程序的适用范围：公民、法人或者其他组织以国防、外交等国家行为或者行政机关制定发布行政法规、规章或者具有普遍约束力的决定、命令侵犯其合法权益造成损害为由提出的行政赔偿请求。赔偿请求人以此向人民法院提起行政赔偿诉讼的，人民法院不予受理。

（二）行政赔偿诉讼的管辖

根据最高人民法院《关于审理行政赔偿案件若干问题的规定》第

七条，行政赔偿诉讼原则上与其他行政诉讼案件适用相同的管辖规则。但该规定第八条至第十一条又规定了行政赔偿诉讼案件管辖的特殊规则，具体体现在以下几方面。

1. 专属管辖

赔偿请求人提起行政赔偿诉讼的请求涉及不动产的，由不动产所在地的人民法院管辖。

2. 级别管辖

赔偿请求人单独提起的行政赔偿诉讼案件由被告住所地的基层人民法院管辖。

中级人民法院管辖下列第一审行政赔偿案件：被告为海关、专利管理机关的；被告为国务院各部门或者省、自治区、直辖市人民政府的；本辖区内其他有重大影响和复杂的行政赔偿案件。

高级人民法院管辖本辖区内有重大影响和复杂的第一审行政赔偿案件。

最高人民法院管辖全国范围内有重大影响和复杂的第一审行政赔偿案件。

3. 共同管辖与选择管辖

赔偿请求人因同一事实对两个以上行政机关提起行政赔偿诉讼的，可以向其中任何一个行政机关住所地的人民法院提起诉讼。赔偿请求人向两个以上有管辖权的人民法院提起行政赔偿诉讼的，由最先收到起诉状的人民法院管辖。

公民对限制人身自由的行政强制措施不服，或者对行政赔偿机关基于同一事实对同一当事人做出限制人身自由和对财产采取强制措施的具体行政行为不服，在提起行政诉讼的同时一并提出行政赔偿请求的，由受理该行政案件的人民法院管辖；单独提起行政赔偿诉讼的，由被告住所地或者原告住所地或者不动产所在地的人民法院管辖。

（三）行政赔偿诉讼的当事人

行政赔偿诉讼当事人是指在行政赔偿争议中，以自己的名义参加诉讼活动，并受人民法院裁判约束的诉讼主体。包括行政赔偿诉讼的原告、被告和第三人。

1. 行政赔偿诉讼的原告

行政赔偿诉讼的原告是指认为行政机关及其工作人员的具体行政行为或者行政违法事实行为侵犯其合法权益并造成损害，依法以自己的名义向人民法院提起行政赔偿诉讼的公民、法人或者其他组织。

通常情况下，行政赔偿诉讼的原告就是赔偿请求人。但是，特殊情况下，行政赔偿诉讼的原告会发生资格转换。我国《行政诉讼法》规定：有权申请行政赔偿的公民死亡的，由其近亲属（即夫、妻、父、母、子、女、兄弟姐妹、祖父母、外祖父母、孙子女、外孙子女）继续提起诉讼。我国《国家赔偿法》规定：有权申请国家行政赔偿的公民死亡的，其继承人和其他有抚养关系的亲属可以作为原告提起行政赔偿诉讼。最高人民法院《关于审理行政赔偿案件若干问题的规定》第十六条规定：企业法人或者其他组织被行政机关撤销、变更、兼并、注销，认为经营自主权受到侵害，依法提起行政赔偿诉讼，原企业法人或其他组织，或者对其享有权利的法人或其他组织均具有原告资格。

2. 行政赔偿诉讼的被告

行政赔偿诉讼的被告是指行政赔偿诉讼中被诉的行政赔偿义务机关。

（1）行政机关及其工作人员行使行政职权侵犯公民、法人或者其他组织的合法权益引起的行政赔偿诉讼，该行政机关是被告。

（2）两个以上行政机关共同侵权，赔偿请求人对其中一个或者数个侵权机关提起行政赔偿诉讼，若诉讼请求系可分之诉，被诉的一个或者数个侵权机关为被告；若诉讼请求系不可分之诉，由人民法院依法追加其他侵权机关为共同被告。

（3）经行政复议的案件，行政复议机关维持原行政决定的，最初做出侵权行为的行政机关为被告；复议机关的复议决定加重损害的，复议机关对加重的部分履行赔偿义务。

（4）行政机关依据《行政诉讼法》的规定申请人民法院强制执

行具体行政行为，由于据以强制执行的根据错误而发生行政赔偿诉讼的，申请强制执行的行政机关为被告。

3. 行政赔偿诉讼的第三人

行政赔偿诉讼的第三人是指与行政赔偿案件处理结果有法律上的利害关系而参加到他人提起的行政赔偿诉讼中的其他公民、法人或者其他组织。如，未提起诉讼的共同被处罚人，与原告受罚事实有因果关系的行政机关等。

（四）行政赔偿诉讼的提起与受理

1. 单独提起的行政赔偿诉讼

（1）单独提起行政赔偿诉讼的条件：原告具有请求资格；有明确的被告；有具体的赔偿请求和受损害的事实根据；赔偿义务机关已先行处理或超过法定期限不予处理；属于人民法院行政赔偿诉讼的受案范围和受诉人民法院管辖。

（2）单独提起行政赔偿诉讼的期限

赔偿义务机关在规定期限内未做出是否赔偿的决定，赔偿请求人可以自期限届满（向行政赔偿义务机关递交赔偿申请后的两个月届满）之日起三个月内，向人民法院提起诉讼；赔偿请求人对赔偿的方式、项目、数额有异议的，或者赔偿义务机关做出不予赔偿决定的，赔偿请求人可以自赔偿义务机关做出赔偿或者不予赔偿决定之日起三个月内，向人民法院提起诉讼。

行政赔偿义务机关做出赔偿决定时，未告知赔偿请求人的诉权或者起诉期限，致使赔偿请求人逾期向人民法院起诉的，其起诉期限从赔偿请求人实际知道诉权或者起诉期限时计算，但逾期的期间自赔偿请求人收到赔偿决定之日起不得超过一年。

（3）受理

人民法院接到原告单独提起的行政赔偿起诉状后，应当进行审查，并在七日内立案或者做出不予受理的裁定。

当事人对不予受理或者驳回起诉的裁定不服的，可以在裁定书送达之日起十日内向上一级人民法院提起上诉。

2. 一并提起的行政赔偿诉讼

最高人民法院《关于审理行政赔偿案件若干问题的规定》第四条第一款规定："公民、法人或者其他组织在提起行政诉讼的同时一并提出行政赔偿请求的,人民法院应一并受理。"第二十三条第二款规定："行政案件的原告可以在提起行政诉讼后至人民法院一审庭审结束前,提出行政赔偿请求。"

赔偿请求人在提起行政诉讼的同时一并提出赔偿请求的,起诉应当符合《行政诉讼法》规定的起诉条件,其管辖、起诉期限等也应按照《行政诉讼法》的规定执行。此外,赔偿请求人提出的赔偿要求必须属于行政赔偿的范围,且被诉具体行政行为与提起赔偿请求的损害结果之间必须存在直接的因果关系。

应当指出,受害人在提起行政诉讼的同时一并提出赔偿请求的,其时效的计算只能适用《行政诉讼法》的规定,而不适用《国家赔偿法》的规定。《国家赔偿法》第三十九条规定的两年时效期限只适用于单独提起行政赔偿诉讼的案件。

根据最高人民法院《关于审理行政赔偿案件若干问题的规定》第二十八条,当事人在提起行政诉讼的同时一并提出行政赔偿请求,或者因具体行政行为和与行使行政职权有关的其他行为侵权造成损害一并提出行政赔偿请求的,人民法院应当分别立案,根据具体情况可以合并审理,也可以单独审理。

(五) 行政赔偿诉讼的审理和判决

人民法院审理行政赔偿案件,就当事人之间的行政赔偿争议进行审理与裁判,这与行政诉讼针对具体行政行为是否合法进行审理和裁判有所不同。

1. 行政赔偿调解

我国《行政诉讼法》规定:"赔偿诉讼可以适用调解。"因此,调解是人民法院解决行政赔偿争议的方式之一,但它不是行政赔偿诉讼的必经程序。人民法院对受理的行政赔偿案件可以用调解的方式结案,也可以用判决的方式结案。是否采用调解方式,由人民法院根据案件的具体情况决定。

根据最高人民法院《关于审理行政赔偿案件若干问题的规定》第三十条，人民法院对行政赔偿案件进行调解时，应当遵循合法、自愿原则，在查明事实、分清是非的基础上进行。调解的范围包括赔偿范围、赔偿方式和赔偿数额。调解成立后，人民法院应当制作行政赔偿调解书。

2. 行政赔偿判决

人民法院经过对行政赔偿案件的审理，如果认为原告的赔偿请求符合《国家赔偿法》的规定应予赔偿的，也可直接做出行政赔偿判决书，判决被告赔偿。如果被告的具体行政行为违法但尚未对原告合法权益造成损害的，或者原告的请求没有事实根据或法律根据的，人民法院应当判决驳回原告的赔偿请求。

3. 行政赔偿裁定

裁定只适用于诉讼中的程序问题。在行政赔偿诉讼中，是否准许撤诉适用裁定。最高人民法院《关于审理行政赔偿案件若干问题的规定》第三十一条规定："被告在一审判决前同原告达成赔偿协议，原告申请撤诉的，人民法院应当依法予以审查并裁定是否准许。"

（六）行政赔偿诉讼的执行与期间

1. 执行

行政赔偿诉讼的执行是指人民法院按照法律规定的程序，运用国家强制力，根据人民法院生效的行政（或行政赔偿）判决、裁定或者行政赔偿调解书，强制当事人履行法定义务的行为。

根据最高人民法院《关于审理行政赔偿案件若干问题的规定》第三十六条，发生法律效力的行政赔偿判决、裁定或调解协议，当事人必须履行。一方拒绝履行的，对方当事人可以向第一审人民法院申请执行。申请执行的期限，申请人是公民的为一年，申请人是法人或者其他组织的为六个月。

2. 期间

根据最高人民法院《关于审理行政赔偿案件若干问题的规定》第

三十七条，单独受理的第一审行政赔偿案件的审理期限为三个月，第二审为两个月；一并受理行政赔偿请求案件的审理期限与该行政案件的审理期限相同。如因特殊情况不能按期结案，需要延长审限的，应按照行政诉讼法的有关规定报请批准。而根据我国《行政诉讼法》的规定，人民法院应当在立案之日起六个月内做出第一审判决，有特殊情况需要延长的，由高级人民法院批准，高级人民法院审理第一审案件需要延长的，由最高人民法院批准。人民法院审理上诉案件，应当在收到上诉状之日起三个月内做出终审判决。有特殊情况需要延长的，由高级人民法院批准，高级人民法院审理上诉案件需要延长的，由最高人民法院批准。

第四节　司法机关对行政机关问责的制度完善

近年来，随着我国法制建设的不断进步，司法机关对行政机关问责工作取得了很大成绩。特别是在刑事责任追究方面，相关制度比较完善，问责效果良好。但是，无须否认，司法机关对行政机关问责工作还存在许多不足，主要存在于司法机关对行政行为的司法审查、司法机关对行政赔偿的裁决两大领域，应当尽快予以完善。

一　完善司法机关对行政行为的司法审查

（一）司法审查存在的主要问题

1. 司法审查的范围比较小

在我国，司法机关对行政行为司法审查的范围即行政诉讼的受案范围，它规定了行政相对人向法院提起诉讼的争议范围，同时也就圈定了哪些行政行为可以受到司法监督。2014 年修改后的《行政诉讼法》第二条规定，公民、法人或者其他组织认为行政机关和行政机关工作人员的行政行为侵犯其合法权益，有权依照本法向人民法院提起诉讼。同时，该法第十二条列举了人民法院应当立案受理的 12 种情形，第十三条列举了不予受理的 4 种情形，进一步明确了司法审查的范围。

公正地讲，修改后的《行政诉讼法》对司法审查的范围进行了拓展，比修改之前有了一定进步，被诉的行政行为不再局限于"具体行政行为"，被侵犯的权利也不再局限于"人身权、财产权"。但是，客观地分析，在司法实践中，人民法院对行政行为司法审查的范围并无较大的实质性扩展，司法审查的范围依然比较小。究其原因，主要有两个方面：一是现有的立法模式桎梏了司法审查的范围。《行政诉讼法》采用了肯定式概括、肯定式列举、否定式列举三种方式对司法审查的范围进行了确认，但在司法实务中人民法院主要依据肯定式列举的 12 种情形确定是否受案，客观上造成所列举的 12 种情形之外的案件很难进入司法审查的范围。二是现行《行政诉讼法》对司法审查范围的拓展过于原则，很难把握。如，该法第十二条第一款第十二项规定"认为行政机关侵犯其他人身权、财产权等合法权益的"，这里的"合法权益"范围有多大，是否涵盖行政相对人所有的合法权益，由于目前尚无明确界定，对此易生歧义。

2. 司法审查相关制度不够完善

司法审查的目的在于依法监督行政机关依法行政，切实保护公民、法人和其他组织的合法权益。因此，司法审查制度应当公平、合理、科学、全面。然而，我国现行《行政诉讼法》还存在一些制度缺陷，需要修正。

首先，司法审查的标准过于单一，不利于对行政机关的全面监督。《行政诉讼法》第六条规定："人民法院审理行政案件，对行政行为是否合法进行审查。"该规定表明，人民法院原则上只有权审查行政行为的合法性，没有权力审查行政行为的合理性。这种单纯的行政行为合法性审查，客观上会导致大量合法而不理、形式合法而实质违法的行政行为游离于司法审查之外，使行政权力滥用无法得到有效监督和问责。尤其在行政自由裁量领域，裁量权的行使弹性较大，对其进行合理性审查实属必要。目前，对自由裁量行政行为的合法性审查法律依据明确，但是，对其进行合理性审查却无法可依。

其次，"起诉不停止执行"助长了行政机关的强势，不利于司法监督和问责。在我国，由于体制、机制等原因，行政机关相对于司法机关以及公民和其他组织，都处于优势地位，《行政诉讼法》关于"起诉不停止执行"的规定无形之中进一步加剧了行政诉讼原被告之间地位的不对等，与司法监督行政、保护相对人利益的立法初衷不一致。尽管法律对这项原则也做了例外规定：被告认为需要停止执行的；原告申请停止执行，人民法院认为该具体行政行为的执行会造成难以弥补的损失，并且停止执行不损害社会公共利益，裁定停止执行的等。但在司法实践中，行政机关主动提出停止执行的情况比较少见，原告由于法律知识欠缺等原因，也很少提出停止执行的申请。①

3. 司法审查的独立性、权威性较差

相比于民事诉讼、刑事诉讼活动，人民法院审理行政诉讼案件受到的干扰和影响往往更多、更大，其主要干扰来自行政机关的影响，有时甚至是来自作为案件被告的行政机关的压力。由于法院在人事、财务等方面与行政机关有着千丝万缕的联系，某些方面受制于行政机关，法院很难超然地行使司法审查权，司法独立难以保障，司法裁判的公正性、权威性备受质疑。同时，我国现行的司法审查制度本身也存在缺陷，导致法院抗干扰能力比较弱。

首先，行政诉讼案件的管辖与行政区划完全一致，客观上降低了法院的抗干扰能力。我国《行政诉讼法》规定的区域管辖基本标准是被告所在地标准，这个标准的优点是便于当事人参加诉讼，其缺陷也很明显，由于司法管辖与行政区划完全一致，几乎每一个行政诉讼案件的管辖都是本地法院管辖本地行政机关为被告的案件。一旦行政机关干扰行政案件的审理，法院很难抵抗这种干扰。

其次，级别管辖上的同级管辖制度也不利于法院的司法独立。我国《行政诉讼法》规定的级别管辖基本标准是，基层法院管辖第一

---

① 杨小军、宋心然：《完善行政诉讼制度研究》，《法学杂志》2012 年第 8 期。

审行政案件。这种管辖制度导致绝大多数行政案件都由基层法院这个级别最低的法院审理、裁判。从诉讼实践来看，由于行政诉讼是"民告官"，被告都是握有一定行政权力的"官"——行政机关，让基层法院这个"小官"审理裁判与它同样大的"小官"，有时甚至是审理裁判比自己权高位重的"大官"，确实存在着诸多不利之处。①

（二）完善司法审查之建议

1. 进一步扩大司法审查的范围

现行的《行政诉讼法》较修改之前扩大了司法审查的范围，但是很不到位，难以适应我国法治政府建设的需要。应当采取以下措施，进一步扩大司法审查的范围。

首先，调整立法模式，扩大司法审查的范围。目前，我国《行政诉讼法》采用肯定式概括、肯定式列举、否定式列举三种方式规定司法审查的范围，从表面来看，好像很科学、很全面，但实际效果却是桎梏了司法审查，其根本原因在于肯定式列举的 12 种情形限制了司法审查的合理拓展。因此，有必要取消肯定式列举，采用简洁明了的肯定式概括 + 否定式列举模式。即，先概括规定"公民、法人或者其他组织认为行政机关和行政机关工作人员的行政行为侵犯其合法权益，有权依照本法向人民法院提起诉讼"，然后，再做否定式列举："人民法院不受理公民、法人或者其他组织对下列事项提起的诉讼：国防、外交等国家行为；行政法规、规章或者行政机关制定、发布的具有普遍约束力的决定、命令；行政机关对行政机关工作人员的奖惩、任免等决定；法律规定由行政机关最终裁决的行政行为。"如此处理，既扩大了司法审查的范围，又便于实际操作。

其次，借助司法解释明确界定"合法权益""抽象行政行为"。根据《行政诉讼法》的立法本意，行政相对人的合法权益应当是非常广泛的，不仅应包括人身权、财产权，还应包括受法律保护的其他权利。如《宪法》赋予公民的一系列基本权利，包括选举权、受教

---

① 杨小军、宋心然：《完善行政诉讼制度研究》，《法学杂志》2012 年第 8 期。

育权、休息权、言论自由等。关于抽象行政行为，由于《行政诉讼法》不再以具体行政行为或抽象行政行为作为受案范围划分的标准，因此，抽象行政行为已经被纳入司法审查的范围。但是，必须明确，纳入司法审查的只能是一部分抽象行政行为，其范围可通过司法解释予以确定。如，司法解释可规定，规章以下的规范性文件属于司法审查的范围。

最后，应当将侵害公众利益的行政行为纳入司法审查的范围。司法审查的范围不应仅仅局限于侵害公民合法权益、与公民有直接利害关系的行政行为，应适当允许公民提起公益诉讼。尤其是在环境保护、食品药品安全等涉及面较为宽泛的领域，以公益诉讼形式补充行政诉讼作为纯粹的主观权利诉讼的不足。从司法实践来看，公益诉讼不仅有利于保护公共利益，而且有利于司法机关对行政机关实施法律监督。

2. 进一步完善司法审查的相关制度

首先，克服司法审查标准单一的弊端，既要审查行政行为的合法性，又要审查行政行为的合理性。尤其是对于行政机关的自由裁量行为，要重点审查自由裁量权的行使是否合理、适度，将行政自由裁量置于司法机关的监控之下。当然，司法对行政的干预应当是有限的，否则，就有可能影响行政效率。因此，司法机关对行政行为合理性的审查应当有选择性，审查对象应是那些明显不合理、不适当的行政行为。

其次，改革"起诉不停止执行"制度，以停止执行为原则，不停止执行为例外。在行政诉讼活动中，停止执行作为临时性权利保护制度，可以为原告权利提供临时救济，有助于恢复公共利益和个人利益之间的平衡。同时，通过例外规定，如被告认为停止执行会对公共利益或其他人的利益造成不可弥补的损失，或者行政行为涉及赡养费、抚养费、抚育费、抚恤金、医疗费用、最低生活保障、劳动报酬等特殊情况，可以不停止执行，以兼顾行政效率。①

　　3. 切实保障司法审查的独立性、权威性

　　为保证司法审查的合法、公平、公正，减少政府对司法机关的不当干预，使法院处于较为超然的地位，必须厘清司法机关与行政机关的关系，并在制度上予以调整。

　　首先，理顺司法机关和与行政机关的关系，彻底改变司法机关对行政机关的依赖局面。作为司法体制改革的重要一环，人民法院应当实行垂直管理，彻底切断各级法院与同级政府之间人事、财务等方面的联系，打破司法机关对行政机关的固有依赖，为司法监督、司法审查创造良好的外部环境。

　　其次，调整案件管辖、执行制度，为司法审查提供制度保障。提高行政案件的级别管辖，可以由中级法院管辖基层法院的案件，通过提高案件审级让法院摆脱同级政府的掣肘，客观、公正地裁处案件。增加交叉管辖规定，增大行政机关干扰法院办案的成本和难度。同时，还要加大执行力度，对于败诉行政机关拒不履行判决的，应当多管并举，保证判决落到实处。可以通过司法惩戒、人大和舆论监督等方式督促判决履行，如，加大对行政机关拒不执行的罚款额度，或将拒不履行法院裁判的行政机关及其首长的名单对外公布，或将拒不履行法院裁判的行政机关上报于同级人大常委会。② 通过上述制度调整，改变司法权实际受制于行政权的局面，使司法权在一定程度上能够制衡行政权，以保障司法审查的公平、公正。

二　完善司法机关对行政赔偿的裁决

（一）司法机关对行政赔偿裁决存在的主要问题

1. 受案范围较小

在我国，司法机关对行政赔偿裁决的受案范围即行政赔偿的范

---

① 杨小军、宋心然：《完善行政诉讼制度研究》，《法学杂志》2012 年第 8 期。
② 同上。

围。目前，《国家赔偿法》第二条、第三条、第四条、第五条对该范围做出了界定。其中，第二条为肯定式概括，第五条为否定式列举，第三条、第四条则分别列举了侵犯行政相对人人身权的五种情形和侵犯财产权的四种情形。上述规定将行政赔偿裁决的范围限定在了两大领域：一是行政机关及其工作人员在行使行政职权时侵犯行政相对人人身权的案件；二是行政机关及其工作人员在行使行政职权时侵犯行政相对人财产权的案件。对于这两大领域之外的行政侵权案件，如，行政机关及其工作人员在行使行政职权时侵犯行政相对人财产权、人身权之外的权利，或者行政机关不作为而给行政相对人造成损害的案件，受害人提起行政赔偿之诉的，人民法院均无权受理。

可见，受制于我国《国家赔偿法》关于行政赔偿范围的规定，在司法实务中，人民法院有权受理的行政赔偿诉讼范围比较小，不利于保护公民、法人及其他组织的合法权益，也不利于对行政机关及其工作人员实施司法监督。

2. 赔偿力度较弱

目前，我国《国家赔偿法》确定的赔偿标准比较低，不利于保护行政相对人的合法权益。当公民的人身自由受到侵害时，每天的赔偿标准是国家上年度职工日平均工资；造成公民身体伤害的，减少的收入每日的赔偿金按照国家上年度职工日平均工资计算，并且有最高额的限制，不得超过国家上年度职工年平均工资的五倍。按照这样的标准赔偿受害人的损失，完全没有考虑受害人的精神损害以及其他可得利益的损失。在当前社会经济飞速发展，收入多元化，分配方式多样化的现实下，仍然以如此固定的标准套用于全社会各阶层，这明显不符合社会发展的需要，也大大违背了公平原则。① 在损害财产权的赔偿标准上，也存在同样的问题。我国《国家赔偿法》规定，损害财产权的只赔偿直接损失，即因侵权行为直接导致的利益减损，其他损失则被划入"间接损失"，不予赔偿。

①　张莹：《对新国家赔偿法的几点思考》，《法学研究》2010 年第 3 期。

3. 精神损害赔偿难以落实

精神损害赔偿责任是指侵权人因其侵权行为对其他主体的精神活动造成损害而必须承担的责任，分为非财产性责任和财产性责任。《国家赔偿法》仅仅规定了非财产性赔偿责任，即要求行政机关对受害人消除影响、恢复名誉、赔礼道歉等，没有规定财产性赔偿责任。修订后的《国家赔偿法》虽然规定了精神损害抚慰金，但在适用原则以及标准上存在很多弊端。如，未明确精神损害赔偿的标准，在适用原则上依然坚持"非财产性赔偿责任为主、财产性赔偿责任为辅"，并且将"造成严重精神损害"设定为适用精神损害抚慰金的前提条件。这些制度缺陷增大了实际操作的难度，造成受害人很难获得精神赔偿。

(二) 完善司法机关对行政赔偿裁决之建议

1. 调整立法模式，扩大受案范围

造成司法机关对行政赔偿裁决受案范围狭小的重要原因之一，是现行的立法模式不科学。如前所述，我国《国家赔偿法》综合采用肯定式概括、肯定式列举、否定式列举三种立法模式规定司法机关对行政赔偿裁决的受案范围，但实际效果并不理想，既烦琐、重叠，又难以把握和操作。在司法实务中，只有其中肯定式列举的几种情形才有实用价值。为了扩大司法机关对行政赔偿裁决的受案范围，增强可操作性，应当调整立法模式，采用简洁明了的"肯定式概括 + 否定式列举"模式。即，首先概括规定"行政机关及其工作人员行使职权，侵犯公民、法人和其他组织合法权益，造成损害的，受害人有依法取得国家赔偿的权利"，然后明确列举国家不承担赔偿责任的情形。如此调整，使行政赔偿裁决的受案范围大而明了，凡属行政赔偿之诉，只要不是法律明确规定不予赔偿的情形，人民法院都有权受理和裁决。

在调整立法模式的同时，还应当将行政不作为纳入司法机关行政赔偿裁决的范围。根据我国《国家赔偿法》的规定，国家赔偿范围内的行为只涉及国家机关行使职权的行为，不包括国家机关不行使职权的行为，也就是不包括行政不作为。这就会导致行政相对人因行政不作为遭受的损害难以获得司法保护，对受害人极为不公平，因此，有必要将行政不作为置于司法监督之下。当然，这并不意味着将一切行政不作为都划入行政赔偿诉讼。适格的行政不作为应当是行政机关在主观上存在一定的过错，也就是说存在故意不为的情形，对其行为是"应为""可以为"而不为，不是客观原因上的"不能为"。①

2. 提高赔偿标准，加大赔偿力度

首先，适当提高侵害人身权的赔偿额度。对于侵害人身自由造成的损害，受害人有固定收入的，按照其实际收入标准计算赔偿数额；无固定收入的，适用国家赔偿法确定的标准，按照国家上年度职工日平均工资计算。在确定赔偿数额时，应当适当考虑受害人被关押的时间、应得利益的丧失、精神上的痛苦以及社会地位等因素，不仅要赔偿其直接损失，还应当适当赔偿其间接损失。对侵犯身体健康权造成的损害，可以参照《民法通则》的规定，对受害人的实际损失予以赔偿，增加护理费等费用，取消最高赔偿限制。造成受害人部分或全部丧失劳动能力的，应根据受害人年龄大小、健康状况、家庭等因素确定具体赔偿数额。

其次，适度提高侵犯财产权的赔偿标准。对于侵害财产权造成的损失，除赔偿直接损失以外，还应在立法中明确赔偿间接损失（孳息、费用等）。因行政机关故意或重大过失造成损害的，应给予一定的惩罚性赔偿。如，行政机关违法吊销企业营业执照或责令停产停业，给企业造成损失的，除赔偿企业停产停业期间的必要开支外，还应赔偿企业因此造成的经营损失等间接损失。

3. 进一步完善精神损害赔偿制度

首先，调整精神损害赔偿的适用原则。在我国，行政机关代表国家行使行政管理职权，地位神圣而特殊。当公民的合法权益受到行政机关侵害时，受害人所蒙受的心理伤害往往是巨大的。行政机关给公

---

① 张文显：《法学基本范畴研究》，中国政法大学出版社 1992 年版，第 152 页。

民带来的无形的压力，往往会使部分受害者无法在社会上立足，这种特殊性是民事领域的精神损害所无法比拟的。大量真实的案例告诉我们，对受害人非法的不利评价和否定给其带来的精神痛苦远远大于物质损失。① 赔偿义务机关如果仅仅消除影响、恢复名誉、赔礼道歉，往往难以有效地抚慰受害人心灵的创伤。而给受害人一笔经济抚慰金，不仅能减轻其精神上的痛苦，也能使其在物质上得到一定的满足，减轻行政侵害对生活的不利影响。因此，应当调整精神损害赔偿的适用原则，将"非财产性赔偿责任为主、财产性赔偿责任为辅"原则改为"非财产性赔偿责任和财产性赔偿责任并重"。

其次，适当降低赔偿门槛，明确规定赔偿标准。根据《国家赔偿法》第三十五条，行政侵权造成严重后果的，支付相应的精神损害抚慰金。"造成严重后果"成为支付精神损害抚慰金的前提条件，客观上导致受害人获得精神损害抚慰金非常困难。因为，精神损害和物质损害有着本质的区剐，它是表现在心灵上、精神上的损害，看不见、摸不到，对受害者造成的影响更深刻，更别说是"造成严重后果"了。② 而且是否造成精神损害，认定权掌握在赔偿机关手中，受害人的处境相当被动。因此，应当降低精神损害赔偿的门槛，免除支付精神损害抚慰金的前提条件——"造成严重后果"，只要行政机关的违法行为侵犯了公民的名誉权、荣誉权，均应给予财产性赔偿。同时，在综合考虑受害人精神损害的程度和后果、侵权人的违法程度、国家财政状况等多种因素的情况下，按照国家赔偿高于民事赔偿的原则，确立合理的、可行的赔偿标准。③

---

① 覃怡：《略论国家赔偿制度中的精神损害赔偿》，《法学评论》2000 年第 6 期。
② 杨立新：《新版精神损害赔偿》，国际文化出版公司 2002 年版，第 15 页。
③ 郭卫华：《中国精神损害赔偿制度研究》，武汉大学出版社 2003 年版，第 112 页。

第四章

公民参与行政问责研究

行政问责制是约束行政权力规范行使的重要制度，它有利于提升政府的公信力和执行力，有利于构建权责一致、高效行政的责任政府和法治政府。依靠监督和问责机制对行政权力进行约束，防止行政权力滥用和腐败发生，通常有两种途径：一是通过国家权力之间的分权和制衡来制约行政权，即以公权来制衡公权；二是通过赋予充分的公民权利来抵制行政权的侵害或滥用，即以私权来制约公权，以个人权利制衡国家权力。① 前者属于权力制约机制，即以权力来制约权力，其原因在于监督问责的主体和客体都拥有公权力，"野心只能用野心来对抗"②；后者属于权利制约机制，即以权利来制约权力，其原因在于监督问责的客体拥有公权力，而监督问责的主体尽管不拥有公权力、强制力，但却拥有《宪法》和法律所赋予的监督政府权力行使的权利。公民参与行政问责显然属于后者——"权利制约机制"，而且其监督问责政府的权利又恰恰是政府合法性的来源之一。

"在人类社会的绵延发展中，公民参与是国家走向政治民主和政治文明不可分割的部分，是公民进入公共领域生活、参与治理、对那些关系他们生活质量的公共政策施加影响的基本途径。"③ 行政

---

① 韩志明：《公民问责：理论意义与制度设计》，《中州学刊》2007 年第 5 期。

② ［美］汉密尔顿等：《联邦党人文集》，程逢如等译，商务印书馆 1997 年版，第 264 页。

③ ［美］约翰·克莱顿·托马斯：《公共决策中的公民参与：公共管理者的新技能与新策略》，孙柏瑛等译，中国人民大学出版社 2005 年版，第 2 页。

权力的行使关系公民的切身利益，如果政府及其工作人员履职不当，就会对公民的权益造成很大的危害。在现代社会，政府职能的扩张、行政权力的膨胀已经成为不争的事实，权力滥用和权力腐败已经成为世界各国的通病。对行政权力的规范和监督，除了要依靠"以权力制约权力"的制度安排，还应当大力发挥"以权利制约权力"的功能。不仅要通过制度安排畅通公民参与行政问责的渠道，还要在全社会营造健康的行政问责氛围，逐步形成全民监督的态势，最终实现规范行政权力、保障公共利益、维护公民权益的目的。

不可否认的是，尽管公民参与行政问责合法、合理，但由于原子式的个人在面对有组织的行政机关时势单力薄，双方的力量严重不对称，这意味着公民在面对行政机关时处于弱势地位。公民问责政府往往会面临巨大的时间、精力和金钱成本，尤其是当法治不健全时，公民监督问责政府还会产生巨大的风险，并且很难得到外部资源的救济。然而，公民参与行政问责面临的问题并不能成为公民不能参与、没有必要参与的理由，而是恰恰说明了我国法治还不健全，依法治国、依法行政还有很长的路要走。因此，需要不断探索、完善公民参与行政问责的制度设计，通过制度安排畅通公民参与的渠道，约束和规范行政机关及其工作人员的行为，推动依法治国方略的实现。在推动国家治理体系和治理能力现代化、全面推进依法治国的大背景下，深入研究公民参与行政问责，具有重大的理论意义和现实价值。

第一节　公民参与行政问责概述

在现代社会，良好的治理需要公民的积极参与，"公共官员不是他们机构和项目的所有者，政府的所有者是公民。公共行政官员有责任通过担当公共资源的管理员，公共组织的监督者，公民权利和民主对话的促进者，社区参与的催化剂以及基层领导等角色为公民服务"①。因此，公民参与行政问责能够推动行政权力的规范行使，实现政府职能由全能型向有限型转变、人治型向法治型转变、管制型向服务型转变。只有公民积极参与行政问责，才能保证政府系统正常运行、遏制权力腐败以及保障公众利益尽量不受损失或损失最小。

一　公民参与行政问责的内涵

公民参与行政问责是"主权在民"原则的表现形式，有助于政府合法性的增强、"以民为本"理念的实现。在人类历史上，古希腊雅典时期是公民参与政治活动的典范。当时，只要是城邦公民，就可以自由地发表政见、参与城邦的政治活动。现代意义的"公民参与"是第二次世界大战后出现的，安斯坦认为，"公民参与是一种公民权力的运用，是一种权力的再分配，使目前在政治、经济等活动中，无法掌握权力的民众，其意见在未来能有计划地被列入考虑"②。他表明了公民参与的功能，即公民参与可以影响价值的权威性分配。《布莱克维尔政治学百科全书》认为，"公民参与指参与制定、通过或贯彻公共政策的行动。这一宽泛的定义适用于从事这类行为的任何人，无论他是当选的政治家、政治官员或是普通公民，只要他是在政治制度内以任何方式参与政策的形成过程"③。这一定义是从参与主体的角度进行阐述的，其特征是参与的主体是多元化的，并且参与的主体影响公共政策的制定、执行、评估等过程。

原初意义上的公民参与主要涉及政治领域，公民通过选举、投

---

① ［美］珍妮特·登哈特、罗伯特·登哈特：《新公共服务：服务而不是掌舵》，丁煌译，中国人民大学出版社2011年版，第7页。

② Arnstein, Sherry. *A Ladder of Citizen Participation. Journal of American Institute of Planners*, 1969，（35），p. 30. 转引自党秀云《论公共管理中的公民参与》，《中国行政管理》2003年第10期。

③ ［英］戴维·米勒等：《布莱克维尔政治学百科全书》，中国政法大学出版社1992年版，第563页。

票、表决等方式参与国家公共事务的治理，主要是通过选择不同党派的政治领导人间接地评估政府。随着政治理论的发展和民主进程的加快，公民参与的内涵和外延也在不断变化，公民参与从原来的政治参与逐渐向公共行政领域扩展，更注重通过参与影响公共政策的制定、执行和评估。"公民参与是在方案的执行和管理方面，政府提供更多施政回馈的渠道以回应民意，并使民众能以更直接的方式参与公共事务，以及接触服务民众的公务机关的行动。"① 这一定义指明了公民参与的直接性，也就是说，公民通过制度化的渠道，直接参与公共事务的管理。无论是早期的政治参与，还是现在的行政参与，公民参与的目的都是一样的，都是通过参与公共事务的管理，约束和规范行政权力的运作，影响政府的决策和行为，以对政府及其工作人员的监督和问责，来维护自身合法权益和实现公共利益，促进政府公共服务质量的提升，实现"良治"和"善治"。

关于公民参与行政问责的定义，世界银行专家组的相关界定有较强的借鉴意义。它认为公民参与行政问责就是"一种依靠公民参与来加强行政问责的问责途径，它是通过普通的市民或公民组织，以直接或间接的方式来推行行政问责"。② 具体而言，公民参与行政问责表现为公民针对各级政府及其官员承担的职责和义务的履行情况而实施的，并要求其承担否定性后果的权力监督活动。也有学者认为，公民参与行政问责是指以公众为主体，以实现民主政治、保障公民权利为目的，以政府及其官员为对象，以批评、建议、检举、揭发、申诉、复议、诉讼等公民权利的行使为手段，对政府及其官员履行行政责任所实施的监督和责任追究。③ 与上级行政机关自上而下对下级行政机关及其工作人员进行问责不同，公民参与行政问责是一种自下而上的问责机制。它属于"权利问责机制"，是公民依据《宪法》和法律所

---

① 党秀云：《论公共管理中的公民参与》，《中国行政管理》2003 年第 10 期。

② 世界银行专家组：《公共部门的社会问责：理念探讨及模式分析》，宋涛译，中国人民大学出版社 2007 年版，第 6 页。

③ 吴兴军：《政府善治视域下公民问责》，《科学社会主义》2009 年第 3 期。

赋予的权利，对政府机关及其工作人员履职行为的问责，其目的是保障公民的合法权益和实现公共利益。当公民的合法权益因为政府机关及其工作人员履职不当而受到侵害时，作为一种制度，公民参与行政问责有一系列安排予以救济。公民参与行政问责的内涵主要包括以下几个方面。

第一，公民参与行政问责的主体。

邓恩（Dunn）区分了公民问责的视角，他认为从不同的角度去探讨公民参与行政问责可以得出不同的结论。从民主的角度去研究，公民对政府机关及其工作人员的问责主要是一种民主问责，其价值取向是公平；从公共行政的角度去研究，公民问责主要是通过参与公共决策的制定、执行、评估等过程，可以及时纠偏，以维护公共利益。[1]辛克莱（Sinclair）对公民问责进行了深入的研究，他从结构和个体两个维度出发，把问责分为政治问责、公众问责、管理问责、职业问责和个人问责五种问责形式，认为"问责是多样的和不完整的：当一种问责形式发生作用时，往往会导致其他问责形式的妥协"。[2]罗姆泽克（Romzek）引入控制途径和控制程度两个变量，把问责分为等级问责、职业问责、法律问责和政治问责。等级问责和职业问责属于行政系统内部的主动问责，法律问责和政治问责是来自外部的被动问责。根据主权在民的原则制定的《宪法》和法律赋予了公民监督问责政府的权利，以维护自身合法权益，因此，公民对政府机关及其工作人员的问责显然属于法律问责和政治问责。[3]

公民参与行政问责是"一种依靠公民参与来加强行政问责的问责途径，它通过普通的市民或公民社会组织，以直接或间接的方式来推

---

① Delmer D. Dunn. *Accountability, democratic theory, and higher education*, *Educational Policy*, Vol. 17, No. 1, January and Marcy 2003, p. 61.

② A. Sinclair. *The Chameleon of Accountability: forms and Discourses*. Accounting Organizations and Society, 20 (2/3), 1995, p. 231.

③ Barbara S. Romzek. *Enhancing Accountability*. in James L. Perry. Handbookof Public Administration. Second Edition. San Francisco: Jossey – Bass Inc., 1996, p. 102.

进行政问责"①。公民问责的基本逻辑是以社会力量去制约政府权力的行使，其合法性依据是"人民主权"原则，人民是国家权力的终极所有者，他们有权力去监督和问责政府，以维护自身的权益。《中华人民共和国宪法》第四十一条规定：中华人民共和国公民对于任何国家机关和国家工作人员，有提出批评和建议的权利；对于任何国家机关和国家工作人员的违法失职行为，有向有关国家机关提出申诉、控告或者检举的权利，但是不得捏造或者歪曲事实进行诬告陷害。据此，《宪法》和有关法律规定为公民参与行政问责提供了合法性基础，其问责的主体不仅包括具有政治参与资格的公民个人，还包括公民社会组织。在现代社会，作为个体的公民在面对强大的、有组织的政府时，力量是微不足道的。因此，公民在自愿的基础上结成社会组织，可以更有效地加大参与行政问责的力度。

当自身的合法权益由于政府官员履职不当而受到侵害时，广大公民有权利通过有关渠道去申请政治救济、行政救济、司法救济，并对政府履职不当的行为予以追究，促使政府纠正偏差、依法行政，这也正是公民参与行政问责的价值所在。因此，公民参与行政问责能够增强政府对公众需求的回应性，强化公共服务理念，提高行政决策的科学性，更好地为公众提供优质的公共产品。

第二，公民参与行政问责的范围。

公民参与国家公共事务的管理是《宪法》和法律赋予公民的权利，是"主权在民"原则在现实中的体现。作为国家权力的终极所有者，公民享有对政府进行监督和问责的权利。然而，由于公民及社会团体本身并不具有公权力，它们不能直接对政府及其工作人员的履职不当行为进行问责。因此，作为权利制约机制，公民在参与行政问责时，其作用主要是形成舆论压力，迫使法定机关启动行政问责的程序。也就是说，公民参与行政问责的功能是启动问责机器，然后根据

---

① 世界银行专家组：《公共部门的社会问责：理念探讨与模式分析》，宋涛译，中国人民大学出版社 2007 年版，第 20 页。

行政机关及其工作人员不当履职行为性质的不同，由相应的问责主体对行政机关及其工作人员进行行政问责。在我国，这些问责主体包括中国共产党的各级组织、各级人民代表大会及其常务委员会、被问责的行政机关的上级行政机关、各级人民法院、各级人民检察院、国家审计机关等。问责的形式多种多样，既包括追究有关的行政机关及其工作人员的政治责任、道义责任，也包括追究其法律责任等。在问责过程中，公民应当全程参与，以保证问责的公开性、公正性和有效性。

公民参与行政问责是公民对行政机关及其工作人员的履职行为进行监督问责，覆盖行政机关及其工作人员行使职权的全过程。只要发现行政机关及其工作人员存在违法或不当的职务行为，作为监督主体的公民都可以依法行使问责权。因此，公民参与行政问责的范围十分广泛，几乎涵盖了行政机关所有的履职活动，具体可以分为以下几个方面：一是行政机关及其工作人员因履职不当侵害公民合法权益的行为，包括行政侵权、行政不作为等；二是行政机关及其工作人员侵害公共利益的行为，如行政官员贪污、腐败、滥用职权、失职渎职等；三是侵害公民群体利益的行为，如不符合程序的土地征用、房屋拆迁、劳资纠纷等，此类事件往往会因为行政机关处理不当、危机管理手段落后，引发大规模的集体上访等群体性事件；四是影响政府形象的行为，比如行政机关及其工作人员服务意识不强、服务态度恶劣、行为不检点等，这些行为会引起公民的反感，给政府造成负面影响。

第三，公民参与行政问责的程序。

当前，社会转型速度加快，社会分化加剧，政府职能也处于不断调整、转变之中，法治建设的速度跟不上社会发展的进展。在这种情况下，法制不健全、制度不规范使得政府的公共政策不能充分体现各方面的利益诉求，政府行政侵权行为时有发生，公民的权益和社会公共利益不能得到有效保障。在这种情况下，如果公民想有效地参与行政问责，约束行政机关及其工作人员行政权力的行使，保障自身权益和公共利益的实现，离不开切实有效的公民参与行政问责的程序。我国现行制度设计存在的一个问题就是理论宣传有余，落实贯彻不足，体现在公民参与行政问责问题上也十分明显。尽管《宪法》和有关法律规定公民有着广泛的参与行政问责的权利，但在如何参与上模糊不清，缺乏科学、合理的问责程序。这一缺陷不仅提高了公民参与行政问责的成本，而且降低了公民参与行政问责的积极性，影响了公民参与行政问责的效果。另一方面，由于受"官本位"思想的影响，政府部门对公民参与行政问责的认识存在偏差，甚至认为公民参与行政问责会影响政府公共政策执行的效率和效果。因此，一些政府部门借口国家机密等理由，阻止公民深层次地参与公共事务，给公民参与行政问责设置种种障碍，在助推公民参与行政问责的程序设计上自然动力不足。

科学、合理的行政问责发起程序的制度设计涉及四个方面的内容：（1）有效的政府行政信息披露制度。（2）合理合法的问责发起方式。（3）针对问责发起的受理机构。（4）问责发起受理机构的工作方法。[①] 只有公民参与行政问责的程序明晰，可操作性强，才能充分发挥公民参与行政问责的作用，有效规范政府行政权力的行使。

同时，需要注意的是，虽然《宪法》和有关法律赋予了公民参与行政问责的广泛权利，但这并不意味着公民参与行政问责可以随心所欲。在参与行政问责时，公民也需要遵循特定的程序，做到依法问责。公民参与行政问责应遵循的程序主要涉及三个方面：（1）信息收集。公民对行政机关及其公务人员予以问责应当有一定的依据，无论是行政机关工作人员的违法行为，还是行政不作为或决策失误，只要属于行政问责的范围，公民都可以依法予以监督、问责，但必须依法获取相关信息。所以，做好信息收集工作，是公民参与行政问责的首要环节。当然，这也需要有效的政府信息披露制度做配合。（2）向特定的行政问责受理机关举报。在这一过程中，公民需要向行政问

---

① 陈力予：《我国行政问责制度及对问责程序机制的影响研究》，硕士学位论文，浙江大学，2008 年，第 76 页。

责受理机关陈述情况，启动问责。（3）监督行政问责的实施过程。行政问责启动以后，由特定的问责主体实施对行政机关及其工作人员的问责。为保证行政问责结果的公平性和有效性，公民有权监督行政问责的全过程。

总体而言，在整个行政问责过程中，公民参与行政问责必须与其他问责主体紧密结合起来，通过依法有序地提供各种信息，以"权利问责机制"启动"权力问责机制"，最后达到真正约束、规范政府权力行使，使其真正为人民服务的目的。

二　公民参与行政问责的意义

社会契约论认为，公民是国家权力的终极所有者，通过让渡部分权力组成国家，"以保护他们的生命、特权和地位"。① 洛克强调，建立在契约基础上的国家，其宗旨就是保障人们的根本利益，即为了保障生命权、自由权和追求幸福的权利，才在人们中间成立政府，政府的权力当然不能超出保障人民基本权利的范围，更不能损害人民的基本权利。并且因为政府的权力是人民委托的，如果政府忽略或违背了人民的委托，委托自然就应该取消，人民有权收回委托，并且把它重新授予他们认为最能保障他们安全的人。这意味着，作为国家权力的所有者，公民把管理社会公共事务的权力委托给政府，其监督问责政府权力的行使、维护自身合法权益，有着天然的正当性。"问责是指委托方与代理方之间的一种关系，即获得授权的代理方（个人或机构）有责任就其所涉及的工作绩效向委托方做出回答。"② 因此，公民作为权力的委托人，对权力的代理方即政府进行监督问责，有着极为重要的意义。

第一，公民参与行政问责有助于落实政府公共管理责任。

---

① ［英］洛克：《政府论》（下篇），叶启芳译，商务印书馆1964年版，第77页。

② Jay M. Shafritz. International encyclopedia of public policy and administration. Colorado: Westview Press, 1998, p. 6.

　　在现代民主社会，政府组织是由人民授权建立的，其目的是实现公共利益和维护公民的合法权益。从这个意义上讲，民主政治既是民意政治、法治政治，更是责任政治。公民与政府之间的关系，是一种权力委托—代理关系，在保证满足公民利益的前提下，他们同意某些人作为代表来行使统治权和管理权。这意味着，政府与公民之间的这种权力委托—代理关系，实际上就是一种责任机制，即公民在政府不滥用权力以及承担责任的条件下，授权政府组织行使管理国家和社会的权力。

　　随着福利国家的出现，政府的规模在不断扩张，政府的职能在不断扩大。政府权力的增长增强了政府的权能，如果运用得当，能够更好地造福公众，为公众提供更多、更优质的公共产品。但是，"在任何社会中，均存在这样一个趋势，权力越是集中于社会上的任何一个组织或人，越存在着滥用的可能性"①。这表明，如果权力不受制约，任由政府权力扩张，就会造成政府擅权跋扈的现象。因此，最好的解决方式就是使政府的权力和责任相统一，即权责一致，政府拥有多大的权力，就应担负多大的责任。

　　库珀将行政责任分为主观责任和客观责任。主观责任指忠诚、良心以及认同。主观责任来自公共管理者对责任的感受和信赖，强调之所以去做某事，乃是源于内在的驱动力，是来自外部强加的客观责任的对应物，是将自身的需要和习性与角色的要求融合在一起的一种方式。客观责任是指法律以及上级交付的客观应尽的义务责任，意指负责任和尽义务。对于行政机关工作人员而言，客观责任包括维护法律，对民选官员负责；对上级负责和为下级的行为承担责任；对公民负责，即客观责任来自对法律负责；对组织规划、政策和标准负责；履行服务于公共利益的义务。②

---

① 张成福、党秀云：《公共管理学》，中国人民大学出版社 2001 年版，第 325 页。

② ［美］特里·L. 库珀：《行政伦理学：实现行政责任的途径》，张秀琴译，中国人民大学出版社 2002 年版，第 74—75 页。

政府治理的过程，并非政府单方面行使权力的过程，而是政府与公民的互动过程。一般而言，政府本身并没有主动进行改革的动力，不会主动从内部改善运作机制。政府为恶还是为善，尽责还是失职，在很大程度上与公民是否能够进行合理的监督有关。因此，在谋求政府实现公共利益、维护公民合法权益的问题上，公民的参与至关重要。作为权力的受托者，政府必须接受公民的监督和问责，如果政府官员出现渎职、失职与违法行为，必须承担相应的责任。

第二，公民参与行政问责有助于增强政府对公众需求的回应。

20 世纪 70 年代末 80 年代初，新公共管理运动兴起，有关政府的回应性问题逐渐成为新公共管理运动的一个重要课题。所谓"回应"（responsiveness）是指公共组织快速了解民众的需求，不仅包括"回应民众先前表达的需求"，更应该未雨绸缪，以前瞻性、主动性的行为去发现问题、分析问题、解决问题。如果政府行动迟缓、犹豫不决、软弱无力，就表明政府的回应力不够。[1]

对于政府来说，回应社会的要求是它必须承担的责任。政府只有用实际行动来回应社会的要求，才是负责任的。在传统公共行政模式下，如果政府能够回应社会的要求，它就是一个好政府。然而，在现代社会，随着社会公共事务的日益复杂和不确定性的迅速增长，以及公民权利意识的增强，如果政府仅仅满足于回应社会的要求，尽管政府具有负责任的特征，但它并没有真正满足社会的要求，没有充分承担起政府责任。在现代社会，政府不能被动地去回应社会的要求、承担政府责任，而是应当积极承担，自觉建构更加积极的、主动的回应社会要求的行动模式，努力向前瞻性政府过渡。[2] 这个过程需要公民积极参与公共事务的管理，对政府及其官员进行监督和问责。因此，公民参与行政问责体现了政府对公民价值的认可和尊重。[3]

---

① 张成福、党秀云：《公共管理学》，中国人民大学出版社 2001 年版，第 324 页。

② 张康之：《公共行政的行动主义》，江苏人民出版社 2014 年版，第 35—36 页。

③ 汪伟全：《公民参与：推进行政问责制的重要途径》，《探索与争鸣》2007 年第 7 期。

"政府的专横跋扈，唯有在公民对政治抱持冷淡态度，以及没有尽到控制的责任等情况之下，才会发生。"① 因此，公民必须增强权利意识，掌握行政问责的技能和方法，利用制度化的通道，积极参与到对政府及其工作人员违纪违法、渎职失职等行为的行政问责中来，去规范行政权力的行使，利用外力迫使政府主动增强其对社会需求的回应性，实现善治。"善治是政府与公民之间的积极而有效的合作，这种合作成功与否的关键是参与政治管理的权力。公民必须具有足够的政治权力参与选举、决策、管理和监督，才能促使政府并与政府一道共同形成公共权威和公共秩序。"② 公民参与行政问责正是强化政府回应性的有效途径，它要求政府必须对公民的质询、公民的意见予以及时答复，以实现公共利益和保障公民的权益。

第三，公民参与行政问责有助于服务型政府的构建。

公民参与行政问责能够规范行政权力的行使，通过对行政官员违法、渎职、失职等行为的追究，保障自身合法权益以及实现公共利益最大化。可以说，公民有效参与行政问责，促进了政府职能由"管制型"向"服务型"的转变，有助于实现两者之间良性的互动合作关系。自政府产生之后，其基本特性包括两个方面：政府的自身管理和政府对社会的管理。二者之间的区别在于，人们把政府对其自身的管理称为"管理"，把政府对社会的管理称为"管制"。③ 作为一种行为模式，计划经济体制，以及基于凯恩斯主义建立起来的"行政国家"，都具有管制的特征。作为一种行为特征，在农业社会，统治型政府主要借助于权力控制的方式去实现对社会的控制；在工业社会，管理型政府主要借助于法律控制的方式实现对社会的管制。近代政府经历了一个从自由主义的"有限政府"向凯恩斯主义的"责任政府"的演进过程。在 20 世纪 70 年代后期以来的行政改革中，告别了凯恩

---

① 〔美〕马歇尔·E. 狄马克、格雷底斯·O. 狄马克：《公共行政管理》，蒋传玠译，黎明文化事业股份有限公司 1974 年版，第 622 页。

② 俞可平：《治理与善治》，社会科学文献出版社 2000 年版，第 12 页。

③ 张康之：《公共行政的行动主义》，江苏人民出版社 2014 年版，第 37 页。

斯主义，但是，并没有找到新型的政府模式，而是在有限政府与责任政府之间徘徊。① 在后工业社会，随着服务型政府的建立，政府与公民之间将建立一种新型的合作关系，管制将失去合理性，政府的服务职能将上升到更高地位。

　　公民参与行政问责能够促进政府职能的转变，促使他们在管理公共组织和执行公共政策时，承担为公民服务和向公民放权的职责。通过建立具有整合力和回应力的公共机构，使得政府角色从控制转变为议程安排，使相关利益主体坐到一起，为促进公共问题的协商解决提供便利。在这样一个公民积极参与的社会中，公共官员将要扮演的角色越来越不是服务的直接提供者，而是调停者、中介人甚至裁判员。② 并且，公民参与行政问责使得政府更加注重公共利益的最大化和维护公民权利的实现。行政官员不是他们机构和项目的所有者，政府的所有者是公民。公共行政官员有责任通过担当公共资源的管理员，公共组织的监督者，公民权利和民主对话的促进者，社区参与的催化剂以及基层领导等角色，为公共利益服务。③

　　因此，公民参与行政问责可以构建新型的政府和公民的合作关系和责任体系，这种新型的合作关系和责任体系有助于构建二者之间的信任关系，"尽管信任不是借助于协商和承诺的政治的唯一条件，但没有信任，这些方式就会陷入瘫痪"④。政府和公民双方的互信能够扩大二者合作的空间，从而使得政府更加关注民主价值和公共利益，促进现代公民社会的发展，更好地为公众提供优质的公共产品和服务。

---

　　① 张康之：《公共行政的行动主义》，江苏人民出版社 2014 年版，第 37 页。

　　② ［美］珍妮特·V. 登哈特、罗伯特·B. 登哈特：《新公共服务：服务而不是掌舵》，丁煌译，中国人民大学出版社 2010 年版，第 5 页。

　　③ 同上书，第 7 页。

　　④ ［美］马克·E. 沃伦：《民主与信任》，吴辉译，华夏出版社 2004 年版，第 18 页。

三　中国公民参与行政问责的主要方式

在我国，党和政府历来重视同人民群众的交流和沟通，支持公民通过各种方式对行政机关及其工作人员提出批评、建议，依法实施监督和问责。《宪法》和有关法律规定了公民参与行政问责的权利，将公民监督问责政府制度化、法治化和规范化。如法律规定，公民有权对国家机关及其工作人员提出批评和建议；有权对国家机关及其工作人员的违法失职行为进行申诉、控告或检举；有权对国家机关及其工作人员的违法行为予以举报等。同时，为了保障公民监督问责权的实现，更好地发挥监督作用，我国还为公民参与行政问责建构了制度化通道，如各级人大、各级政府、各级司法机关均设立了信访机构。

当前，我国公民参与行政问责的方式主要有以下几种。

（一）信访

在我国，信访是公民有序参与国家公共事务管理，实现政治权利、表达社情民意的重要途径。它可以采取多种方式对国家机关及其工作人员的履职行为实施监督和问责，如书信、电话、电子邮件、走访、传真等。通过上述方式，公民可以向各级党委、各级人大、各级政府、各级司法机关等反映国家机关及其工作人员的履职情况，提出意见，表达诉求。新中国成立后，各级党委、政府非常重视信访工作，先后制定、颁布了一系列关于信访工作的文件，如《关于处理人民来信和接见人民工作的决定》《国务院关于加强处理人民来信和接待人民来访工作的指示》《党政机关信访工作暂行条例（草案）》国务院《信访条例》等。历经六十多年的制度变迁和社会转型，我国信访制度的法治化、规范化取得了较大进展，已经成为公民参与公共事务管理、对政府进行民主监督的重要途径。

公民通过信访渠道表达自己的意志和利益诉求，是法律赋予的权利之一，是社会主义民主的具体体现，是公民参与国家公共事务管理的一种方式。随着"行政国家"的出现，"政府权力不断扩张，政府职能范围扩大，政府的角色多样化"①，政府对社会、市场的干预力度也在不断加大。在政府执法过程中，经常会出现侵害公民权益的现象，这就需要一定的制度安排来保障公民的权益。信访具有一定的救济功能，在公民的合法权益受到损害或遭遇不公正待遇的情况下，通过信访这种方式，可以使受到行政侵害的行政相对人在一定程度上得到权益的保障和必要的救济。同时，信访还具有监督、问责政府的功能。通过信访的方式，公民可以把行政机关及其工作人员违法行政、不当行政等情况反映给国家信访部门，信访部门受理后，再把相关问题分别反馈给有关部门，促使有关部门解决问题、改善工作。也就是说，信访可以使得上级行政机关及时发现、纠正下级行政机关及其工作人员的错误决策和违法行政行为，从而更有效地实施行政管理。因此，信访能够对政府机关及其工作人员起到一定的监督、问责作用。

（二）举报

在我国，举报制度正式设立于 20 世纪 80 年代，设立这种制度的主要目的是反腐败。1988 年 5 月，中共中央发布的 5 号文件明确指出："建立健全人民举报制度，在各级监察机关和检察机关设立举报中心，以及时揭露党和国家机关工作人员利用职务之便进行贿赂、贪污、偷税、抗税、挪用公款、出卖国家机密以及其他违法违纪行为，立案、受理和销案，都要有明确的立法程序。"② 举报制度也为公民参与行政问责提供了制度通道和组织载体，它激发了公民参与行政问责的积极性，通过举报政府官员贪污腐败、滥用职权、失职渎职等违法行为，为上级政府问责不法官员提供了众多线索，有效地发挥了启动行政问责的功能。

公民通过举报的方式参与行政问责，主要表现在公民通过电话、口头、书信、邮件等方式向举报中心检举、告发行政机关工作人员贪污、受贿、公权私用等违法行为。尤其是随着信息技术的发展，微

---

① 张成福、党秀云：《公共管理学》，中国人民大学出版社 2001 年版，第 7 页。

② 转引自谭世贵《廉政学》，法律出版社 1995 年版，第 269 页。

信、微博等新兴社交媒体的出现，广大公民通过举报的方式参与行政问责的能力有了进一步提升。这种提升不仅体现在关于行政机关及其工作人员违法行为的信息搜集、传递方面，而且由于网络是一个开放的平台，可以形成强大的舆论场，对上级行政机关会形成非常大的压力，促使上级行政机关对下级行政机关及其涉案的工作人员及时做出处理。

党的十八大以来，我国的反腐败工作不断向纵深发展，特别是"八项规定"的出台，有效地规范了政府官员的行为。但是，反腐败是一个系统工程，任重而道远，单纯依靠纪检部门、监察部门去寻找腐败线索是远远不够的。因此，必须充分发挥举报制度的功能，激发公民举报不法官员的积极性，使腐败分子无处藏身。根据检察机关披露的数据，在全国各级检察机关近年来查办的各类贪污受贿、滥用职权以及失职渎职案件中，超过七成的线索来源于公民的举报。举报制度作为公民参与行政问责、监督行政机关及其工作人员的一种重要方式，在我国法治政府、责任政府建设方面发挥着巨大作用。

（三）民意测验

民意测验是指通过较大规模的问卷调查或访谈，向公民了解他们对政府行为的看法与态度，或对公共服务质量的意见和建议。在西方国家，民意测验的范围非常宽泛，"用具有代表性的样本来测量公众态度的任何做法，都叫作'社会调查'或'民意测验'"①。

西方的民意测验历史悠久，最早是由新闻媒体发起的，与政治官员的选举密不可分。1824年，《哈里斯堡宾州人报》（*Harrisburg Pennsylvanian*）向大街上派出它的记者，问过路人愿意选 J. Q. 亚当斯还是安德鲁·杰克逊做总统，从而开启了民意测验的先河。现代意义上的民意测验，涉及领域广泛，调查的内容也日益丰富，从市场产品到总统选举、社会问题等方面无所不有，调查的主体也日益多元

---

① ［美］迈克尔·罗斯金等：《政治科学》，林震等译，华夏出版社 2001 年版，第 159 页。

化，既包括新闻媒体、社会团体，也包括政府机构、企业、军队等。与此同时，民意测验的技术也不断获得发展，如，盖洛普放弃大样本的数据采集，而选择有代表性的样本，获得了较大成功。如今，民意测验已成为公共政策系统的一部分，其原因主要在于民意测验能够有效促进民主价值的出现，并且能够形成民意基础，从而对公共政策进行纠偏。①

当然，民意测验也有缺陷，有时不能真正反映民意。其原因除了样本的选择不具有代表性而影响民意测验的真实性外，还在于公众的态度是易变的，尽管民意测验必须经常调整最初的结果，但还是无法确认会有多少人会改变主意。公共舆论是有自己的意志的，能够在突发事件的影响下迅速转变。因此，没有永恒的公共舆论，必须要考虑的是它自身的规则。② 尽管如此，民意测验已经成为政府了解民意的重要方式。公共舆论调查的广泛应用，意味着它们已经获得很高的公众信任。它反映了社会公众对政府的期待，对政府公共决策的评价，以及对政府行为和绩效的评估，不仅可以实现对政策偏离的纠正，而且政府通过民意测验了解了公众的偏好后，能够更有效地制定公共政策。因此，民意测验可以为政府决策提供参考，并监督政府政策的执行，促进政府权力行使的规范性，提升政府公共政策的效能，有利于责任政府的构建。

（四）听证

"听证"最早源于英国古老的自然公正原则，即"任何权力都必须公正行使，对当事人不利的决定必须听取他的意见"。作为法律术语，它最初用于司法审判活动，意指诉讼上应听取双方当事人的意见。后来，听证被广泛应用于立法领域和行政领域，分别形成了立法听证制度和行政听证制度。行政听证制度是行政机关在做出影响行政

---

① 郑方辉、李旭辉：《民意调查与公共政策评价》，《江汉论坛》2007 年第 3 期。

② ［美］迈克尔·罗斯金等：《政治科学》，林震等译，华夏出版社 2001 年版，第 162 页。

相对人合法权益的决定之前，由行政机关告知决定理由和听证权利，行政相对人陈述意见，提供证据以及行政机关听取意见，接纳证据并做出相应决定等程序所构成的一种法律制度。① 行政听证由相应的行政机关召集举行，听证的内容既包括关系公众利益的决策，也包括政府及其工作人员的具体行为。

在我国，首次从国家层面对听证制度做出规定的是 1996 年 3 月通过的《行政处罚法》。此后，1997 年通过的《价格法》、2000 年通过的《立法法》、2004 年通过的《行政许可法》分别对价格决策听证、地方立法听证、行政许可听证等做出了具体规定。上述法律关于听证制度的规定，加快了我国听证程序建设和听证制度的实施。从中央到地方，很多政府部门相继制定了专门的听证程序或规则、办法。听证在价格决策、地方立法、行政处罚、国家赔偿等诸多领域被广泛采用。

以行政许可听证制度为例，它有三种启动形式：其一是法律、法规、规章规定实施行政许可应当听证的事项，相应行政机关应当向社会公告，并举行听证；其二是相应行政机关认为需要听证的其他涉及公共利益的重大行政许可事项，行政机关应当向社会公告，并举行听证；其三是行政许可直接涉及申请人与他人之间重大利益关系的，行政机关在做出行政许可前，应当告知申请人、利害关系人享有听证的权利，申请人、利害关系人在被告知听证权利之日起五日内提出听证申请的，行政机关应当在二十日内组织听证。无论是哪种形态的听证，申请人、利害关系人均不承担相应行政机关组织听证的费用。②

可见，听证的目的是政府在做出公共决策前，要听取利益相关方的意见表达，以维护利益相关者的正当权益。虽然听证制度不具有强制力和决策权力，但是，它能够约束政府权力的行使，保障公共决策以实现公共利益为目的。所以，听证制度也是公民参与行政问责的方

---

① 姜明安：《行政法与行政诉讼法》，高等教育出版社 2011 年版，第 345 页。

② 张正钊等：《行政法与行政诉讼法》，中国人民大学出版社 2013 年版，第 111 页。

式之一。

（五）行政复议

行政复议是指公民、法人或其他组织认为行政机关的具体行政行为侵犯其合法权益，依法向有权行政机关提出申请，由受理申请的行政机关对具体行政行为以及作为依据的规范性文件依法进行审查，并做出处理决定的活动。对于行政机关来说，行政复议是行政机关系统内部自我监督的一种重要形式；对于行政相对人来说，行政复议是对其被侵犯的权益的一种救济手段或途径。①

行政复议也是公民参与行政问责的方式之一。当公民的合法权益受到行政机关侵害时，有权依法向其上级行政机关申请复议，这本身就对行政机关及其工作人员形成了强有力的约束。同时，行政复议启动了上级行政机关对下级行政机关及其工作人员的问责机制。通过这种自上而下的压力机制，既帮助行政相对人实现了对自身权益的保护，又启动了上级行政机关对下级行政机关及其工作人员的责任追究。

首先，行政复议保护公民、法人和其他组织的合法权益。行政复议制度对相对人权利的保护具有直接、及时、全面的特点，它利用行政机关内部的层级监督关系，由上级行政机关纠正下级行政机关违法或不当的行政行为，以保护公民、法人或其他组织的合法权益。因此，它是一种权利救济措施。

其次，行政复议能够保障行政机关依法行使职权。行政权的行使会影响公民、法人和其他组织的权利，如果相对人认为行政行为违法或不当，侵犯其合法权益，就会引起行政争议。行政争议使行政法律关系处于一种不确定状态，会影响行政管理目的的实现和行政管理任务的完成，从而需要一种制度来判断行政行为是否合法或适当。通过行政复议，可以由上级行政机关对违法或不当的行政决定予以撤销或纠正，保护相对人的合法权益，或者对合法、适当的行政决定予以维

---

① 张正钊等：《行政法与行政诉讼法》，中国人民大学出版社2013年版，第215页。

持。因此，行政复议制度不仅具有权利救济功能，还能保障行政机关依法行使职权。

最后，行政复议可以监督行政机关依法行使职权。行政机关系统内部的关系是一种层级节制关系，上级行政机关负有对下级行政机关监督、问责的权力。行政复议是上级行政机关通过对具体争议的合法性和合理性进行审查，监督下级行政机关的行为是否违法或不当。因此，对于行政机关来说，行政复议制度又是一种监督机制。[①]

（六）行政诉讼

行政诉讼是指公民、法人或其他组织认为行政机关的具体行政行为侵犯其合法权益，依法定程序向人民法院起诉，人民法院在当事人及其他诉讼参与人的参加下，对具体行政行为的合法性进行审理并做出裁决的活动。[②] 对于公民来说，行政诉讼属于司法救济制度。与行政复议相比，行政诉讼属于更高层次的救济制度，其原因在于行政复议属于是行政系统内部的监督问责机制，问责的主体是上级行政机关；而行政诉讼属于异体行政问责机制，是司法机关对行政机关的监督问责，问责的主体是司法机关。行政诉讼程序的启动，预示着公民直接参与行政问责的开始。

第一，行政诉讼是一种权利救济机制。随着行政权力的日益膨胀，行政权力与公民利益之间的矛盾和冲突不断增多。鉴于行政权力的公权力属性，使得公民及公民组织在与行政权力的利益博弈中总是处于下风，行政权力侵犯公民合法权益的案件时有发生。行政诉讼作为一种诉讼制度，其主要任务就是化解行政纠纷，保护行政相对人的合法权益。行政诉讼为公民合法权益的救济提供了一条制度化渠道。行政诉讼所要解决的行政纠纷，即公民或公民组织与行政机关之间的冲突，同样属于行政问责的范围。因此，行政诉讼为公民参与行政问

[①] 张正钊等：《行政法与行政诉讼法》，中国人民大学出版社 2013 年版，第 215—216 页。

[②] 同上书，第 232 页。

责提供了的一条重要渠道，而且有充分的法律制度保障。

第二，行政诉讼是一种监督问责机制。从行政诉讼的制度设计来看，我国行政诉讼法律制度对行政相对人权利的保护和救济，是通过人民法院依法监督行政主体的途径来实现的。行政诉讼对行政权力的监督，体现在人民法院依法对被诉行政机关的司法审查和责任追究上。在行政诉讼过程中，人民法院对被诉行政主体行政行为的合法性进行司法审查，涉案的行政行为一旦被确认为违法或者不当，就会予以撤销或者确认其无效，从而保护行政相对人的合法权益。在责任追究方面，被诉的行政机关必须就其违法或不当行政行为承担法律责任，对于拒绝履行判决和裁定的行政机关，人民法院可以采取强制措施。

作为一种法律制度，行政诉讼对于行政纠纷的解决有着不可替代的作用，不仅实现了对行政机关行政行为的有效监督，也实现了对公民的权利救济。因此，行政诉讼是公民参与行政问责的一种重要路径。

（七）社会舆论监督

社会舆论监督是指公民通过各种信息传播媒介，就社会公众广泛关注的政府职能内的问题，表达自己的观点和看法，形成舆论压力，从而迫使政府及其官员行使公共权力时更加谨慎、节制和认真。简言之，社会舆论监督是社会各界运用新闻媒体对社会表达意见和监督权力的一种方式，是社会主义政治文明的机制保证之一。① 社会舆论监督对行政机关及其工作人员具有极大的约束作用，对其他形式的监督有推进和保证作用。

社会舆论监督是公民参与行政问责的重要手段。由于公民及其公民组织本身不具有强制力，他们参与行政问责需要更多地依赖社会舆论，以舆论压力迫使体制内监督问责机制的启动。通过新闻媒体的监

---

① 王连喜、张翠：《试论我国的社会舆论监督问题及其对策研究》，《法制与社会》2009 年第 2 期。

督、曝光和传播所造成的巨大压力，可以促使行政机关及其工作人员改进工作。

　　在西方国家，社会舆论监督的方式比较多。例如，通过公开的演说，甚至游行示威活动，表达人们对政府的要求或批评；通过新闻报道披露政府工作的内幕及存在的问题，引起公众注意和批评。在我国，《宪法》和有关法律赋予了公民言论自由和监督政府的权利，社会舆论监督的方式也很多。例如，新闻媒体通过举办记者招待会、新闻发布会等，让国家机关向新闻界提供有关活动情况，使新闻界了解国家机关工作动态，从而起到监督问责的作用；新闻媒体主动对国家机关各项工作实施监督，通过揭露国家机关工作人员违法失职或决策失误等，引起公众对国家机关及其工作人员的批评和监督；组织民意测验，通过对一些重大社会问题了解民众的反应，为有关部门提供制定政策的参考依据；等等①。

　　近年来，广大公民的权利意识不断增强。同时，网络、自媒体等信息技术的进步也为公民参与行政问责提供了强大的技术支持，客观上提升了公民参与行政问责的能力。需要特别注意的是，网络技术已经导致新的舆论场的形成。新技术对传统新闻媒体形成了强大的冲击，日益快速的信息传播能在很短的时间内形成强大的舆论压力，有效地约束了行政机关及其工作人员的行为。一些发生在当地的事件由于自媒体的广泛传播，可能会引爆舆论场，成为全国性的公共事件，对政府及其工作人员的危机管理能力形成了巨大的考验，迫使行政机关不仅要提升危机管理能力，而且要进一步树立为民服务、依法行政的理念，不断改进工作方法，提升治理能力，努力实现治理能力现代化。"正是通过公民、社会利益团体持续不断的参与，对公共行政自下而上的问责同政府自上而下的自律相配合，促使行政人员时刻警醒，并在直接面对公众的过程中，获得彼此对公共事务的理解，形成

---

① 吴爱明等：《当代中国政府与政治》，中国人民大学出版社 2004 年版，第 330 页。

共识，共同解决社会面临的问题，共同建构、改造和创造治理实践。"①

第二节　中国公民参与行政问责现状分析

公民作为问责的发起主体之一，通过有效的路径可以促使行政问责的启动，这是公民参与行政问责的直接目的。但是，要确保公民参与行政问责发挥应有的实效，使公民被侵害的利益得到救济，使违法或不当的行政行为得到纠正，必须将公民参与行政问责转化成为一种有制度保障的长效机制。

近年来，公民参与行政问责工作在我国取得了很大成绩，对于监督、约束行政权力发挥了积极作用。但是，应当看到，我国公民参与行政问责尚处于起步阶段，发展还很不充分，还存在问责文化落后、问责制度不健全、问责保障缺失等诸多问题，客观上导致了公民参与行政问责的非制度化和非理性化，影响了我国行政问责的实效。目前，我国公民参与行政问责存在的问题主要表现在以下几个方面。

一　公民参与行政问责的素质和能力比较低

公民参与行政问责是一项复杂的政治工作，它要求参与者必须具备较高的个人素质和能力。否则，参与的效果就有可能大打折扣。当前，我国公民参与行政问责的意识、观念、知识和能力均存在不足。

（一）公民参与行政问责的意识淡薄，观念滞后

构建和完善行政问责制的一个重要条件就是公民的广泛参与。没有公民参与的外部推动，行政问责工作的进程就会变得迟缓，其公平和效率也会受到影响。近年来，我国公民的权利意识正在逐步觉醒，政治参与的要求也愈来愈强烈，但从整体上看，公民参与行政问责的意识还比较淡薄，观念还比较落后，与世界各国倡导公民参与行政问

---

① 赵淼：《社会问责：基本意涵与制度建构》，《理论与改革》2009 年第 3 期。

责的潮流不相适应。导致这一问题出现的原因主要有以下几点。

首先，长期的封建专制统治造成了公民的政治冷漠。我国封建社会历史悠久，长达两千多年，长期实行封建君主专制统治。在两千多年的时间里，封建统治者持续不断地对人民灌输服从观念、臣民观念、忠君思想等，致使我国广大人民群众缺乏权利观念、公民意识，对权力只有敬畏心理，根本没有监督的意识。这种长期形成的臣民意识和依附观念导致我国公民"顺民"思想严重，很多人不关心国家，不关心政治，更不会考虑主动参与对政府的监督问责。

其次，新中国成立后极左思想的错误影响，导致公民在监督、问责政府方面出现认识偏差。新中国成立后，我国模仿苏联的"全能国家"模式，建立了高度集权的政治经济体制。国家全面干预社会生活，国家权力无孔不入，渗透到社会生活的方方面面，公民活动的公共领域几乎完全消失。国家宣称代表全体人民的利益，国家利益就是最高利益，个人利益要绝对服从国家利益，个人利益被内含在国家利益之中。在这种高度集权的政治经济体制之下，广大人民群众客观上不可能对政府监督、问责，主观上也逐步淡化、丧失了监督权力、问责政府的思想和意识。

最后，政府在构建公民问责文化中的引导作用不够。与西方发达国家相比，我国并没有真正的公民问责文化，因为孕育这种文化的社会氛围尚不成熟。但是，这并不意味着我国建立公民问责文化不必要、不可行。相反，政府应当在公民问责文化建设中发挥积极的引领和推动作用。遗憾的是，政府在塑造公民问责文化过程中发挥的作用远远不够。受传统"官本位"思想的影响，不少政府官员习惯于对上级负责，"权力至上"的观念又使得政府官员不愿意接受人民群众的监督，经常出现逃避责任的现象。在构建公民问责文化的引导上，政府对自身与民众的角色定位还不明确，也缺少向民众宣传监督政府行为的举措。政府的这种消极行为，造成我国公民参与行政问责的整体氛围不佳，不利于公民参与行政问责意识的培养和形成。

（二）公民参与行政问责的知识和能力不足

公民参与行政问责不仅需要热情，还需要具备相应的知识和能力。公民只有熟练掌握一定的法律常识、政治常识，并具备参与的基本方法和技巧，才能理性地参与行政问责，实现参与的目的。

当前，我国广大公民的文化水平还不高，并且存在城乡居民文化素质差距不断拉大的现实。尤其是"老少边穷"地区，很多群众受教育程度很低，严重缺乏法律知识、政治知识。在这种情况下，即使公民有机会参与行政问责，公民也会因缺乏参与所需要的知识而产生无所适从的感觉。公民文化水平不高的现实，已经严重影响了公民作为国家主人对政府及其公务员监督问责的效果。不仅如此，有效的参与还要求公民必须具备及时获得政务信息以及正确评价和处理公共事务的能力。但是，在广大人民群众中，很多人长期以来缺乏与政府互动的经验，对政府的行政管理过程知之甚少，对自身应有的权利和义务也认识不清。哪些渠道可以监督、问责政府，已有的参与方式分别设置了什么样的运行程序，政府信息公开有哪些渠道，如何及时获得政府信息以及如何正确评价政府行为等，许多公民对此一头雾水。可见，我国公民实际参与行政问责的能力还比较弱，亟须锻炼和提高。

二　公民参与行政问责的法制不完善

当前，我国已经初步建立了公民参与行政问责的法律制度。但是，相关配套措施还不完善，制度化程度还比较低，尤其缺少明细的操作性规范。这在很大程度上限制了我国公民参与行政问责作用的发挥。

首先，关于公民参与行政问责的现行法律规定较为模糊。我国《宪法》第四十一条规定："中华人民共和国公民对于任何国家机关和国家工作人员，有提出批评和建议的权利；对于任何国家机关和国家工作人员的违法失职行为，有向有关国家机关提出申诉、控告或者检举的权利，但是不得捏造或者歪曲事实进行诬告陷害。对于公民的申诉、控告或者检举，有关国家机关必须查清事实，负责处理。任何人不得压制和打击报复。由于国家机关和国家工作人员侵犯公民权利而受到损失的人，有依照法律规定取得赔偿的权利。"这一规定赋予了广大公民对行政机关及其工作人员问责、监督的权利，确立了我国公民的问责参与权。不过，《宪法》是我国的根本法、最高法，不可能对于公民参与行政问责规定得过于细致，需要其他基本法律和普通法律对此进行具体设计。目前，我国其他相关法律尚缺乏公民参与行政问责的具体制度措施，尤其是问责程序方面的规定。法律的程序是法律的生命存在形式，一部没有程序的法律是难以得到落实的。具体到公民参与行政问责工作，没有程序作为保障，公民参与的目的就难以实现。

其次，我国缺乏公民参与行政问责领域的单行法。当前，关于公民参与行政问责的法律规定散见于我国诸多法律文件之中。例如，有关听证的法律规定，我国的《行政处罚法》、《价格法》、《立法法》和《行政许可法》都有相应条款，但规定并不统一，直接影响了听证制度的协调性和规范性。从国外法律实践来看，只有通过专门立法，才能对公民参与行政问责的规则、方式、程序以及相应的救济制度等做出明细化规定。立法机构制定公民参与行政问责的单行法，不仅会增强相关法律规范的效力，而且会提高公民参与行政问责的可行性和可操控性。

最后，公民参与行政问责的配套法律规定不完善。目前，我国公民参与行政问责的基本法律制度已经具备，但是，与之配套的程序性规定等尚存在不足。以保障公民知情权的政务信息公开制度为例，2008 年 5 月 1 日，我国的《政府信息公开条例》正式实施，政务信息公开有了全国性的、统一的法规规范，政府的透明度在一定程度上得到了改善。但是，《政府信息公开条例》缺乏对信息公开部门的责任规定，导致公民在申请信息公开时不知道找哪个行政机关。同时，由于缺乏相应的处罚措施，一些政府部门在信息公开方面消极、被动，公布的多是一些无关紧要的信息，对于公民真正关心的、涉及公民切身利益的重要信息却以各种理由不予公开，导致政府信息公开工作出现不应有的、较大的随意性，严重损害了政府的形象。这从一个方面说明，仅有公民参与问责的基本法律规范，没有配套的具体细则，相关法律规范也很难落实。有学者提出，关于公民参与的评估框架体系分为三个层次：公众参与的基础性制度，公众参与的程序性制度，公众参与的支持性制度。① 借鉴该框架体系，构建我国公民参与行政问责的法律制度，也可以从公民参与的基础性制度、公民参与的程序性制度、公民参与的支持性制度三个方面入手，重点建立健全公民参与行政问责的程序性、支持性法律规定，不断完善配套措施。

三　公民参与行政问责的机制不健全

机制影响实效，公民参与行政问责的机制是否健全关乎公民参与行政问责的力度和效果。在我国，公民参与行政问责的相关机制尚存在一些问题，主要表现在政府信息公开机制、政府绩效评估机制、公民参与行政问责程序机制、公民参与行政问责动力机制等方面。

（一）缺乏健全的政府信息公开机制

政府信息的公开化和透明化是保证公民有效参与行政问责的基本前提，而政府信息公开、透明的程度又受制于政府信息公开机制。"政府信息公开机制是指政府依据法定的程序以法定的形式公开与社会成员利益相关的所有信息，并允许公众对政府信息进行查阅、引用、复制、收听、收看、收藏的一套规范和制度。"② 只有健全政府信息公开机制，充分保障公民对政府工作的知情权，才能充分发挥公民监督政府、问责政府的积极作用，使广大公民真正参与到行政问责中来。

自 2008 年 5 月 1 日《政府信息公开条例》正式实施以来，我国的政府信息公开工作取得了一定成就。但是，政府信息公开仍带有一定的随意性，重要信息的公开仍得不到保障。据统计，我国 80% 的

---

① 王锡梓：《公众参与和中国新公共运动的兴起》，中国法制出版社 2008 年版，第 10—11 页。

② 周亚越：《行政问责制研究》，中国检察出版社 2006 年版，第 276 页。

信息资源为政府所拥有。① 这种因政府对信息资源的垄断所形成的信息壁垒，直接导致我国公民参与行政问责难以发挥实效。根据马克斯·韦伯的"公务秘密"理论，科层制通过保守特有的信息来源的秘密来提高监督性，"公务秘密"概念是科层制的特有制造，没有比科层制更热衷于此了。② 一方面，由于"公务秘密"现象的普遍存在，会出现政府行政活动中的信息寻租现象，产生涉及私人利益的交易关系，进而导致腐败现象、政府决策失误以及行政违法和行政不当。另一方面，行政主体出于自身利益的考虑，会隐瞒相关信息，通过对信息资源的垄断形成信息壁垒，进而将公众排除在外，造成信息不对称。由于信息不对称，公众的知情权无法得到保障，公众难以对行政机关及其公务员进行全面监督，参与行政问责也就无从谈起。

近年来，我国公民参与行政问责的信息透明度确实很低。例如，某些行政问责案件虽然公开了问责的事由和问责结果，但是，主管部门对于问责的具体过程却避而不谈，新闻媒体对问责的披露也是蜻蜓点水。广大社会公众只了解问责事件的起因、公共利益受损的情况，却不了解该问责案件处理的具体程序和过程，更不清楚问责主体在问责过程中是否真正做到了"有法可依、有法必依、执法必严、违法必究"。至于问责是否真正符合公共利益最大化，对于社会公众更是一个谜。再如，某些行政问责案件的被问责官员"悄然"复出，有关部门对社会公众不做任何说明、解释，导致官员复出现象备受社会诟病。当然，社会公众并非要求将被问责的官员一棍子打死、不再使用，只是这种"公开问责、悄然起用"的方式不为公民所理解，也是引发公民质疑和讨论的关键所在。行政问责主体应当向社会公开被问责官员复出的理由、程序、结果等关键信息，取得社会公众的理解和支持。官员复出中的"悄然"反映的是社会公众对这些官员复出

---

① 毛政相：《问责制：必须走向制度化》，《理论探讨》2005 年第 1 期。

② ［德］马克斯·韦伯：《经济与社会》（上卷），林荣远译，商务印书馆 1997 年版，第 242—245 页。

过程的不知情，也表明我国在公民参与行政问责方面的信息透明度比较低，距离公开问责、"阳光问责"尚有很大差距。

（二）缺乏健全的公民参与行政问责程序机制

与其他法律活动一样，公民参与行政问责既需要实体性法律规范支撑，也需要程序性法律规范保障。如果没有公民参与行政问责的完善的程序机制，公民就不可能真正参与到行政问责过程之中，行政问责制的健康发展也就很难向前推进。目前，我国的《公务员法》《行政机关公务员处分条例》《党政领导干部辞职暂行规定》等法律法规，都已经从实体方面规定了公民参与行政问责的权利。但是，关于公民参与行政问责的程序方面的规定却非常少，导致某些行政问责工做出现较大的随意性。从某种意义上来讲，公民参与行政问责之所以难以产生实效，相关的程序机制不完善是一大原因。

公民参与行政问责的程序主要涉及四个环节：一是公民参与行政问责的发起方式；二是公民参与行政问责的受理机构；三是公民参与行政问责受理机构的工作方法；四是公民参与行政问责的申辩程序。就这几个环节而言，我国现有的问责程序设计均存在不少问题。具体来讲，在问责发起方式方面，法律规定的公民参与行政问责的诸多方式无法得到有效的保障。以举报为例，作为我国公民参与行政问责的一种主要方式，举报在制止、纠正行政机关及其工作人员不作为、乱作为方面有着重要的作用。但是，在实践中，公民针对行政机关的举报却经常遇到严重的阻力，举报人受到关、卡、压，甚至受到打击报复的现象时有发生，公民依法享有的举报权利得不到应有的保障，严重挫伤了公民参与行政问责的积极性。在问责受理机构方面，我国现行的行政管理体制和机构设置决定了没有这类专门机构。针对公民发起的行政问责，一般由被问责的行政机关的上级机关受理。这样，该上级行政机关就拥有了双重身份，它既是行政问责的实施主体，又是问责发起的受理机构。由于行政机关上、下级部门之间利益相关，在问责过程中极易导致规避问责的现象，使行政问责的启动变得相当困难。在问责受理机构的工作方法上，受制于政府信息公开不到位，行政问责工作的透明度较差，社会公众无法了解问责受理机构的工作方法，难以保证问责启动的公平与公正。在问责申辩环节，现行的公民参与行政问责的程序机制缺乏关于问责对象申辩程序的设计。公民作为问责发起主体并不能保持完全的理性，因此，错误的问责发起在所难免。为了确保问责启动的公平性，保障行政机关及其公务员的合法权益，有必要在公民参与行政问责程序机制中加入申辩程序。

（三）缺乏健全的政府绩效评估机制

学者迈克尔·罗斯金认为，政府对公众负责要做到三方面：一是政府支出必须获得公民的同意并按正当程序支出；二是资源必须有效利用；三是资源必须用于达到预期的结果。① 衡量政府是否对民众负责任以及负责任的程度，需要对政府的绩效进行评估，这就是政府绩效评估。

在公民参与行政问责工作中，政府绩效评估与公民参与之间是一种相辅相成、相得益彰的关系。一方面，政府的绩效评估需要政府系统之外的社会公众参与，以确保绩效评估结果的公平性、可靠性、权威性；另一方面，公民参与行政监督、行政问责需要以政府绩效评估作为客观依据。因此，要想让公民真正参与行政问责，必须建立与之相匹配的政府绩效评估机制，使公民启动行政问责客观有据。

当前，我国政府绩效评估机制存在不少缺陷。例如，政府绩效评估主体只局限于政府系统内部，缺乏外部监督，容易使评估带有个人主观偏见，导致考核过程中的"暗箱操作"现象，客观上影响了政府绩效评估的公正性。再如，政府绩效评估结果缺乏法定的权威性，政府部门对绩效评估结果的回应不够，导致评估结果最终变得无足轻重，甚至流于形式。我国政府绩效评估机制存在的问题反过来影响公民对行政问责的积极参与，容易导致公民启动行政问责缺乏客观依据。

---

① ［美］迈克尔·罗斯金等：《政治科学》，林震等译，华夏出版社2001年版，第331页。

（四）缺乏健全的公民参与行政问责动力机制

根据"经济人"假设，人的行为只有符合其最大利益，他才会行动。没有利益驱动，就没有动力和行动。公民参与行政问责也是如此，没有利益驱动，甚至没有利益关联，公民就很难积极主动地参与到行政问责中来。

在现实生活中，如果行政机关及其工作人员的行为侵害到公民的切身利益，公民参与行政问责的动力往往比较充足，利益相关的公民及公民组织有可能积极行动起来，主动发起行政问责。但是，如果行政机关及其工作人员的行为未触及个人利益，或者虽然触及了个人利益但影响微乎其微，公民往往就会考虑参与行政问责的成本和收益，动力不足的问题就会浮现出来。公民作为社会的个体，每个人都有自己的正常生活和工作，公民在参与行政问责之前慎重评估此次行动的成本和收益，实属正常。如果参与行政问责的成本很高，而收益却很小，公民就可能不会参与。假如政府行为侵害的是公共利益，主动参与行政问责的公民就会变得少之又少，绝大多数公民都会产生一种搭便车心理，消极等待其他公民采取行动，正所谓"围观者众、行动者少"。此外，参与监督、问责行政机关及其工作人员还有一定的风险，如果公民考虑到个人及家庭成员的人身安全、财产安全、未来发展等问题，就很有可能放弃参与。

要调动广大公民参与行政问责的积极性，就必须建立健全公民参与行政问责的动力机制，包括激励机制、保护机制、惩戒机制等。通过激励机制，给予积极参与行政问责的公民物质奖励或精神奖励，以激发广大公民参与行政问责的热情；通过保护机制，为参与行政问责的公民的人身和财产提供法律保障，以免除广大公民参与行政问责的后顾之忧；惩戒机制则重在惩处行政问责过程中出现的打击报复等言行，净化行政问责环境，支持公民积极参与问责。遗憾的是，我国目前在上述几个方面都存在很大的缺陷，完善公民参与行政问责的动力机制任重而道远。

四　公民参与行政问责的渠道不畅通

当前，我国公民参与行政问责的渠道并不少，但是，真正能够发挥其应有功能的却不多，渠道不畅已经成为亟须解决的问题。

（一）信访制度不完善

目前，我国的信访制度存在不少问题：一是信访机构设置过多过滥。我国从中央到地方，从人大到政府部门、司法机关，都设有信访机构。不仅造成大量的人力、物力、财力浪费，而且导致机构重叠，管理混乱。二是信访机构权力有限。面对公民的权利救济诉求，信访机构只有建议权、监办权以及报告上级的权力，并无直接解决问题的权力。三是信访涉及面过于宽泛。现行的信访制度几乎涉及社会生活的方方面面，公民遇到的各种社会问题、社会冲突都可以上访，客观上导致信访案件大量积压，公民越级上访现象普遍。四是基层群众信访难。一些地方政府为了所谓的政绩和形象，总是想方设法阻止基层群众信访，甚至打击报复。五是信访的实效很一般。信访制度产生以来，虽然在民主监督和公民权利救济方面发挥了一定作用，但是，其功能十分有限。中国社会科学院 2004 年的一项调查结果显示，公民通过信访解决问题的比例只有区区 2‰。

（二）举报制度不完善

以举报人的人身安全保障为例，我国《宪法》明确规定："对于公民的申诉、控告或者检举，有关国家机关必须查清事实，负责处理。任何人不得压制和打击报复。"我国《刑事诉讼法》也规定："公安机关、人民检察院或者人民法院应当保障报案人、控告人、举报人及其近亲属的安全。"尽管上述法律都明确规定要保护举报人，但是这些规定都很原则、很模糊，缺乏可操作性，难以起到保护举报人的作用，举报人受到打击报复的事件时有发生。例如，河北的郭光允举报省委书记程维高违法违纪，却被以"诽谤省主要领导"的罪名开除党籍，并劳动教养两年。某县教育局长举报该县县长违法违纪，被该县长动用公安机关抄家。更有甚者，有的举报人遭遇跨省追捕，有的举报人还被鉴定成了精神病人，被强行送到精神病院"治疗"。最高人民检察院于 1991 年印发了《关于保护公民举报权利的规定》，该规定对举报线索的受理、管理制定了严格的保密制度，但事实上该规定在实际应用当中发挥的作用十分有限。原因在于：该规定的法律位阶低，只是检察机关的内部文件，没有被提升到法律的高度，法律效力有限。同时，该规定的禁止性规定较多，相应的惩罚性措施较少，即便是很少的几款惩罚性措施，也都是一些抽象的、难以具体实施的规定。

（三）听证制度不完善

以常见的价格听证为例，虽然价格听证在我国已经实行多年，但是效果却并不令人满意，广大群众对价格听证吐槽连连。价格听证存在的主要问题有：一是听证代表的遴选不合理、不科学，导致听证代表不具有代表性，社会公众的参与度不高。二是听证程序不规范，听证笔录不能被价格决策部门采纳，导致听证会流于形式。当前，我国价格听证逢听必涨，听证会俨然成了"听涨会""涨价会"，备受社会诟病。三是听证主持人不是中立的第三方，不能站在客观的立场看待听证，对听证结果的公平、公正产生了不利影响。与价格听证相类似，我国其他几种听证制度也都程度不同地存在制度设计不合理、实际操作不规范、听证效果差等问题，有待进一步改进和完善。

（四）民意调查制度不规范

当前，民意调查在我国尚处于初创阶段，很大程度上并不被社会所认可，相关的制度建设也很不完善，甚至可以说它很难称得上是"制度"。也正是由于我国的民意调查远没有经常化、制度化，民意调查的结果也大多不被社会承认，难以成为政府官员绩效考核的依据。加之很多民意调查结果并不向社会公布，通过偶尔的民意调查了解公民诉求，难以起到对行政机关及其公务员监督、问责的作用。另外，一些民意调查机构专业性较差，调查人员并不具备专业知识、专业技能，导致调查问卷设计不科学，被调查者的选取不科学，调查机构甚至没有能力对调查结果进行科学分析，最终出炉的调查结果很难准确反映民意。

（五）舆论监督存在缺陷

以传媒为例，在促进公民参与对政府及其官员问责监督方面，传媒具有十分重要而又独特的作用。不过，我国公民通过传媒参与行政问责还存在不少问题。一是我国部分传媒的公信力低，从业人员的职业道德和职业素养不高。由于我国缺乏统一规范媒体职业道德的相关规定，媒体从业人员的职业素养参差不齐，其中不乏害群之马，严重影响了我国传媒的公信力。2008 年，曾经轰动一时的媒体从业人员收取"封口费"事件就是明证，对中国传媒行业的负面影响超乎想象。二是国内媒体受到的不正当干预过多。受我国政治体制的影响，国内传媒一般被认为是党和政府的喉舌，一些地方政府对本地媒体干预过多，导致公民通过传媒参与监督问责政府遇到重重障碍，公民参与问责的效果难以最大限度地发挥。另外，随着社会的发展、技术的进步，新兴的网络传媒异军突起，其特有的平等、公开、交互、传输速度快以及覆盖面广等优点，在给社会公众带来便利的同时，也容易造成公民参与过度，甚至非理性参与，在很大程度上影响了传媒应有的舆论监督的效果。①

五　公民社会发育不成熟

近年来，我国各种群体性事件频发，某种程度上表明我国公民参与的无序性、组织化程度低。这些乱象的出现，一方面与公民个体的素质紧密相关；另一方面也与我国公民社会发育不成熟有关。当前，我国的公民社会日渐形成，而公民社会成熟的一个显著标志就是大量的具有专业能力的公民社会组织的出现。从目前来看，我国的公民社会组织专业能力较为欠缺，不能有效组织公民有序、理性参与，不能引导公民以理性方式维护公共利益和个人合法权益。

著名学者俞可平曾把我国公民社会发育的表现概括为如下四点：民间组织的数量迅速增加；民间组织的种类大大增多；民间组织的独立性明显增强；民间组织的合法性日益增大。② 虽然我国公民社会雏

---

① 李伟：《我国行政问责中的公民参与研究》，硕士学位论文，河南大学，2011 年，第 26—28 页。

② 俞可平：《治理与善治》，社会科学文献出版社 2000 年版，第 329 页。

形初具，但是，由于受社会政治、经济、文化等因素的影响，公民社会的发育尚不成熟；社会自治空间尽管有所增大，但仍十分有限，对公民参与的激励作用尚不到位。

与西方发达国家相比，我国的公民社会存在诸多不足之处。其中，非政府组织存在的缺陷尤为突出。首先，非政府组织发育不规范，客观上阻碍了公民的有序参与。在我国，由于非政府组织发展初期缺乏法律规制，导致非政府组织在发展早期就出现参差不齐，甚至经常陷入混乱无序的状态。同时，一些非政府组织行政化倾向严重，本身具有一定的行政职权或挂靠一定的行政部门，在一定程度上带有"二级政府"的帽子和行政色彩，几乎和行政机关无异。①一些非政府组织自身功能有限，仅限于同行之间的学术交流，比如各种学会、研讨会和协会等。非政府组织发育存在的诸多不规范，导致其难以给公民参与行政问责提供渠道，阻碍了公民有组织、有序地参与问责。其次，非政府组织的依附性比较强，客观上影响了其活动的独立性。和西方发达国家相比，我国对非政府组织的管理特别严格，其成立、登记和注册必须挂靠党政机关作为其主管机关，其负责人一般由党政机关的退休干部担任。最重要的是，我国非政府组织经费来源非常单一，几乎全靠公共财政拨款，其独立活动能力受到严重制约。这种经济和制度上的双重依附严重影响了我国非政府组织的独立性，非政府组织开展各项工作必须综合考虑政府部门的利益以及自身的利益，很难有组织公民参与行政问责的独立权力。最后，我国非政府组织的类型较少，限制了公民参与问责渠道的扩展。著名学者俞可平曾把我国的非政府组织分为九种类型：同业组织，行业管理组织，慈善性机构，学术团体，社区组织，职业性利益团体，公民的自治组织，兴趣组织和非营利性咨询服务组织。②这几种类型的组织都有各自特定的服务对象，难以很

---

① 张兆林：《非物质文化遗产领域的行业协会研究》，《美术观察》2015年第4期。
② 俞可平：《治理与善治》，社会科学文献出版社2000年版，第331—332页。

好地为广大公民提供参与问责的组织和引导。

第三节　公民参与行政问责的制度完善

公民参与行政问责符合我国社会主义民主政治发展的要求，在监督政府行为、保障公民权利等方面有着其他问责方式无可比拟的优势，必将成为我国未来行政问责制度建设的重点。对于公民参与行政问责过程中出现的诸多问题，我国应当合理借鉴西方发达国家公民参与行政问责的成功经验，从培养公民问责文化、提高公民问责能力、完善问责法制、健全问责机制、畅通问责渠道、培育公民社会等方面，研究对策，切实保障公民合法、有序地参与行政问责。

一　切实提高公民参与行政问责的综合素质

在行政问责工作中，公民是行政问责的主力军，公民的综合素质直接关系公民参与行政问责的实效。没有公民的有效参与，往往也就没有被问责机关的解释、说明以及权力监督机关的及时介入。所以，提升公民参与行政问责的综合素质，是推进行政问责高效运行的关键。

（一）培养公民参与行政问责的良好观念

观念往往决定人的行为及结果。对于一个国家、一个社会，亦是如此。"如果一个国家的人民缺乏一种能赋予这些制度以真实生命力的广泛的现代心理基础，如果执行和运用着现代制度的人，自身还没有从思想、态度和行为方式上都经历一个向现代化的转变，失败和畸形发展的悲剧结局是不可避免的。"① 国外公民参与行政问责的实践表明，公民在行政问责过程中发挥作用的大小与公民参与行政问责观念的强弱呈正比，要充分发挥公民在行政问责中的重要作用，必须重视公民参与行政问责观念的培养。

---

① ［美］阿历克斯·英格尔斯：《人的现代化》，殷陆君译，四川人民出版社1985年版，第4页。

　　培养公民参与行政问责的良好观念，其方式可谓丰富多彩，灵活多样。既可以在学校教育中增加相关知识的学习，也可以借助法制宣传进行教育，还可以通过电视、报纸、互联网等现代传媒工具进行日常教育。在内容上，应当注重以下三个方面：首先，注重培养公民的主人翁意识。通过组织开展多种形式的教育活动，如宣传、知识讲座、媒体讲坛、社区辩论会等形式，使公民充分认识到自己在行政问责活动中享有的权利和扮演的角色，认识到自己是国家的主人翁，改变公民传统观念中对权力和掌权者的敬畏意识，改变"事不关己、高高挂起"的政治冷漠心态。其次，注重培养公民的参与意识。通过多种方式的教育和引导，使广大公民认识到，作为国家的主人翁，监督政府依法履行责任不仅是自己的权利，也是自己的责任。只有通过自身的积极参与，公民的合法权利和利益才能够得到切实保障。要鼓励公民全方位地参与行政问责活动，尤其是与公民日常生活息息相关的领域，如环境保护、污染治理、食品安全、公共交通等。通过教育，使广大公民从内心深处认识到，只有自己的积极参与，才有真正的民主权利。最后，注重培养公民的平等意识。通过教育和引导，使广大公民认识到，在现代法治国家，人与人之间是平等关系，普通公民和政府官员之间也是一种平等关系，这种平等关系不因身份、地位、财产的差别而改变。在行政管理、公共管理过程中，公民享有平等的参与权、监督权、问责权，行政机关及其公务员应当予以接受和配合，双方是一种平等、协作关系。

　　（二）丰富公民的问责知识，增强公民的问责能力

　　公民有效参与行政问责，不仅需要良好的观念，还需要公民掌握较为丰富的问责知识，具备较强的问责能力。因此，丰富公民的问责知识，提升公民的问责能力，至关重要。

　　首先，丰富公民的行政问责知识。公民参与行政问责涉及的知识主要包括两个方面：一是公民参与行政问责必备的法律知识。如，我国《宪法》规定的公民的基本权利和义务，国家机关的基本职权和职责；《公务员法》规定的公务员的基本权利、义务、责任；《刑法》

规定的贪污、受贿、滥用职权、玩忽职守等罪名；《行政复议法》规定的行政复议的申请、审理程序；《行政诉讼法》规定的行政诉讼程序等。二是公民参与行政问责需要具备的专业知识。包括公民参与行政问责的渠道，公民表达对问责事件的看法或利益诉求的方式、方法、技巧，以及某些个案涉及的专业知识等。在实际工作中，相关专业知识的缺乏，往往会制约公民对具体行政问责事件的参与。以三鹿奶粉事件为例，普通公民可能只知道毒奶粉，对于三聚氰胺、食品添加剂使用剂量的安全标准、导致的疾病结果等食品行业和医学专业的技术问题大都一无所知，因此，普通公民要想深入参与该事件的问责活动，其难度可想而知。社会各界应当创造条件，帮助广大公民了解、掌握与行政问责相关的专业基础知识，不断提高公民的科学素养和知识水平。

其次，增强公民参与行政问责的能力。公民参与行政问责需要积极行动的公民，而不是无动于衷的臣民。当前，虽然我国公民参与行政问责的实现机制还不完善，但仍有许多可以利用的渠道。只有切实提升公民行政问责的能力，让广大公民积极参与到行政问责工作中去，才能充分发挥公民在行政问责中的重要作用。

在能力培养方面，公民个人需要通过努力学习法律知识、政治知识以及参与技巧，提高公民参与社会治理的水平和参政议政、参与问责的能力。另外，当今世界，信息技术日新月异，我国的互联网产业发展也相当迅速，网民人数快速增加。根据中国互联网信息技术中心（CNNIC）提供的数据，截至 2016 年 6 月，我国的网民人数已达到 7.10 亿人，并且还在快速增加，互联网普及率达到 51.7%，为公民参与行政问责提供了一种更加便捷的工具。所以，掌握一定的网络知识和技术，利用网络寻求社会帮助，用好网络问责渠道，也是现代公民必备的素质和技能。

提升公民参与行政问责的能力，不仅需要公民个人做出努力，还需要政府提供必要的保障，政府应加强对公民问责文化的宣传教育，通过新闻媒体宣传、学校教育以及社区教育等多种渠道，向广大民众宣传行政问责的相关法律知识。在实践中，我们可以借鉴国外的一些成功做法。例如，在澳大利亚，针对其移民来自世界各地的现实，澳大利亚政府就使用多种语言，下发各种宣传手册和卡片，向群众宣传什么是贿赂，发现贿赂应该如何向反腐机构举报。同时，澳大利亚政府还公布举报电话，制定一套保护检举人的办法，形成了一个监督网络，与教育、法制相辅相成，使公务员不想腐败，不敢腐败，从而有效地防止了腐败行为的发生。①

二　完善公民参与行政问责的法律制度

完善的法律制度是公民参与行政问责健康发展的基本保障。只有将公民参与行政问责纳入法治化轨道，依法规范参与行为、参与方式、参与途径，依法保障参与权利，公民参与行政问责才能真正成为常态。我国的行政问责工作起步比较晚，公民参与行政问责尚缺乏系统而完善的法律规定和制度安排。因此，应当下大力尽快完善公民参与行政问责的相关法律制度。

（一）完善公民作为异体行政问责主体的制度

在我国，人民是国家的主人，各级行政机关及其公务员必须全心全意为人民服务，自觉接受人民的监督。"权为民所用、利为民所谋、情为民所系"，充分说明我们党和国家一直重视社会主义民主，时刻践行人民当家作主的原则。因此，在我国，公民是当然的、最本源的异体行政问责主体。目前，我国现行法律就公民参与行政问责已经做出了诸多规定，但是，这些规定大都是一些原则性规定，缺乏具有实际操作性的具体规定。这一缺陷导致公民参与行政问责的主体地位难以得到切实保障，影响了公民从主观上定位自己的权利主体身份。

在以往的行政问责实践中，问责主体通常是上级政府或中央部门，很少出现司法机关问责、权力机关问责，更谈不上公民问责。公民在行政问责中的主体地位长期被淡化，造成公民参与行政问责在某

---

① 管前程、郭冬彦：《社会问责刍论》，《河北大学学报》（哲学社会科学版）2009 年第 3 期。

种程度上形同虚设。"在一个社会的治理体系中，必须真正确立公民的主体地位，政府的正当性和合法性要有公民的同意。在一个公民不具有主体性的政府里，公民参与必然是形式主义的。"① 因此，只有在法律上切实保障公民的行政问责主体地位，才能使公民的话语权以制度化的方式体现在行政问责事务之中。具体而言，在行政问责的制度设计中，应当明确公民行政问责主体的身份，并以制度化的具体规定加以保障，切实解决公民主体地位界定模糊的问题。在行政问责实务中，应当注意强调、宣传公民参与行政问责的作用，充分体现公民的主体地位，增强社会各界对公民参与行政问责的关注。只有在行政问责中充分保障公民的问责主体地位，有关部门及其工作人员才能对公民参与行政问责有一个正确的认识，才能做到思想上重视、法律上允许、回应上用心，才能充分考虑公民提出的意见和建议。在政府管理的各项工作中，有关部门才能真正做到深入了解民情，充分反映民意，广泛吸纳民智，切实珍惜民力。

（二）完善对公民的有效回应制度

行政问责是问责主体对行政机关及其公务员违法行政的一种责任追究。从表面来看，行政问责好像是问责主体的单向活动，启动问责程序—调查问责对象—做出问责决定。但是，从本质来看，行政问责实际上包含问责主体与问责对象的双向活动。在问责过程中，问责主体会按照一定的程序和方式对问责对象进行询问、调查，提出要求和建议，问责对象有权利也有义务对此做出明确的解释和答复。行政问责的这种双向、交互特征，在公民参与行政问责过程中表现得尤为突出。

公民参与行政问责既包含了公民的积极参与，也包含了政府对这种参与的答复，即政府对公民的回应。回应性是公民参与行政问责的内在要求，也是我国责任政府建设的应有之义。"政府经常要回应消费者、监督组织、新闻媒体和其他利益相关者的价值与信仰，要满足

---

① 党秀云：《论公共管理中的公民参与》，《中国行政管理》2003 年第 10 期。

他们对政府工作的期待。"　"责任机制在民主政治中的最终目的在于确保政府对公民偏好和需要的回应，要使政府及其机构和官员对其最终的所有者——公民更加负责。"① 一个负责任的政府会及时回应公民的要求、社会的关切。完善的行政问责制要求政府必须迅速、有效地回应公民的呼声，并以实际行动加以满足。在行政问责之前，要对社会和公民交代事件的原委、起因等；在行政问责过程中，对公民提出的质疑、要求给予合理的考虑和明确的解释；在行政问责之后，及时公布问责结果，回复利益相关的公民的诉求。

在实际工作中，作为问责对象的行政机关对公民参与行政问责做出回应，要注意回应的方式、时效以及不同利益诉求之间的平衡。首先，行政机关对公民的回应要采取科学、有效的方式。回应方式是否适当直接影响回应的效能和公民对政府的满意度，有效的回应方式有助于在政府和公民之间形成"回应—参与—回应"的良性互动。回应方式的选择应当体现为民服务、行政效能的原则，回应方式可以灵活多样。领导干部热线回复、媒体设置专栏回复及专门的部门回复等，都可以成为回应公民参与行政问责的有效形式。其次，行政机关对公民的回应要注意时效性。"公共管理人员和管理机构必须对公民的要求做出及时的和负责的反应。"② "及时"是责任政府敢于担责的表现，也是对政府回应的基本要求。在公民参与行政问责活动中，被问责的行政机关应当在有效期限内，以尽可能短的时间对公民提出的、需要由政府解决的问题，予以积极回应。行政机关及其工作人员可以借助现代信息技术在公共治理中的运用，加快政府回应的速度。如果因为客观原因无法回应或不能及时回应，行政机关应当向公众及时说明原因，给予合理的解释。最后，行政机关对公民的回应要注重平衡。在现实生活中，不同公民或公民团体有着不同的利益诉求，行政机关在回应其诉求时，可能会存在一定的差距，客观上导致回应的不

---

① 李军鹏：《责任政府与政府问责制》，人民出版社 2009 年版，第 11—14 页。

② 俞可平：《全球化：全球治理》，社会科学文献出版社 2003 年版，第 12 页。

对称、不均衡，甚至可能引发由此带来的社会财富分配的失衡。因此，行政机关在回应公民问责时，应当注意各种利益之间的平衡，实现社会的公平和公正。

（三）完善损害公民参与权利的责任追究制度

公民参与行政问责的主要目的在于，纠正行政机关及其公务员的违法行为，使责任人受到应有的法律惩处。因此，公民参与行政问责的过程本身就是一个利益博弈的过程，一方为问责主体——公民，另一方为问责对象——行政机关及其公务员。在此过程中，公民要求参与行政问责将会损害涉案的行政机关、公务员两方所要维护的利益。出于自我保护，某些行政机关或公务员威吓、阻止公民参与行政问责的行为在所难免。究其原因，主要有两个方面：一个方面，行政机关本身存在自利性。行政机关作为一种社会组织，与其他社会组织一样存在自利倾向，为了单位利益、部门利益、领导人自身的利益，往往会忽略或者漠视公民权利。另一方面，行政问责往往是对涉案的行政机关及其公务员的责任追究，关乎否定性结果的承担，行政机关在自利倾向的主导下，会自觉、不自觉地规避责任。由于公民参与行政问责会形成责任追究的现实压力，涉案的行政机关及其公务员自然会倾向于压制这种参与力量，从而损害公民参与行政问责的权利。

公民参与行政问责是我国《宪法》赋予公民的基本权利，也是公民参与权利的重要内容之一。在行政问责过程中，应该采取切实有效的措施，对损害、剥夺公民参与行政问责权利的行为进行法律治理，严肃追究相关单位和人员的责任，通过责任追究保障公民参与行政问责的权利。首先，要治理行政问责工作中的不作为。在实践中，不作为有多种表现，如公民依法律规定有权参与却被拒绝参与，按照规定应公开公告相关程序和内容而未公开公告，应当举行听证而不举行听证等。对于这些不作为，应当依法追究相关行政机关及其工作人员的责任。其次，要严惩行政问责工作中的打击报复行为。在行政问责、特别是公民参与行政问责工作中，某些涉案的行政机关及其工作人员利用手中掌握的公权力，对参与问责的公民进行打击报复，影响恶劣，后果严重。对于实施打击报复的行政机关及其公务员，应该依法追究其法律责任。根据案件的实际情况，可以按照《公务员法》对相关责任人予以警告、记过、记大过、降级、降职、撤职等行政处分。对于那些手段恶劣、后果严重、构成犯罪的，按照《刑法》的规定追究相关责任人的刑事责任。同时，对于因为参与行政问责而受到打击报复的公民，政府有关部门应当依法给予国家赔偿，包括经济赔偿和精神损害赔偿。[①]

三　建立健全公民参与行政问责的有效机制

当前，我国公民参与行政问责既存在制度上的缺失，又存在机制上的短板，突出反映在信息公开机制、程序机制、绩效评估机制、激励机制等方面。科学、有效的机制是实现高效管理的保障，因此，应当加快建立健全公民参与行政问责的相关机制，提升行政问责的实效。

（一）健全政府信息公开机制

知情权是公民参与行政问责权利得以实现的前提和基础，它主要是指公民知悉、获取政府有关信息的自由与权利。[②] 公民只有充分了解政府信息，才能有效参与行政问责。从这个意义上讲，政府信息公开对于公民参与行政问责至关重要，西方国家的公民问责实践已经充分证明了这一点。在西方国家，一些政府官员引咎辞职并非源于法律或组织纪律，而是迫于公众或社会舆论的压力，其根本原因就在于这些国家政府信息公开做得比较好，政府管理的透明度高，便于社会公众监督，政府及其官员的不法行为根本无所遁形。政府信息公开已经成为公民参与行政问责的首要条件，要使公民问责落到实处，必须健全政府信息公开机制。

---

① 张婷：《行政问责中的公民参与研究》，硕士学位论文，湖南大学，2010年，第31—34页。

② 石路：《政府公共决策与公民参与》，社会科学文献出版社2009年版，第268页。

首先，完善立法，将政府信息公开纳入法治化轨道。当前，在我国，规范政府信息公开的位阶最高的专项法律文件是《政府信息公开条例》，它是由国务院制定的一部行政法规。随着社会的快速发展，信息公开法制建设仅仅靠这部法规以及层次更低的一些规章是不够的。要使政府信息公开满足社会公众的要求，符合社会发展的需要，应当由全国人大制定全国统一的《政府信息公开法》，以提高其法律效力。同时，要科学界定政府信息公开的内容，正确处理政府信息公开与保密之间的关系。基于政府信息资源的公共特性，政府信息公开应当具有普遍性。因此，应当将"公开为常态，不公开为例外"确立为政府信息公开的基本原则。除了法律、法规和制度规定必须保密的事项外，政府及其官员在执行公务过程中产生的相关信息原则上都应该公开，以确保社会公众的知情权，便于公民对政府工作实施有效的监督和问责。

其次，完善政府电子政务建设，助力政府信息公开。电子政务是现代信息社会发展的必然产物，对于实现政府管理模式和工作机制的创新具有重要作用。通过完善电子政务建设，以现代信息网络为纽带和桥梁，积极应用电子政务中的虚拟会议、电子邮件、网络政务等手段，可以使公民获得更广泛、更快捷的信息和服务，有利于提高政府的行政效能，实现政府与公民的交互式沟通①。政府电子政务的上述优势，有利于将行政问责的事由、程序、结果等信息全方位向社会发布，使广大公民能够更加全面、及时地了解行政问责信息。

再次，建立网络信息收集和发布机制。随着互联网技术的快速发展，各级政府越来越重视网络民意，网络在政府与社会公众沟通中的重要作用日益凸显，极大地促进了网络渠道在政治生活中的应用。随着社会的快速发展、政府管理任务的增加，政府与社会公众之间的信息交流量越来越大，有必要建立网络信息收集和发布机制。该机制具有成本低、门槛低、参与人数多等诸多优势，符合政府与公民良性互

---

①　姜明安：《信息化、全球化背景下的公众参与》，《法商研究》2004 年第 3 期。

动的要求，也符合时代发展的要求。

最后，建立政府新闻发言人制度。新闻发言人制度是指政府通过召开新闻发布会的形式，由新闻发言人向媒体介绍政府的特定政策，通报某个事件的真实情况，说明政府对于某个事件、某个问题所持有的立场和采取的措施，并回答媒体的提问。在我国，自 2003 年 SARS 事件之后，新闻发言人制度在各级政府部门广泛应用。媒体通过新闻发言人公开获取政府的相关信息后，及时向社会发布，并通过多种方式与社会公众进行沟通与交流，既促进了政府信息公开，又密切了政府与公众的联系。在行政问责领域，建立新闻发言人制度可以提高信息发布的权威性和准确性，降低信息被扭曲的可能性，使社会公众通过权威机构的新闻发言人获取最可靠的行政问责信息。

（二）健全公民参与行政问责程序机制

公民参与行政问责程序机制是影响公民参与行政问责程序科学性、有效性的重要因素，很大程度上也决定了公民参与行政问责的成效。完善的公民参与行政问责程序机制要求问责程序设计必须满足问责工作的实际需要，保障公民参与行政问责活动的高效运行。具体而言，在问责程序的设计上，要保证问责环节的完整性，问责的发起、受理、处理、决定、救济等基本环节缺一不可；要保证每个问责环节的科学性、合理性，使具体的程序规定贴近实际、切实可行；要保证问责环节之间的协调性，各环节之间相互联系、相互支持，做到前后衔接、环环相扣；要保证问责环节的统一性，各环节既要分工明确、各司其职，又要相互配合、目标一致。

当前，在我国，公民参与行政问责程序设计在完整性、统一性方面存在的问题不大，公民参与行政问责的环节比较完整，各环节追求的目标比较统一。但是，在科学性、合理性、协调性方面，现有的程序设计还存在不少问题，影响了公民参与行政问责的实效，亟须完善。

1. 完善回应制度。当前，在公民参与行政问责工作中，行政机关对公民诉求回应不足的问题比较突出，影响了公民参与的积极性。

究其原因，主要在于现行法律并没有明确行政机关对公民问责的回应义务，也没有明确回应的渠道、回应的事项、回应的时间限制等。因此，应当从制度层面对回应问题予以完善。法律应当明确规定，积极回应公民的问责诉求是行政机关的法定义务，行政机关必须履行，不得推诿；同时，还应当明确规定回应公民问责的事项范围、回应的方式、回应的时限等。

2. 设立专门的问责受理机构。目前，在公民参与行政问责领域，问责受理机构不专业、不统一，导致公民参与问责难。因此，有必要设立专门的问责受理机构。问责受理机构可以作为一个常设机构设立在各级政府内部，但是，问责受理机构应当具有相对独立性、超然性，以防出现责任规避问题。问责受理机构可以及时处理公民对行政机关及其公务员的投诉、检举和控告，保证公民参与行政问责规范、有序；同时，还可以加强对行政活动的监督，保证问责发起的实效。

3. 增强公民参与行政问责的透明度。按照法治政府、责任政府的要求，政府的一切活动，除法律规定的特殊情况外，都应当公开。行政问责工作也是如此，应当切实增强透明度，自觉接受社会各界的监督。行政机关应当向社会各界公布公民参与行政问责的主要渠道，包括受理机构、热线电话等；还要公开公民参与行政问责的具体流程，便于公民操作、落实。对于公民发起的行政问责，应当做到件件有回复，个个有说明，按照法定程序履行告知义务，及时与当事人沟通，保证当事人及时了解案件处理的进度。公民参与行政问责的公开，不仅要公开问责的结果，还应当公开案件处理的依据和过程，使公民参与行政问责真正成为"透明问责""阳光问责"。

（三）健全公民参与行政问责绩效评估机制

政府绩效评估是公民参与行政问责的重要依据，绩效评估结果是否公平、公正，直接影响公民参与行政问责的深度和广度。因此，应当建立健全与公民参与行政问责相配套的政府绩效评估机制，确保政府绩效评估结果的客观性、权威性。

1. 切实保障公民参与政府绩效评估的主体地位。政府绩效评估的最终目的是改善行政管理、公共管理，提高行政效率，最终服务于社会和广大人民群众。传统的政府绩效评估往往只注重行政机关自身的作用，忽视广大公民的作用，导致绩效评估的结果不客观、不公正，难以让人信服。在我国，公民是国家的主人，也是政府绩效评估的当然主体，完全有权利参与政府绩效评估。因此，应当依法确立广大公民在政府绩效评估中的主体地位，真正发挥公民的主体作用。

2. 加快公民参与政府绩效评估的制度化建设。为了解决长期存在的忽视公民绩效评估主体地位等问题，我国应当尽快完善相关立法，规范政府绩效评估工作。一方面，用法律的形式规定公民参与政府绩效评估的途径、方法、内容和机制，使公民参与政府绩效评估合法、有序。另一方面，对妨碍公民参与政府绩效评估的行为依法予以纠正，对故意阻碍和破坏公民参与政府绩效评估的机关及个人，依法予以惩处。通过法治化建设，保证政府绩效评估结果的真实性、权威性，为公民参与行政问责提供客观的依据。①

（四）健全公民参与行政问责激励机制

公民参与行政问责有利于监督政府的行政行为，促进政府及其公务员依法履行职责，也有利于维护公共利益和公民的合法权益。但是，毋庸讳言，公民参与行政问责的主要目的还是维护私权，当公共利益受到侵害时，公民能否积极参与行政问责就面临考验。例如，面对日益严重的环境污染、国有资产流失等问题，多数人持一种"搭便车"心理。因此，健全公民参与行政问责激励机制实属必要。

在行政问责过程中，国家应当通过多种方式调动公民参与问责的积极性。对于参与行政问责表现突出的公民，可以予以物质奖励。例如，对于举报政府官员贪腐、渎职的举报人、行政公益诉讼人等可以发放奖金。在美国，《吹哨人保护法案》规定，如果举报人不仅提供举报信息，而且作为原告参与起诉，举报人可以分到赔偿额的

---

① 孙国良：《我国公民参与行政问责的路径研究》，硕士学位论文，河南大学，2010年，第38—39页。

15%—25%；若是举报人独立调查、起诉，可以分到赔偿额的 25%—30%。美国通过这种高物质奖励的办法激励公民参与问责，达到全面监督政府及其官员的目的，最终维护公共利益。在我国，一些地方也通过设立物质奖励的办法，鼓励公民积极参与行政问责，监督行政机关及其公务员的工作作风。例如，2009 年 5 月，广东省廉江县设立重奖，鼓励市民举报行政机关的"闲懒散"等不良工作作风，举报公民最高可获得 1 万元的奖励。① 湖南省人民检察院 2009 年 6 月 22 日表示，对于公民举报官员贪污贿赂、渎职侵权犯罪案件，检察机关将予以重金奖励，一般按照举报所涉事实追缴赃款的 10% 以内发放奖金，数额高达 20 万元人民币甚至更多。② 可见，通过物质奖励的方式激励公民积极参与行政问责，不失为高明之举。

当然，健全公民参与行政问责激励机制应当多管并举，既需要物质激励，也需要精神奖励。笔者认为，物质激励与精神奖励应当二者并重，且应当以精神奖励为主。对于参与行政问责表现突出的公民或公民组织，有关部门应当以表彰、嘉奖、授予荣誉称号等方式进行褒奖，广为宣传，激励更多的公民积极、主动地参与行政问责活动。

四　畅通公民参与行政问责的渠道

当前，我国公民参与行政问责的渠道可谓不少，如信访、举报、新闻媒体监督等。在行政问责实践中，这些渠道也确实发挥了很大的作用。但是，现有的问责渠道还存在一些问题，需要加以改进。

（一）完善信访制度

针对我国信访工作存在的问题，应当着力从制度设计、人员素质、工作效率三个方面入手加以改进。首先，科学界定信访的地位，明确信访部门的职权和职责。目前，信访管辖的范围过宽，公民涉及

---

① 梁盛、郑基雄：《广州廉江重奖市民举报行政机关"闲懒散"》，http：//www. chinanews. com/gn/news/2009/05 – 12/1687019，shtml。

② 刘双双：《湖南检方称举报贪官奖一成赃款》，《楚天都市报》2009 年 6 月 23 日。

的几乎所有问题、矛盾都可以到信访部门上访，信访部门变成了"么都管""不管部"。对此，应当依法厘清信访部门的职责和权限。同时，信访部门有必要设立统一的协调机构，促进公民上访诉求的落实，改变当前信访部门有责无权、权轻责重的问题。其次，加强信访队伍建设，切实提高工作人员的素质。要不断提高信访工作人员的政治素质、文化素质、法律素养，接访人员还应具备相应的专业知识。政府人事管理部门应定期对接访工作人员进行培训、监督和考核，提高接访人员履行职责的素质和能力，为做好信访工作提供强有力的人力支撑。最后，健全责任考核制度，提高信访工作的效率。信访部门应当坚持"以人为本"的思想，强化责任意识，真正做到"想群众之所想，急群众之所急"，帮助群众及时解决问题。坚决克服信访工作中存在的政治色彩浓厚、责任不清、效率低下的弊端，通过指标考核、责任到人等方式提高信访工作的实效。

（二）完善举报制度

作为公民参与行政问责的重要途径，举报往往能够产生参与比较直接、见效比较迅速的效果。但是，我国的举报制度还存在不少问题，影响了其作用的发挥。笔者认为，应当尽快完善举报制度的整体设计，结合实践中反映出的问题，查漏补缺，力求完美。要在细节上做文章，将法律规范尽可能细化，增强可操作性。以举报人人身安全保障为例，我国有多项法律都明确规定保护举报人，但举报人受到打击报复的事件仍时有发生，其重要原因之一就在于现有的规定过于原则，不宜操作，难以起到保护举报人的作用。同时，要强化责任追究制度，对于玩忽职守、造成举报人信息泄露的工作人员，依法追究法律责任。对于恶意暴露举报人甚至将举报人信息泄露给被举报人，导致举报人受到打击报复的工作人员，应当依法予以严惩。

（三）规范听证制度

近年来，我国的听证制度雏形已具，应用也越来越广。但是，听证制度存在的问题也不断暴露，亟须规范。首先，规范听证程序，以统一的程序保障公民的听证权利。我国虽然建立了听证制度，但是，至今没有统一的具体听证程序，听证会的举办方往往是凭自己的理解举行听证会，表现出了极大的随意性。其次，规范听证代表的遴选。要向社会公开遴选的程序、遴选的标准、遴选的结果，增强遴选的公开性、透明度，确保遴选出的听证代表能够被公众认可。再次，确保听证过程中听证代表与举办方信息对称。要保证听证代表有足够的时间了解和掌握与听证内容有关的信息，对于某些特定行业的听证会，要确保有专家代表参与听证。因为，对于这类听证会，无专业背景的公民很难在短时间内理解听证会要讨论的问题，更不可能发表有说服力的见解。最后，完善听证代表意见的回应制度。不论听证代表的意见最终有没有被采纳，都要公开做出回应，说明采纳或不采纳的理由。

（四）健全民意调查制度

民意调查制度历来为我国党和政府所重视，但是，由于诸多因素的影响，我国的民意调查制度还不完善，应当从以下两个方面着力解决问题：首先，制定、完善民意调查的相关法律规定，确保政府在进行重大决策前务必开展民意调查，了解公民的态度和观点，使政府的决策建立在深入了解民情的基础上，充分反映民意，满足人民需要。其次，建立健全民意调查网络，扶持和引导各类民意调查组织发展壮大。完善的民意调查制度不仅需要健全的法律规定，也需要掌握科学调查方法和调查技术的各类民意调查专业组织。要保证民意调查结果的科学性、权威性，必须有一大批高水平的民意调查专业组织做支撑。

（五）充分发挥传媒的作用

传媒在西方被认为是立法、行政、司法之外的"第四种权力"，其独立性较强。国外传媒对政府的监督力度很大，它们往往高度关注政府及其官员的活动，一旦发现问题则穷追不舍，使责任人很难逃脱。多年来，我国的传媒一直被视为"官媒"，传媒的宣传多数是因应官方需要的被动宣传，限制了传媒对政府行为的监督，其信息平台的作用也不明显。要充分发挥传媒的作用，必须强化传媒的监督功能和信息平台功能。诚如芬兰拉普兰大学教授特尔图·乌特里阿伦所言："对待腐败行为，新闻媒体的工作是到处打听并大喊大叫。对于一位未被点名的公共官员来说，最令人担心的莫过于他的名字出现在报纸或电视上，而又同腐败有关联。这样的媒体存在本身就是对腐败的一种威慑。"① 改革开放以来，我国传媒监督的实践也证明了这一点。随着我国社会主义市场经济体制的确立和社会主义民主政治的推进，特别是近年来网络传媒的异军突起，传媒对政府行为的监督作用日渐凸显，其信息平台的作用也显著增强。

要充分发挥传媒的作用，传媒行业本身应当加强自律。要大力进行职业道德建设，提高从业人员的职业素养，并且利用自身优势向社会公众普及、宣传传媒业的职业道德，对社会公众进行媒介素养教育，使公众和传媒之间实现良性互动，充分发挥传媒的舆论监督作用。同时，还需要政府给传媒一个宽松的舆论氛围，使传媒在促进公民参与监督政府方面发挥更大的作用。②

五　积极培育我国的公民社会

培育和壮大我国的公民社会，通过公民社会引导、组织公民理性、有序地参与行政问责，监督政府的行为，对于构建政府与公民之间的和谐关系具有重要意义。由于我国的公民社会建设起步较晚，与西方发达国家的成熟公民社会相比，差距还很大。为此，基于我国的实际，应从以下几个方面积极培育我国的公民社会。

首先，优化公民社会成长所需的良好社会环境。在我国，公民社会的发展以市场经济为依托和载体，培育和壮大我国的公民社会，必须大力发展社会主义市场经济，为公民社会的发展奠定坚实的基础。这就要求我国政府必须切实转变职能，不断适应市场经济发展的新要求。政府只有在权力和空间上都对社会和市场做出让渡，合理定位政府与市场、政府与社会以及政府与公民的关系，市场经济才有发展的

---

① 王瑜：《国外舆论监督与反腐举措》，《中国监察》2004 年第 19 期。

② 李伟：《我国行政问责中的公民参与研究》，硕士学位论文，河南大学，2011 年，第 34—36 页。

空间，公民社会才有成长的土壤。与西方国家市场经济的发展不同，我国的社会主义市场经济脱胎于计划经济，公民缺乏独立的个人意识、主体意识、平等的契约精神。因此，政府在引导市场经济发展的过程中，应当注重培育公民的主体意识。

其次，建立健全非政府组织法律制度。当前，我国关于非政府组织的法律法规比较缺乏，仅有几部位阶较低的法规、条例，且这些法规、条例之间缺乏协调性，导致主管部门管理困难。现有的法律规定偏重于非政府组织登记程序，缺乏规范、引导非政府组织发展的可行性规定。另外，某些关于非政府组织的地方性法规缺乏稳定性和协调性，在执行过程中，随意性较大，效果不佳。因此，立法机关应当对现有的不合时宜的非政府组织管理法规进行全面的清理、修订和完善，尽快制定一部统一的关于非政府组织的法律文件，明确非政府组织的法律地位，为非政府组织的健康发展营造良好的法治环境。

再次，拓宽非政府组织经费来源，保证其独立性。目前，我国非政府组织的资金来源比较单一，主要来自政府公共财政以及挂靠单位。这种局面客观上影响了我国非政府组织的独立性，导致非政府组织逐渐沦为政府的附庸，处境非常尴尬。在西方国家，非政府组织具有较强的独立性，其重要原因就在于非政府组织并不过分依赖政府，其资金来源多元化，包括公共财政拨款、企业捐助以及个人捐助等。我国可以借鉴国际先进经验，拓宽、均衡非政府组织的资金来源，既能为国家减轻财政负担，又能增强非政府组织的独立性，最终使非政府组织的发展不受制于人，以充分发挥非政府组织的社会作用。

最后，加强非政府组织自律和他律建设。当前，一些非政府组织内部管理水平低下，人员素质不高，行政色彩较浓，服务职能缺失，社会贡献率较低，自我运行不畅等问题，严重影响了其自身发展。[①] 要改变这种现状，非政府组织必须完善自律机制，健全内部管理制度，提高组成人员素质。通过自律，既能弥补政府管理存在的缺陷，又能完善非政

---

① 张兆林：《非物质文化遗产领域的行业协会研究》，《美术观察》2015 年第 4 期。

府组织自我约束、自我发展的自律性运作体系，提高专业服务水平。在加强自律建设的同时，非政府组织还应注重他律，积极接受外部组织的审计和监督。只有顺利通过了外部监督，非政府组织才能获得社会的信任和支持，从而更好地开展专业工作。只有注重自身建设，苦练内功，不断增强和完善自身发展能力，非政府组织才有可能独立自主地健康发展。

第五章

域外行政问责制度与实践

行政问责制度源于西方，西方国家的行政问责制度经历了一个漫长的历史发展过程。考察西方国家及我国港澳台地区（以下统称"域外"）的行政问责制度与实践，会发现其制度建设比较完善，实践效果比较好。

从问责的范围来看，行政问责一般涵盖政府系统的各级各类官员，覆盖面比较广泛。西方国家的官员主要分为两类：一类是"候鸟官员"，另一类是政府中的"常驻官员"。前者和"政党共进退"，政党在选举中获胜，他们就做官，否则，他们便离开官场；后者大都是专业技术人员，他们没有义务对任何政党"从一而终"。从西方国家行政问责的实践来看，问责对象既包括"候鸟官员"，也包括"常驻官员"，各级各类官员的个人行为和业绩都受到监督，他们必须为自己的言行举止、工作方法和效果负责，自觉接受问责机关和选民的评判，甚至是罢免和起诉。

从问责的主体来看，呈现一种多元化态势，作为同体问责主体的各级各类行政机关问责到位、工作高效；同时，作为异体问责主体的国家权力机关、司法机关、社会公众也表现得非常活跃，对于减少行政权力膨胀带来的腐败，保障政府职能的高效和社会的稳定，发挥了积极作用。

第一节　西方国家的同体行政问责

在西方国家，同体行政问责历史悠久，相关制度较为发达。尽管西方国家国别不同、国情有别，但从主要发达国家的实践来看，同体行政问责主要涉及两大领域：行政机关内部问责；公务员问责。

一　行政机关内部问责

（一）美国的行政机关内部问责

在美国，行政机关内部问责机构健全，制度完善。有权对政府官员进行内部问责的主体包括总统、政府道德办公室、监察长办公室以及功绩制保护委员会等。它们的问责权限不同，问责重点也不一样。

1. 总统问责

在美国，立法权、司法权、行政权各自独立，又相互制衡。政府并不对国会负责，总统只向全体国民负政治上的责任。为了增强各级官员的政治回应力和责任心，作为政府首脑，总统有权要求行政部门的主管官员提出有关他们职务的任何事件的书面意见，并有权任命和罢免政府官员。也就是说，美国总统有权对各级政府官员行使职责的情况进行监督、问责，总统问责已经成为美国行政机关内部问责的重要形式之一，力度非常强大。

以1935年汗弗莱执行人诉美国政府案为例，最高法院在该案裁决中明确了两点：一是总统有权根据无效率、玩忽职守和违法乱纪的理由免除独立管制委员会委员的职务；二是总统不得以政治的理由和其他理由随意把独立管制委员会的委员免职。该案表明，总统拥有行政机关内部问责的重要权力，总统问责是监督行政官员、提高行政效能的重要手段。

2. 政府道德办公室问责

政府道德办公室系美国政府内部专门的问责机构之一，它是根据1978年《联邦从政道德法》成立的。政府道德办公室的主要职能是确保《联邦从政道德法》在官员的日常工作中得以执行。该机构依法负有一系列行政问责的职责，包括审查联邦高级官员的个人财产申报、纠正官员的不正当行政行为、依法解决政府官员在工作中出现的"利益冲突"等，在行政问责领域发挥了重要作用。

1989 年，《联邦从政道德法》修订为《道德改革法》，政府道德办公室的地位和职责也随之发生了变化。为了更加独立、更加有效地推进廉政建设，政府道德办公室从联邦人事管理总署中分离出来，成为政府的独立机构。与联邦政府的其他机构相比，政府道德办公室规模较小，只有区区 80 人。但是，该机构级别很高，其办公室主任由总统提名、参议院批准、总统任命，任期 5 年，保持政治中立。

调整后的政府道德办公室依然负有行政问责的重要职责，但与调整前相比，其内容发生了一系列变化。该机构的主要职责包括：负责制定行政系统的伦理标准（最低标准）与伦理政策；与各部门合作制订适合部门特点的伦理标准与廉政计划（各部门都有自己的道德办公室）；审阅政治任命官员的财产公开申报表（四个内设机构中有两个机构从事这项工作）；提供相关咨询与培训。政府道德办公室不再负责纠正官员的不正当行政行为、解决政府官员工作中的"利益冲突"，而是以制定伦理规则为主要任务，扮演"顾问角色"。行政问责案件的具体处理，包括调查和执法，由监察长办公室、司法部等其他部门负责。

3. 监察长办公室问责

1978 年，美国制定、通过了《监察长法》。该法的立法目的非常明确，就是调查和预防行政机关内部官员、承包商和担保人有关欺诈、浪费、滥用职权及其他违法违纪行为。《监察长法》授权在各行政机关内部设立监察长办公室，监察长由总统提名、参议院批准、总统任命，监察长同时向行政机关首长与国会负责，每半年向国会汇报一次工作。作为美国政府内部专门的问责机构，监察长办公室有权监督各行政部门日常的行政工作，并依法享有独立的调查权。《监察长法》授予监察长发出调查传票和其他独立的调查权。

在实际的监督、问责过程中，监察长办公室主要负有三项职责：一是制订审计计划；二是跟踪审计计划，如审计处发现有舞弊及违法之处，则交给调查处；三是受理举报，监察长与联邦调查局、国会责任总署紧密合作受理民众对官员的举报。其中，第二项工作"跟踪审计计划"较为复杂，需要根据案件情况分类处理：监察长通过审计和调查，可以向行政首长提交改进建议；将涉嫌触犯行政纪律官员的案件转给行政首长处理；如认为其行为触犯了刑律，便把案件转交给司法部或联邦调查局；对于重大案件，监察长有权及时向国会、总统提交报告。

4. 功绩制保护委员会问责

功绩制保护委员会是根据 1978 年《公务员改革法》设立的，系美国政府内部专门问责机构之一。该机构依法承担的行政问责职责主要通过其内部的特别法律顾问办公室加以落实。为更好地保护举报人，《公务员改革法》扩大了功绩制保护委员会内特别法律顾问办公室的权力，该机构有权接受举报者的申诉，负责调查及诉讼。

1989 年，美国《检举者保护法》进一步提升了特别法律顾问办公室的地位，将其确定为联邦政府的独立机构。特别法律顾问办公室除负责调查联邦雇员违反参与政治活动限制规定的案件外，主要职能是保护联邦职员特别是检举人免受非法报复。根据《检举者保护法》，雇员可以向特别法律顾问办公室提供政府部门违反任何法律、规定或条例、管理极度不善、大量浪费资金、滥用权力或对公共健康与安全构成实质性或特定危险的证据，而无须害怕打击报复，除非本人同意，可以不暴露身份。该法对于违法者的责任追究包括：开除、降级、停职（1—11 天）、谴责、禁止到联邦政府工作 5 年、民事罚款（最高 1100 美元）等。①

（二）英国的行政机关内部问责

在英国，行政机关分为中央行政机关和地方行政机关。中央行政机关即内阁，它是英国最高行政决策机关和政府活动的领导核心，其权力主要不是来自制定法，而是《宪法》惯例。地方行政机关由选举产生，故也被称为"地方自治机关"。地方行政机关由地方居民选举产生，负责管理法律规定属于某一地方的行政事务，具有独立的法

---

① 韩志明：《中国问责：十年风雨路》，新华出版社 2013 年版，第 283 页。

律地位。

英国的行政机关内部问责主要包括两部分：部长监督问责；行政裁判所监督问责。

1. 部长监督问责

在英国，部长是行政机关内部问责的具体实施者和主要负责人。行政相对人认为其权利受到行政机关不法或不当行为侵害时，有权直接向部长申诉，请求部长干预。当然，行政相对人向部长请求干预是有限制条件的：一是限于针对地方政府的行为；二是必须有法律明文规定。

在英国，法律赋予部长的行政问责权力较为全面。部长在审查地方政府的行政行为时，既可以审查行政行为的事实问题，也可以审查行政行为的法律问题；既可以进行合法性审查，也可以进行合理性审查。行政问责权力的完整性保障了部长监督问责的落实与高效。

2. 行政裁判所监督问责

英国的行政裁判所是根据法律规定设立的、解决行政上的争端以及发生在公民之间的某些和政策有关的争端的专门裁判组织。该组织独立于普通法院系统，其性质属于行政司法机关。在英国，行政裁判所数量众多，类型繁多，名称各异，如裁判所、委员会、局和专员等。行政裁判所主要通过解决行政争议的方式，纠正违法或不当的行政行为，实现其行政问责的职能。

在解决行政争议、监督行政机关的行政行为方面，行政裁判所具有普通法院无法企及的优势，主要表现在三方面：第一，专业性强。行政裁判人员具有处理行政争议所需要的专业知识和行政经验，这是普通法院法官所不具备的。第二，高效。行政裁判的程序相对比较简便，办案效率高，且费用低廉。第三，灵活。行政裁判所不必遵循先例，在适用法律方面比普通法院具有更大的灵活性。上述优势保证了行政裁判所有效地解决行政争议，有力地监督了行政机关。①

---

① 傅思明：《英国行政问责制》，《理论导报》2011 年第 4 期。

（三）法国的政府内部问责

法国政府的内部问责主要包括层级监督问责和专门监督机构的监督问责。

1. 层级监督问责

层级监督问责，即上级对下级的监督问责。层级监督问责的方式多样，如上级对下级以通报批评形式做出规定或指令，上级对下级行为、行动的批准、异议或矫正、撤销，上级对下级行为的核查、批准，上级对下级行为的替代等。在层级监督问责过程中，下级必须服从上级，上级对下级具有绝对的权威性。

2. 专门监督机构的监督问责

在法国，政府内部的专门监督机构类型众多，包括行政调解专员、财政监察专员、财政监察总局、内政监察总局、社会事务监察局以及反腐败斗争中央局等。[①] 其中，最具特色的是行政调解专员制度。

法国的行政调解专员制度设立于 20 世纪 70 年代，主要参照北欧国家的议会行政监察专员制度。在法国，行政调解专员由部长委员会任命，具有相对的独立性，其职权可以涉及中央和地方各部门的职能，对这些政府机构的活动都可以行使监督权。与行政法院对政府的监督相比，行政调解专员依法享有的监督权力更大，行政法院只对政府的行为是否合法进行干涉，而行政调解专员还可以监督政府行为的适当性，并可以对政府的行为提出改进建议。

在实际工作中，行政调解专员并不直接接触有冤屈的公民。因此，因不良行政受害的公民必须通过议员向行政调解专员提交控告书。行政调解专员有权利用各种不同的方法调查法国的行政部门，有权要求有关部门提交所需要的各种文件材料。在调查后，行政调解专员可以提出相关的建议，如果有关部门不执行其建议，行政调解专员可以采取制裁性措施，确保监督问责落到实处。

---

① 侯志山：《外国行政监督制度与著名的反腐机构》，北京大学出版社 2004 年版，第 67 页。

二　公务员问责

（一）英国的公务员问责

在英国，关于公职人员管理的法律制度较为完善，对公职人员的要求也非常高。社会各界普遍认为，公职人员掌握一定的公权力，承担的工作具有一定的特殊性，对公职人员应当维持高标准的个人行为准则和执行公务时的高度正直。因此，公职人员不仅要遵守国家颁布的有关官员风纪的各种法规，而且要自觉遵守不成文的"荣誉法典"。如果公职人员出现违法失职或有损政府形象的行为，则应当依法对其进行问责，以示惩戒。

《英国文官法》是英国公务员管理领域的重要法律文件。该法对公务员违法失职或有损政府形象、应受惩处的行为进行了列举，主要有 10 种，即不合格、不诚实、不请假而缺勤、不服从命令、破产、赌博、泄露情报、重大失误、违反纪律等。[1] 根据该法的规定，公务员如果违反纪律，犯有过失，有上列行为之一，负责管理各级文官的常务次官可以以口头或书面的方式单独或当众予以警告、申诫，并报大臣处以停止或延期晋升、停职或撤职等处分。

（二）法国的公务员问责

在法国，公务员执行职务过程中应当遵循的义务被称为公务员的"职务义务"，这种义务属于法定义务，公务员必须履行。公务员问责即对那些不履行职务义务的公务员做出的惩戒和制裁。公务员问责也被称为"纪律处分"。

根据法国 1983 年《国家和地方公务员一般地位法》，公务员必须履行的职务义务主要包括：执行职务的义务；廉洁奉公的义务；服从上级命令的义务；遵守法律义务；中立义务；保守秘密义务；保持良好品格义务等。公务员在公务执行中或与公务执行有关的情况中所犯的任何违法行为，均应受纪律处分。纪律处分已经成为强制公务员履

---

[1]　傅思明：《英国行政问责制》，《理论导报》2011 年第 4 期。

行职务义务的重要手段。①

根据法国在 1984 年通过的《法国国家公务员章程》第 63 条和《地方公务员地位法》第 89 条的规定，对公务员的纪律处分分为四类：第一类，警告和申诫；第二类，从晋升人员名单中取消其晋升资格、降级、不超过 15 天的临时解除职务、调职；第三类，降职、临时解除职务 3 个月至 2 年；第四类，强制退休和撤职（撤职又分为两种：撤职但保留领取退休金权利；撤职并停止领取退休金权利）。当公务员不履行职务义务时，行政主管长官有权根据案件的实际情况，在法律规定的上述制裁手段中酌情使用惩戒措施，但要咨询对等委员会的意见和受到行政法院的监督。

（三）日本的公务员问责

在日本，有关公务员管理的法律文件主要有《国家公务员法》《地方公务员法》《国家公务员伦理法》。根据上述法律规定，公务员在工作中不能很好地履行职责，违反规定，造成过失，影响政府声誉和行政效率，均应受到问责。在具体的制度设计上，根据公务员在履行职责时执行公务不力和违反纪律、造成工作过失的不同情况，日本又将公务员问责分为"分限处分"和"惩戒"两大类型。

分限处分是对工作虽无过失但因某种原因不能充分履行职务者的处分。根据轻重程度，分限处分可以分为降薪、降职、休职和免职四种类型。休职是保留其职务，但在一定时期内不得从事该项工作。法律规定，符合下列情况之一者，必须休职：身体健康状况不佳，需要长期休养；不论犯罪与否，在刑事案件中被起诉；长期外出学习或进修，发生不可预料的情况，如车祸、劫机或遭遇其他自然灾害而生死不明。免职即免除职务，同时丧失公务员身份。法律规定，符合下列情况之一者，必须降职或免职：人事任免机关依据职员勤务评定结果，认定其工作平庸，成绩不佳；因健康原因不能正常履行职务；无论有无正当理由，经常迟到或旷工；缺少必要的知识和能力不胜任工

---

① 韩志明：《中国问责：十年风雨路》，新华出版社 2013 年版，第 289 页。

作，并且在短期内又无法提高；客观环境变化，如行政改革、撤销机构、缩减编制等。

惩戒是对违法或造成工作过失的公务员予以责任追究而采取的一种处罚措施。公务员违反法律和命令，不履行公务员职责，消极怠工或从事与其身份不符的活动，均应受到惩戒。根据日本《国家公务员法》和《地方公务员法》的相关规定，惩戒依情节轻重分为四种情况：一是警告，对违反义务的公务员提出告诫，公务员在告诫期间不得加薪。二是减薪，按一定比例减发薪俸，一般以月薪的 1/5 为限，时间最长不超过一年。惩戒期过后恢复原薪。三是停职，保留公务员身份但不执行职务，停职时间由 1 天到 1 年不等，在此期间不发工资。四是免职，使其失去公务员身份。受惩戒免职处分者不享受退职津贴，退职年金减半发给。同时，两年内不能进入公务员队伍。从程序来看，日本的公务员惩戒程序较为灵活，主要包括五个环节：进行惩戒分析；作惩戒处分决定；下达惩戒文书；个人有权请求审查；人事院受理复查。如果人事院经过复查认为处分不当时，有权撤销处分，恢复职员权利，并指示原处分实施机关补发职员因受处分而少发的工资。①

日本《国家公务员伦理法》进一步明确了一般职务公务员需遵守的伦理原则。这些原则包括：公务员作为全体国民的服务者，需公正地执行职务，不得只为部分人员提供便利；不得将私利置于公共利益之上；不得通过行使权限获得经济利益等。《国家公务员伦理法》还对公务员的不良行为做出了明确、具体的规定，很大程度上弥补了《国家公务员法》之不足。按照《国家公务员伦理法》和《国家公务员伦理规程》的规定，日本国家公务员的不良行为被分门别类，明确列举，在执行中很容易对号入座，从而提高了法律的可操作性。如，从利害关系人那里接受的招待具体包括：从利害关系人那里接受无偿的服务；接受游玩或打高尔夫球的招待；接受国内旅游的招待或接受

① 姜海如：《中外公务员制度比较》，商务印书馆 2003 年版，第 226—227 页。

海外旅游的招待；同利害关系人一同饮酒作乐等。从利害关系人那里接受金钱或物品的赠送行为具体包括：从利害关系人那里接受不动产的赠送行为；接受借款或无偿借贷；接受无偿借贷不动产的行为；接受未公开发行的股票的转让等。

第二节　西方国家的异体行政问责

行政问责的本质是特定的国家机关及社会组织依照一定权限和程序对没有履行好责任的行政权力主体进行责任追究，问责主体具有广泛性，既包括上级行政机关，又包括国家权力机关、司法机关、社会公众等。西方国家特别是发达国家，在重视同体行政问责的同时，也非常重视异体行政问责。西方国家的异体行政问责包括议会问责、司法问责、公民问责等多种形式，问责成绩斐然。

一　议会问责

议会问责是指，作为国家权力机关的议会对行政机关及其工作人员依法实施监督，对违法或不当的行政行为依法追究责任的制度。

（一）美国的国会问责

美国实行代议制度，统治者对被统治者负责，实际上表现为非民选的官员对民选的官员负责。国会是代议机构，国会对政府及其官员的监督与制约一直是美国宪政民主的内在制度安排。其中，弹劾、调查是美国国会问责的两大法宝。

1. 弹劾

1787年，《美利坚合众国宪法》确立了弹劾制度。其要点有四：（1）弹劾案应由众议院提出。（2）弹劾案应由参议院审理。审理弹劾案时，全体参议员应宣誓或作代誓之宣言。美国总统被弹劾而审理时，应由最高法院院长为主席。无论何人，非经出席参议员2/3同意，不能判处惩罚。（3）弹劾权行使之对象为总统、副总统及联邦政府各级官员。（4）弹劾之事由为叛国罪、行贿或贪污罪或其他重罪或行为不检之罪，但以免职或剥夺美国尊荣为限。

依据美国《宪法》，国会拥有弹劾权。弹劾对象包括总统、副总统、联邦最高法院法官等合众国的所有文职官员，但不包括选举产生的参、众两院议员。弹劾的法律程序如下：对于有犯罪嫌疑的联邦官员，首先由国会组成调查委员会进行调查，如果弹劾理由成立，报众议院审议；众议院通过后提出书面起诉，交参议院审判；参议院以出席议员的2/3多数通过弹劾案，如果弹劾对象被认定为有罪，则移交普通司法机关处以刑罚。①

长期以来，尽管存在某些争议，美国的弹劾制度一直在美国政治生活中发挥着重要作用。从弹劾制度确立至今，一系列弹劾案例，如总统约翰逊弹劾案、总统克林顿弹劾案，充实了美国弹劾制度的内容，使弹劾制度逐步成为较为完善的宪政制度。

2. 调查

在美国，国会拥有调查权，对政府的一切活动可以进行调查。国会设有政府责任办公室，帮助国会调查联邦政府部门的工作表现，预算经费的去向，政府项目是否达到了预期的目标，是否向公众提供了良好的服务等。该机构还对政府的政策和项目情况进行评估和审计，对其违法或不当行为的指控进行调查，并提出法律决定和建议。

与其他国家相比，美国国会在行使调查权方面卓有成效。19世纪美国的大多数国会调查是针对行政机关的。② 自1972年以来，美国国会调查多达几百起，其中最有名的调查是参议院水门委员会对"水门事件"的调查，最终导致尼克松总统在一片弹劾声中宣布辞职。国会调查的另一个著名案例是美国"9·11"事件独立调查案。为了对"9·11"事件进行相关责任调查，美国国会于2002年年底专门成立了"9·11"事件独立调查委员会，负责对"9·11"前后美国的外

---

① 陈党：《问责法律制度研究》，知识产权出版社2008年版，第82页。

② ［美］杜鲁门：《政治过程——政治利益与公共舆论》，陈尧译，天津人民出版社2005年版，第414页。

交、情报、移民、商业飞行以及恐怖组织资金流动等方面进行调查，并对布什政府和前克林顿政府的主要官员包括国家安全助理进行质询，主要内容是澄清日前有关两届政府都存在忽视"基地"威胁，得到情报后没有及时采取军事行动，以致外交和军事双失败，从而导致"9·11"惨剧发生的情况。与国会调查密切联系在一起的是国会听证。20世纪60年代，美国国会两院每两年进行的监督听证会的时间总计是157天，到了20世纪80年代早期，这个数字翻了两倍多，达到587天。①

（二）德国的议会问责

德国是一个联邦制国家，联邦议会由联邦议院和联邦参议院组成。联邦议会对政府问责的方式主要有弹劾、质询、调查等。

1. 弹劾

德国的弹劾对象仅限于总统。根据1949年的《德意志联邦共和国基本法》，联邦总统为礼仪性的国家元首，不完全拥有决策权，在其发布规定或指令时，必须经过联邦总理或主管部长签署才能生效。因此，总统实际上不负政治责任。如果认为总统有蓄意侵害联邦基本法或其他法律的行为，无论是联邦议院，还是联邦参议院，都有权向联邦《宪法》法院提起对总统的弹劾案。

在德国，议会两院1/4以上议员均可提出弹劾案，并由本院中的2/3多数通过。在做出决定的一个月内，应当制作弹劾状，由联邦议院议长或联邦参议院议长提交到联邦《宪法》法院。《宪法》法院受理弹劾案之后，紧急命令总统不得执行其职务，然后按下列程序进行审理：（1）预审程序。按照《联邦宪法法院法》，弹劾案首先由第一庭进行预审，然后移送第二庭继续审理。（2）言辞辩论程序。在审理时，先由双方当事人进行陈述和申辩，法庭再进行调查，最后分别听取申请机关代理人对弹劾的申请和总统的辩护。（3）判决。《宪

---

① ［美］詹姆斯·麦格雷戈·伯恩斯等：《民治政府——美国政府与政治》，吴爱明等译，中国人民大学出版社2007年版，第418—423页。

法》法院在其判决中应当确认总统是否故意违反基本法或联邦的其他法律，是否应当承担责任。（4）判决书的送达。《宪法》法院判决之后，应将判决书及判决理由送达联邦议院、联邦参议院及联邦政府。①

2. 质询

德国联邦议院的质询分为三种形式：大质询、小质询和议员个人质询。大质询即议会党团的质询，由联邦议院至少 5% 的议员、议会党团或议会集团以书面形式提出，主要涉及政府的一般性政策问题或重大事件。小质询也是一种议会党团质询，涉及的主要是政府的具体工作问题。议员个人质询是对一般现时热门话题交换意见的形式。②

3. 调查

在当代德国，应 1/4 议员的请求，联邦议院可以成立调查委员会。调查委员会的调查听证公开进行，只有经过多数成员的决定，才能转为秘密会议。为了保证调查工作的顺利进行，调查委员会可以传唤证人、收集证据、索要文件，有关个人和部门必须配合工作，否则可能受到调查委员会的制裁以至法院的刑事追究。调查结束，调查委员会向联邦议院报告调查结果，由联邦议院考虑是否在报告的基础上采取进一步行动。

（三）英国的议会问责

英国实行的是议会内阁制，国家元首是虚权元首，不负实际责任，政府首脑在形式上由国家元首任免，但政府首脑才负实际的行政责任，议会可以通过对政府的不信任案而迫使内阁辞职。

在英国，内阁承担责任的主要形式是辞职，实行的是集体责任和大臣个人负责相结合的体制。如果内阁总的政策及政府各部的政策失去了下议院的支持，内阁则应当集体辞职；内阁大臣必须就他领导的部门的工作向下议院负责，并以辞职等方式承担过失责任。③ 在英国，

① 陈党：《问责法律制度研究》，知识产权出版社 2008 年版，第 85 页。
② 甘超英：《德国联邦议院的监督机制》，《山东人大工作》2003 年第 2 期。
③ 傅思明：《英国行政问责制》，《理论导报》2011 年第 4 期。

当行政机关及其官员违法行使职权时，议会主要通过质询、不信任投票、调查等方式追究其相关责任。

1. 质询

质询作为一种问责方式，在 18 世纪由英国议会首创，英国首相与大臣要回答议员的口头和书面质询。根据英国《宪法》，下议院可以对个别大臣进行质询，就有关行政措施要求获得口头或书面的答复。大臣作为部门的政治领导者，必须对所有行动和失职行为做出答复，对其行政过失或失职所造成的后果承担责任。例如，2002 年，英国教育和技能大臣埃丝特尔·莫里斯就因为中学升学体制和教师审查制度等问题而辞职。

相比之下，对首相的质询则要复杂一些，相关制度安排先后进行了多次调整。1960 年以前，对首相的质询并不优先于对其他大臣的质询，这就意味着首相常常没有被点名回答口头质询。为填补这个严重漏洞，经平民院特设程序委员会建议，从 1960 年起，平民院全院大会每周二和周四各安排 15 分钟，专供议员口头质询首相。到梅杰政府为止，首相定于每周二、周四下午 15：15—15：30 在平民院全院大会厅口头回答质询。布莱尔任首相后，改为每周三下午 14：15—15：40 回答质询。

进入 20 世纪后，为适应政府职能不断增加的新形势，英国议会下议院设立了与政府工作相对应的 14 个专门委员会，负责对政府的对口监督。在下议院开会时，这些委员会分别就政府的内政和外交问题向有关政府官员提出质询，揭露政府工作中存在的问题，督促有关部门加以改善。

2. 不信任投票

不信任投票是指议会以投票表决的方式对内阁的施政方针或阁员、部长的行政行为表示信任与否的活动。该问责方式的前身为英国的弹劾制度。弹劾制度起源于英国。1342 年，英国国王爱德华三世在议会的压力下颁布敕令，宣布上院有权控告和审判国王的高级官吏。1376 年英国下院对英王的御衣总管提出控告，开创了弹劾的先例。1701 年，英国的《王位继承法》确认了弹劾制度。随着英国内阁责任制理论的发展和司法权的独立，弹劾程序在实践中显得过于烦琐，英国议会从 1864 年起废弃这种问责方式，代之以不信任投票程序。① 根据英国《宪法》惯例，如果议会通过对内阁的不信任投票或者否决政府的重要法案（如财政法案），内阁必须总辞职。

在英国，引发议会动用不信任投票的主要原因有两个：一是内阁的施政纲领、方针政策或某项重大行政行为违背《宪法》和法律，议会通过不信任投票予以纠正，使之符合《宪法》和法律。二是内阁成员有严重的违法失职行为。由于英国内阁实行的是连带责任制，内阁某个成员自身的严重违法失职行为会导致内阁总辞职。因此，不信任投票既针对内阁，又针对内阁的阁员、部长，最终的责任承担者是内阁集体。不信任投票的结果直接决定内阁的存续，对于内阁而言是一种相当严厉的问责措施。

3. 调查

在英国，议会为了了解和确认某种事实，可以组织专门机构对政府进行调查，这种调查在英国政治生活中司空见惯，而且由来已久。英国议会平民院早在 16 世纪就主张议会有调查权，并且很快就运用这种权力调查行政官员实施法律和使用议会拨款的情况。

当代英国议会对自己如何使用调查权进一步予以规范。在平民院的两级议事单位中，由委员会行使调查权，全院大会一般只行使质询权。平民院的委员会又分为负责审议法案的常任委员会和负责监督的特设委员会，常任委员会原则上都没有调查权，不能举行听证会，而特设委员会一般都享有调查权，可以举行听证会。自 1980 年以来，平民院规定可以设立"特别常任委员会"审议法案。这种委员会的特别之处在于它被赋予调查权，可以亲自调查审议某项法案所需要了解的情况，而后再对该法案予以审议。②

---

① 杨曙光：《英国议会的监督制度》，《人大研究》2005 年第 7 期。
② 蒋劲松：《责任政府新论》，社会科学文献出版社 2005 年版，第 345—352 页。

英国议会的调查主要针对政府官员在执行政策过程中表现出来的渎职、无能、腐化堕落等行为。被调查人享有充分的陈述权、辩论权，有权说明相关的情况和理由。目前，议会的调查程序更具有司法性，调查机构在调查时已越来越多地采取司法手段。一般性的调查往往采取视察、考察、走访等多种方式，没有严格的程序。专门调查或特别调查包括国政调查、听证调查和特别委员会调查等，其适用范围可能涉及政府要员、法院法官的某些违法行为。调查中如发现触及刑法的事项，则将引起刑事责任的追究。

（四）法国的议会问责

在法国，议会主要通过弹劾、调查、不信任案表决、质询等方式问责政府。

1. 弹劾

法国 1791 年《宪法》使弹劾制度首次出现于欧洲。法国第一起成功的弹劾是 1830 年对国王卡尔十世的大臣波立格那克的弹劾。

根据法国《宪法》的规定，国会有权对犯有叛国罪或其他刑事罪行的总统或政府官员进行弹劾。在程序上，弹劾包括三个主要环节：弹劾案的提出；弹劾案的通过；弹劾案的审理。弹劾案首先由议会两院议员中的 1/10 签署提出，并以绝对多数通过。然后，由国民议会和参议院各自选出人数相等的议员组成的特别高等法院对弹劾案进行审理。特别高等法院选出一人担任主席，主持法院的审理工作。经特别高等法院审理后，被弹劾的官员被认为有罪的，除免除职务外，必须按照刑法追究刑事责任。

2. 调查

法国议会国民议院可以设立调查委员会，专门调查涉及政府的某个案件。法国议会国民议院的各委员会有权举行听证会，要求政府部长或其下属回答议员们在听证会上提出的问题。法国政府的部长们必须接受国民议院以听证会等形式进行的调查。

3. 不信任案表决

在法国，议会还可以通过不信任案表决对政府进行问责，其主要依据法国《宪法》第 49 条、第 50 条的规定。根据法国《宪法》，经内阁会议审议后，总理就政府的施政纲领或者必要时就一项总政策的声明，向国民议会承担政府责任。国民议会可以通过一项不信任案追究政府的责任。此项动议至少有国民议会议员 1/10 的人数签署才能受理。此项不信任案提出后经过 48 小时，才可以进行表决。只统计对不信任案的赞成票，不信任案只有获得组成国民议会的议员过半数票才能通过。当国民议会通过不信任案，或者表示不赞同政府的施政纲领或者总政策声明的时候，总理必须向共和国总统提出政府辞职。但如果政府认为他的纲领或政策并没有失信于民，他可以请求总统解散议会，重新进行大选。如果新选出的国民议会仍不同意政府的政策，那么总理必须总辞职。①

　　4. 质询

　　法国议会建立质询制度的时间晚于英国议会。法国七月王朝时期，议会获得了议案提出权，这才有可能建立质询制度。1830 年 11 月 5 日，议员毛鲦要求大臣就外交政策做出说明。议会决定于该月 13 日讨论外交政策，但讨论后没有形成决议。1831 年 1 月 27 和 28 日，毛鲦再度质询政府，并维护议员的质询权。七月王朝时期，共提出三次质询动议。第二共和国时期，国民议会经常性地运用质询权来批评政府。质询在 1848 年法兰克福《宪法》草案中成为议会的一项权利。1849 年，法国议会在议事规则中正式确立了质询制度。

　　在当代法国，《宪法》第 48 条规定，国民议会每周应留一次会议，优先供议会议员提出质询和政府进行答辩。质询的形式有书面质询和口头质询。书面质询在《政府公报》上发表后，政府应在一个月内答复并发表在该公报上。政府不得以"公共利益"为由拒绝答复。口头质询在议员提出后，由议长主席会议将其列入议事日程，然后决定时间由政府进行答复。在实际操作过程中，总统没有回答议会质询的义务，接受质询的是总理或部长。国民议会每周安排一次会议

---

　　①　韩志明：《中国问责：十年风雨路》，新华出版社 2013 年版，第 286 页。

供议员口头质询总理或部长，总理或部长当场口头回答。另外，议员每天都可以向总理或部长提出书面质询，并由总理或部长答复。①

（五）日本的国会问责

第二次世界大战结束后，日本进行了非军事化和民主化改革。根据1947年实施的《日本国宪法》，日本废除了贵族院，帝国议会改称国会。日本仿效欧美议会民主制，建立了以立法、行政、司法三权分立原则为基础的议会内阁制，从而确立了国会对内阁的监督问责权。

在日本，国会对内阁的监督问责范围非常广泛，主要包括以下几个方面：一是国会有权决定内阁总理大臣的人选，从人事上管控内阁。二是众议员有权以通过不信任案或否决信任案的方式迫使内阁辞职。《日本国宪法》（1947）第69条规定："内阁在众议院通过不信任案或信任案遭到否决时，倘于十日以内不解散众议院即须总辞职。"三是国会议员有权就内阁发表的施政方针和提出的各种议案，向内阁提出质询。四是国会有权对行政官厅进行审查和调查，可以为此要求证人出席、提供证言及记录。五是国会有权监督内阁的对外政策。内阁对外缔结条约前或缔约后必须经过国会的批准，内阁总理大臣应当就政府的对外关系向国会做出报告，国会有权向内阁提出质询。

日本国会对内阁监督问责的方式多种多样，包括弹劾、不信任案表决、质询、行使财政控制权、审查和调查等。其中，调查是日本国会实施监督问责的重要手段。在调查的实施主体上，日本国会专门成立常任的委员会来行使调查权。根据日本《众议院规则》第94条和《参议院规则》第74条，常任委员会在会议期间，经议长承认，对属其管辖的事项行使国政调查权。为了保障国政调查权落到实处及调查活动的顺利开展，日本法律明确规定，凡经各议院要求到场作证或提供文书，无论任何人，原则上都应答应其要求。对在调查中作伪证的处3个月以上10年以下有期徒刑，对拒绝到场或提出文书，或拒绝到现场宣誓者，处1年以下拘役。此外，行使财政控制权是日本国会

---

① 蒋劲松：《责任政府新论》，社会科学文献出版社2005年版，第348—349页。

实施监督问责的另一个重要手段。根据日本《宪法》，处理国家财政的权限必须根据国会的决议行使，日本的年度财政预算、补充预算和决算都必须经过国会的审议和通过。审议和通过政府预算和财政议案是国会的一项重要职权，国会通过行使该职权对内阁实施有效的监督问责。在日本，也建立了弹劾制度。日本的弹劾制度是从两院议员中互选 20 人组成追诉委员会，负责对被弹劾者的调查起诉。然后从两院议员中互选 7 名共 14 人组成弹劾法庭，负责对被弹劾者的审判。①

（六）瑞典的议会问责

瑞典实行的是君主立宪制，政府由议会产生，对议会负责，受议会监督。在制度设计上，瑞典建立了以议会问责为主的多层次、全方位的行政权力制约机制，对行政机关及其公务员进行严格的监督问责。其中，议会监察专员制度是由议会委托专人调查政府部门及其公务员是否有违法行为并接受和处理群众举报的制度，在管控政府权力方面发挥了重要作用。

议会监察专员制度产生于 19 世纪初，由瑞典议会首创。1809 年，瑞典议会在当年制定的民主《宪法》中规定设立 1 名监察专员，其职责是监察政府官吏。后来，以议会监察专员为负责人在议会中建立了监察专员公署。1915 年，瑞典议会又通过决议，设立了军事监察专员，专门负责军事方面的监察事务。第二次世界大战结束后，军事监察任务大大减少，而行政监察专员的工作却日趋繁重。在这种情况下，瑞典议会于 1968 年废除了单独设立的军事监察专员，在行政监察公署内设立三名监察专员，并分别规定了他们的监察范围，还设立两名副监察专员，协助监察专员工作。1975 年，瑞典议会根据议会监察专员制度改革的建议，对《议会法》中的有关规定进行了修改。修改后的《议会法》第 8 章第 10 条规定，瑞典议会监察专员为四人，其中一人为首席监察专员，负责决定监察工作方针。首席监察专员和其他监察专员均经议会个别选任，任期四年。监察专员得不到议会的

---

① 朱向东、王士卿：《外国弹劾制度管窥》，《人大研究》2007 年第 7 期。

信任时，议会可以根据《宪法》委员会的要求，解除其职务。在监察专员任期届满时，议会应尽早选定继任者。监察专员因生病及其他原因不能长期履行职务时，议会必须选人代其履行职务，直到其复归时为止。根据这一规定，议会取消了副监察专员，将监察专员由原来的三人增加到四人，并选出首席监察专员来协调各监察专员的工作。①

瑞典的议会监察专员制度对许多国家产生了重要影响，继瑞典之后，芬兰、丹麦、挪威等斯堪的那维亚国家设立了议会监察专员；20世纪60年代，英国、美国、日本、德国、意大利、新西兰等国也设立了议会监察专员制度。② 目前，全世界约有60个国家设有与瑞典议会监察专员职能相同或相似的职位。

从整体上看，以瑞典为代表的议会监察专员是一个活动由《宪法》或法律规定、负责人对立法机关负责的机构。议会监察专员负责处理公众针对公共权力部门或官员所提出的投诉，能够主动采取行动，有权进行调查，并提出政策建议和公布报告。议会监察专员的功能在于监督政府行为，保护公民权益，改善公共行政。议会监察专员最重要的品质包括对有关基本人权问题的关注，与广泛的调查权相结合的高度自治，宽泛的管辖权，对所监督的公共权力部门行为的公正性与合法性进行评论的权利。因此，几乎所有的议会监察专员均被赋予调查权、建议权、巡视权，个别可行使起诉权。在议会监察专员制度中，监察专员都以某种方式对立法机关负责，通常是要求监察专员提交有关其监督活动的阶段性报告，并且议会可以解除其任命。议会监察专员制度表明，它是对一般监督行政权制度的必要补充，具有其他监督制度无法比拟的作用。同时，议会监察专员制度还具有预防作用，因为有了议会监察专员，许多错误可能永远不会发生。

---

① 陈党：《问责法律制度研究》，知识产权出版社2008年版，第117页。

② 李军鹏：《责任政府与政府问责制》，人民出版社2009年版，第122页。

二 司法问责

司法问责是指，国家司法机关对行政机关及其工作人员依法行使司法监督权，对行政机关的违法或不当行政行为依照司法程序追究责任的制度。

（一）美国的司法问责

在美国，司法问责主要有两种形式：违宪审查和司法审查。

1. 违宪审查

美国的违宪审查源于美国 1803 年的马伯里诉麦迪逊案，至今有二百多年的历史。在美国，普通法院是违宪审查机构。根据惯例，美国最高法院有权解释《宪法》，并且通过具体案件的审理来审查联邦的一般法律或各州的《宪法》和一般法律是否违反联邦《宪法》。在美国，违宪审查的方式为具体的违宪审查，或称附带的违宪审查，即只有出现了具体纠纷并由利害关系人提出诉讼后，审查机关才有权进行审查。如果没有遇到具体的诉讼案件，法院不能主动对某项法律进行审查。也不能以假定的事实为依据，对法律法令进行预防性审查。

2. 司法审查

在美国，司法审查是指法院应行政相对方的申请，审查行政机关行政行为的合法性，并做出相应判决的活动。美国的司法审查与行政裁判有着极为密切的联系，司法审查是建立在广泛、完善的行政裁判制度基础之上的。美国行政机构内设有专门行使行政裁判职能的、类似于法院法官的行政法官，美国行政裁判适用类似于法院司法程序的准司法程序。美国的行政案件或与行政管理有关的案件，绝大多数都经过行政机关的行政裁判。行政裁判可以认为是美国行政诉讼的初审程序，行政裁判机构可以认为是美国行政诉讼的初审法院。

美国的司法审查具有以下特点。

（1）普通法院审理行政案件。美国既没有法国式的行政法院，也没有我国式的行政审判庭，行政案件由普通法院统一审理。

（2）没有单独的行政诉讼法典。美国法院审理行政案件，适用统一的民事诉讼程序和某些特别法规定的专门规则，如：行政程序法、司法审查法、侵权赔偿法等法律。

（3）司法审查是行政诉讼的主要形式。美国法院审理行政案件主要是对行政部门或独立管理机构做出的行政行为的审查。司法审查与行政裁判有着极密切的联系。

（4）行政诉讼的范围由各种制定法和普通法确定。在美国，相对方提起行政诉讼和法院受理行政案件的根据灵活多样，既可以是各种法律法规，也可以是普通法的各种令状，还可以是《宪法》。对于法律明确排除司法审查的行政行为和法律授权行政机关自由裁量的行政行为，相对方不能向法院提起行政诉讼，除非行政机关有越权或滥用权力情形。

（5）行政赔偿基本适用民事赔偿的规则。在美国，虽然主权豁免原则已经被废除，但仍有一定影响，联邦侵权赔偿法只适用于某些行政领域，而非适用所有的行政领域。除了联邦侵权赔偿法之外，相对方还可根据民事权利法和各种特别法提起行政赔偿之诉。在没有明确的制定法根据的情况下，对于某些行政侵权行为，相对方甚至可以直接援引《宪法》提起行政侵权诉讼。

（二）法国的司法问责

法国的司法问责具有独特性，表现为通过《宪法》委员会和行政法院两个机构、两条途径对政府行为进行问责，其形式分别为违宪审查和行政诉讼。

1. 违宪审查

违宪审查是法国司法问责制度的重要组成部分，《宪法》委员会是法国的违宪审查机构。法国《宪法》委员会由法兰西第五共和国《宪法》于1958年10月4日创建，其职能是：监督总统选举、议会两院议会选举和全民公决的合法性；审查法律和法令是否符合《宪法》。根据法兰西第五共和国《宪法》，凡属组织法、议会两院的规章，不论是否有争议，在正式颁布实施以前，必须送交《宪法》委员会审查。20世纪70年代，法国《宪法》委员会发生了重大变革。

1971 年，参议院议长提交给《宪法》委员会一部法律进行审查，该法规定注册一个社会团体需要行政官员的批准。《宪法》委员会审查后宣布这项法律违宪。《宪法》委员会通过这一判决改变了违宪审查的性质，被视为《宪法》委员会的"第二次出生"。1974 年，在总统德斯坦的推动下，法国通过了一项《宪法》修正案，规定 60 名国民议会议员或者 60 名参议员有权将法律提交《宪法》委员会审查（原来只有总统、总理和两院议长有这个权力）。这使《宪法》委员会在政治生活中变得更加活跃和重要。①

与美国的司法审查不同，法国违宪审查的方式是抽象的违宪审查，即行使违宪审查权的机关审查法律、行政行为，既不以发生具体纠纷为前提，也不以利害关系人提出审查请求为要件。当《宪法》中规定的有违宪诉讼主体资格的国家机关或个人认为某项法律、命令违宪而请求审查时，即可进行审查。

2. 行政诉讼

法国行政诉讼制度的发展在很大程度上体现为行政法院的发展。法国最高行政法院的前身，是创建于 1799 年的"国家参事院"。1872 年通过的法律赋予国家参事院独立的审判权，同时还规定设立一个"权限争议法庭"，裁决行政法院和普通法院之间的权限争议。从此，国家参事院成为真正的最高行政法院。1953 年 9 月 30 日的行政审判组织条例及同年 11 月 28 日作为补充规则的公共行政条例，进一步明确了最高行政法院的地位：既是政府的咨询机关，又是行政诉讼的审判机关。②

在法国，行政法院系统完全独立于普通法院系统，其重要职责之一就是追究行政机关及公务员个人因行政活动失误而应承担的责任。官员的失职或以权谋私等行为，往往成为行政法的惩戒对象。如果发生重大事故，造成很大影响，则有关人员会被迫或自动下台。

此外，1993 年法国通过了《反贪法》，并成立了跨部门的"预防

---

① 吴天昊：《法国违宪审查制度的特殊经验及其启示》，《法国研究》2007 年第 1 期。
② 陈党：《问责法律制度研究》，知识产权出版社 2008 年版，第 109 页。

贪污腐败中心"。该中心由高级法官及内政部、地方行政法庭、司法警察和税务部门的专家组成。在法国，还有公共生活透明委员会、审计法院、中央廉政署等民间或官方机构，负责预防职务犯罪。

（三）日本的司法问责

第二次世界大战后，在美国占领当局的主导下，日本制定了《日本国宪法》，确立了与美国相同的违宪审查制度——附带性审查。经过六十多年的实践，违宪审查制度已成为日本司法体系的一个重要组成部分。

在日本，享有违宪审查权的法院是最高法院和地方各级法院，最高法院是审判违宪案件的终审法院。根据《日本国宪法》第81条的规定，违宪审查的对象包括一切法律、命令、规则以及处分。在附带性审查原则的规定下，法院只有在审理民事、刑事和行政案件的过程中，才能对法律、命令、规则以及处分进行合宪性审查。法院无权进行抽象的违宪审查，即法院不能在没有提起具体的诉讼而一般地、抽象地对法律等行使违宪审查权。①

另外，日本于1946年颁布的新《宪法》第17条对行政赔偿做出了规定，1947年又制定了内容丰富的《国家赔偿法》。② 从而使行政赔偿成为日本司法问责的又一重要手段。

（四）德国的司法问责

在德国，司法问责的一个重要环节是行使违宪审查权。二战以后，德国确立了专门保障《宪法》实施的机构——《宪法》法院。1949年《波恩基本法》及1951年《联邦宪法法院法》相继颁布，以《宪法》法院为违宪审查专门机构的制度在德国最终确立。德国在传统的分权体制基础上对所有国家权力进行了适当的重新调整，将原本属于其他国家机关的一些权力划给了《宪法》法院，《宪法》法院不仅监督立法权、行政权和司法权，而且分解立法权、行政权和司法权。《宪法》法院的权力本质上是一种监督权，它与议会监督、政府

① 李丰：《日本违宪审查制度》，《党政论坛》2004年第7期。
② 陈素慧：《论中西方行政赔偿制度的确立》，《理论导刊》2006年第12期。

监督的区别在于这种监督被司法化了，被纳入了诉讼程序（与一般的司法监督相比，它又被专门化了）。①

德国司法问责的另一个重要环节是行政法院对行政行为的司法审查。19 世纪 70 年代，德国成立了与普通法院平行的行政法院，对行政行为实施监督。随着行政审判实践的发展，行政法院的任务也发生了转变，从以前的监督公务员行为是否符合王权和上级行政机关的意志，逐步转变到监督行政行为是否依法对公民权利实施了保护。

另外，德国的行政赔偿制度较为先进，对行政机关形成了强有力的约束。1896 年，《德国民法典》第 839 条确立了国家的赔偿责任。1910 年，《帝国责任法》确立了现代意义上的行政赔偿制度。1919 年公布的《魏玛宪法》对行政赔偿做了规定，在世界上第一次以根本法形式明确了国家赔偿责任。②

三　公民参与行政问责

在西方国家，由于各国政治体制、法律制度的不同，公民参与行政问责的方式多种多样。从整体上分析，公民参与行政问责的方式主要有民意调查、利益集团压力、听证、诉讼等。

（一）民意调查

民意调查是了解公众舆论倾向的一种社会调查。民意调查通过运用科学的调查与统计方法，如实地反映一定范围内的民众对某个或某些社会问题的态度倾向。

民意调查自 20 世纪初在美国产生以来，在全球获得了迅速发展，在政治、经济以及社会管理等领域发挥着重要作用。民意调查最初是以"模拟投票"或"假投票"来表述的，由新闻媒体发起，与选举密不可分。随着社会的发展，民意调查也在不断进步，在调查的主

---

① 马岭：《德国和美国违宪审查制度之比较》，《环球法律评论》2005 年第 2 期。

② 施雪华、邓集文：《西方国家行政问责制度的历史发展及其动因》，《哈尔滨工业大学学报》（社会科学版）2014 年第 6 期。

体、内容、方法、技术等诸多方面呈现出新的特点。从调查的主体来看，现代意义上的民意调查的主体已经由新闻媒体扩展到政府机构、企业、军队和社会团体。以法国为例，民意调查分为两种：一种是由政府主导的，主要是指国家经济统计研究局对经济领域的诸项调查，其目的是制定和修正政府经济政策；另一种是私营的，以营利为目的，调查范围涉及政治和社会的各个方面。两相比较，法国社会民众更倾向于相信后者——私营调查机构的公平性和真实可靠性。从调查的内容来看，现代意义上的民意调查涉及社会生活的方方面面，调查内容从市场范围扩大到总统选举、党派争斗和社会问题等方面，其中的政治内容所占的比例很大。从调查的方法来看，现代意义上的民意调查方法更为规范，调查主题的确定、研究计划的拟订、调查问卷的设计、样本分析、数据处理以及调查报告的撰写等都有了科学、明确的规范。从调查的技术层面来看，现代意义上的民意调查技术更为先进，从早期的当面访谈，到后来的电话调查，再到20世纪70年代出现的电脑辅助调查等，大大缩短了调查时间，提高了调查分析的准确性，为可靠的调查结果提供了保障。

综观西方发达国家，民意调查已经成为公共政策系统的重要组成部分。究其原因，主要在于现代意义上的民意调查涵盖社会生活的诸多领域，调查及分析的结果对辅助政府政策的制定和监督政府政策的执行具有重要作用，人们的参与度和关注度更趋合理。首先，民意调查有利于民主价值的实现。民主价值的实现有赖于社会公众的共同政治参与，政府作为社会公共权力的代表，其公共物品和服务的提供必须满足社会公共利益需求。而民意调查以个体自由为前提，广泛收集社会公众的意见和建议，在促进政府决策科学的同时，也保证了民主价值的实现。其次，民意调查有利于保证公共政策的正确方向。公共政策具有"坏政策"的自动倾向，抑制和纠正这种倾向唯有民意基础，民意调查成为了解和反映民意的技术手段。[1] 公共选择理论认为，

---

① 郑方辉、李旭辉：《民意调查与公共政策评价》，《江汉论坛》2007年第3期。

政府作为"理性经济人"会导致政府低效、机构膨胀和公共权力寻租等政府失灵现象。因此，政府在制定政策及执行层面不可避免会出现寻求私利的行为，会导致"坏政策"的出现。民意调查作为了解和反映民意的技术手段，可以系统地收集与政策相关的利益者的意见，从而辅助公共政策的正确制定和监督公共政策的执行。

可见，民意反映了社会公众对政府的期待，对政府政策的评价，对政府行为和绩效的评估，这正是构成政府责任的基础。民意调查发展到现在，已经成为促进社会民主化的一种重要手段，被广泛地应用于政治领域。民意调查对于辅助政府部门的决策并监督政府政策的执行，对于政府责任的实现，都有着重要的促进作用。

（二）利益集团压力

在西方国家，利益集团又称利益团体、压力团体、院外活动集团等。美国著名学者大卫·杜鲁门1951年在其《政治之过程》一书中系统论述了利益集团及其在政府决策中的作用。他认为，利益集团是指在其成员所持的共同态度的基础上，对社会上其他集团提出要求的集团。《布莱克维尔政治学百科全书》认为，利益集团是指致力于影响国家政策方向的组织，它们自身并不图谋推翻政府。詹姆斯·麦迪逊认为，"最普遍、最持久的党派来源却是多种多样、不平等的财产分配。拥有财产的那些人和没有财产的那些人已经形成了不同的社会利益集团"，"对这些多样的、相互干扰的利益集团进行管理，构成了现代立法的首要任务，并且涉及在必需的、正常的政府运行中政党和派别的根本态度"。

一般说来，利益集团是使用各种途径和方法向政府施加影响，进行非选举性的鼓动和宣传，用以促进或阻止某方面公共政策的改变，以便在公共政策的决策中体现自己的利益主张的松散或严密的组织。利益集团的主要活动有：在选举公职时，一致投票，募集经费，协助竞选；组织或雇用人员进行院外活动；建立共同基金，从事学术、文化、宗教、慈善活动；扶持舆论机器或智囊集团制定和宣传政治经济主张；等等。

在西方国家，利益集团对政府政策过程施加影响，但并不是为了取得政权，而是希望以舆论宣传、政策咨询、资金支持甚至院外活动等方式，推动政府制定符合本集团利益要求的政策和法规，最终实现集团利益。同时，利益集团除了追求具有排他性的集团利益外，还追求社会公众利益，即公共利益。以美国为例，"美国利益集团的数量和种类十分庞大。各种企事业单位数不胜数，不同的行业、专业、阶层、民族、教派等几乎都有自己的综合性和分类性联合组织，另外还有许多因这种或那种社会问题和要求而成立的社团，其中，绝大多数是'特殊利益集团'，少数是'公共利益集团'。两者的区别在于，前者维护集团自身的利益，后者维护某种社会公众利益"①。

公共利益集团最早出现于美国20世纪60年代的人权运动和反战运动。当时，公民通过自发组织，以游说政府的形式，试图影响政府做出关系公民权利实现和符合社会公众利益的政策。这种新的公民政治参与方式对当时的美国社会产生了巨大影响。之后，20世纪70年代的美国政治制度进一步多元化，政府职能的扩展和政府的机构性变革为公共利益集团的发展创造了条件，美国向福利国家的发展和社会公共利益诉求的增加，也从客观上要求公共利益集团更多地参与政治。

当前，公共利益集团在西方政治参与中占据越来越大的比例，并发挥着重要作用。以美国为例，根据施勒滋和蒂尔尼的调查，1981年，公共利益集团在华盛顿利益集团中占7%，此间有14%的公共利益集团有自己的院外活动办公室。有关研究表明，1973年，公共利益集团政治参与比例就已经达到所有利益集团的23%，1979年，这一比例为26.2%，1999年则上升为31.8%。同时，公共利益集团的活动领域也在不断扩展，扩大到涉及更多公共利益问题的政府政策和行为过程，如政务公开、公民参与、选举权利、行政正义、税务改

---

① 李寿祺：《利益集团参政——美国利益集团与政府的关系》，《美国研究》1989年第3期。

革、人权保护等。在政府决策和行为过程中，当公共利益集团发现政府部门及其公务人员没有承担责任或履行义务时，就会运用自身所拥有的资源对政府进行申诉，甚至提起诉讼。这种对政府行为的有力监督反映了西方民主政治的进步，同时，对社会公众利益的维护也使得公共利益集团拥有了更加广泛的社会基础。

总体分析，利益集团通过自身的各种活动给政府施加压力，影响政府决策，监督政府行为，在西方民主政治中发挥着积极作用。

1. 利益集团为公民政治参与提供了有效渠道。公民政治参与是现代民主政治的核心，但随着国家政治发展的复杂化和社会需求的多样化，公民作为政治角色表达其利益的影响力十分微弱，公民个体参与政治的空间非常狭小。因此，这就需要一个兼顾社会公众利益的表达渠道来确保公民有效地参与政治。利益集团是介于国家和公民个人之间的角色，它的形成是以集团利益为基础，并以实现团体利益为目的，协调政府与公众间的矛盾。利益集团的出现正好满足了现代民主政治发展的需求，在很大程度上弥补了公民作为个体难以参与国家政治过程的缺陷。

2. 利益集团可以影响政府的政策过程。首先，利益集团可以影响政府的政策制定。为实现所代表的团体的利益，利益集团会广泛收集与政府政策相关的信息和资料，并通过各种途径传递给政府，而政府最终所做出的决策则是平衡各方面利益的结果。在利益集团发达的美国，院外活动和利益集团充当了政府制定政策的助手，大部分利益集团都设有专门的政策研究机构，并投入相当大的政策研究经费。"今天美国法令全书中很多重要法规来源于利益集团的办事处。"① 其次，利益集团可以监督政府的政策执行，并影响公共政策的调适。利益集团对政府政策制定的影响主要是在政策合法化阶段，这个阶段关系民众的利益能否融入政府的政策之中。在接下来的政策执行阶段，则关系民众的利益和要求能否得以实现，这一阶段更为重要。在现实

---

① ［英］维尔：《美国政治》，王合等译，商务印书馆1981年版，第122页。

生活中，由于政府制定的政策通常是平衡各种利益的结果，政策执行不会出现太大的波动，因此，利益集团对政府政策执行的监督，主要表现在对政府行为的责任追究和政府政策结果的绩效评估，其监督、问责的结果会进一步影响政府公共政策的调适。

3. 利益集团促进了西方国家的政治民主化进程。利益集团的存在和发展，客观上唤醒了民众的民主意识，社会公众通过组织化的途径，积极参与国家的政治生活，监督并影响政府的运作，这在很大程度上促进了西方民主政治的发展。现代西方国家的政党制度和选举制度是建立在区域划分基础之上的，由此产生的议员只能代表某个地区内的意见，在代表行业利益上的表现并不理想。利益集团的出现，可以将不同区域内的同一利益需求集中起来，从而可以弥补区域代议产生的诸多弊端。①

（三）听证

"听证"一词最早源于英国古老的自然公正原则，即任何权力都必须公正行使，对当事人不利的决定必须听取他的意见。该原则是英国皇家法院对下级法院和行政机关行使监督权时，要求它们公正行使权力的原则。之后，英国在1215年的《自由大宪章》中又有关于公民的法律保护权的观念和制度，其基本精神是以程序公正保证结果公正。正当法律程序的听证，原来只适用于司法审判，意为在案件审判的过程中必须经过听证，这种听证制度被称为"司法听证"。后来，这种制度从英国传到美国，美国在英国的普通法原则和《自由大宪章》的基础上进一步发展和完善成了"正当法律程序"（due process of law）。在美国，听证是指听取利害关系人的意见，它分为正式听证和非正式听证。正式听证是指当事人一方有权对另一方所提的证据发表意见，进行口头辩论和质证，而行政机关必须根据听证笔录做出决定的程序。非正式听证是指行政机关在制定法规或做出行政裁决时，

---

① 孙国良：《我国公民参与行政问责的路径研究》，硕士学位论文，河南大学，2010年，第16—19页。

只须给予当事人口头或书面陈述意见的机会，以供行政机关参考，行政机关不须基于记录做出决定。①

在西方发达国家，听证制度的适用范围非常广泛。听证不仅适用于政府行政的各项决策之中，同时也适用于国家立法领域，逐步形成了立法听证制度和行政听证制度。行政听证一般由相应的行政机关举行，除了对关系公众利益决策的听证外，还涉及个别的或具体的政府及其官员的行为问题。立法听证在国外主要由立法机关举行，听证的内容是具有普遍性和抽象性意义的立法问题，民众声音的表达处于重要的导向地位，对立法机关的运作有着较大的规范和制衡作用。

在美国，立法听证由国会主导，采取的是"金字塔形立法听证会"，即自下而上的公民参与式立法听证模式。社会公众和利益集团可以主动向立法机关提出请求，对关系切身利益的法案、国会工作以及行政失当等问题召开听证会。在听证的过程中，公众可以对相关问题提出质询。这种模式渗透着公民参与的民主理念，是公民监督立法部门运作的重要途径。法国和日本采取的是监督性听证形式，与美国大体相同，听证主要负责监督、复核立法与行政部门的工作和日常的行动，对国家财政预算的监督是立法听证最常见的内容。在行政听证方面，美国、英国设置的听证范围比较广泛。在美国，只要政府的行政裁决影响公民的基本权利，比如剥夺公民自由，侵犯公民财产权利等，都必须举行听证。随着公民参与行政监督意识的提高，20 世纪 80 年代后期，美国的听证范围更多涉及关系公共利益和民众利益的政策、规划和决策上，以避免决策失误。在英国，只要是公共机构做出影响他人利益的决定，都属于听证的范围。

同时，西方发达国家非常重视听证的结果——听证笔录的运用，充分发挥其在监督、管控行政权力方面的重要作用。美国将听证笔录作为行政机关做出决定的唯一依据，可见听证笔录对行政决定的重要

---

① 郭慧珍：《国外行政听证制度理论及对我国的启示》，《内蒙古农业大学学报》（社会科学版）2006 年第 4 期。

性。德国、日本和韩国，虽然没有将行政笔录作为行政决定的唯一依据，但行政笔录对行政决定具有一定的约束力，法律明确规定行政机关以听证笔录做根据的，行政机关必须以听证笔录为依据。

可见，在西方发达国家，听证制度虽然是一种咨询性机制，没有决策权力，但作为社会民主治理和确保政治责任与行政责任实现的一种方式，已经得到了不同程度的认可，发挥着积极的作用。公民通过听证程序，可以有效参与行政管理、公共管理活动，抵制行政机关的违法和不当行为，最大限度地降低行政权力运行的风险。

（四）诉讼

在监督和追究政府责任方面，诉讼作为公民政治参与的手段，主要解决公共权力对私人利益和公共利益的侵犯所引发的冲突。具体表现为公民对政府及其官员的宪法诉讼、行政诉讼和行政公益诉讼。

1. 宪法诉讼

宪法诉讼是指公民认为宪法赋予其的基本权利受到国家机构及其公职人员侵害时，该公民向法院提起诉讼以求得最终救济，法院依据宪法受理案件并做出判决或裁定的制度。

在法制社会中，宪法具有至高无上的法律地位，宪法的利益就是一个国家的最高利益。无论是实施具体行为还是抽象行为都必须以宪法为依据，都不能违反宪法的规定。为保障宪法的最高权威性，必须要有相应的程序制度，没有程序作保障的实体利益很难在现实生活中得到实现。宪法诉讼就是为了维护宪法的利益而创造的一种具有司法性质的救济活动。在当代西方发达国家，普遍建立了宪法诉讼制度，它已经成为一个法治国家法律体系的重要组成部分，其独特作用和不可替代的地位已经被人们所认识。

将宪法诉讼作为公民参与行政问责的一种重要方式，是因为国外的宪法诉讼对象都包括侵犯公民权利的国家机关，在宪法诉讼的定义中有明显的体现。在西方传统的宪法理论中，宪法对公民基本权利的规定，是为了保障公民免受国家公共权力滥用所造成的侵犯，是为了约束国家机关，特别是立法机关的立法行为和行政机关的行政行为，而不是为了防止私人的侵犯。在美国，基于宪法基本权利的条款一般只是针对政府侵犯，而非私人侵犯，私人行为一般只受法律约束的传统观念，宪法诉讼也主要针对政府机构而非个体公民。①

2. 行政诉讼

行政诉讼作为一种独立的诉讼是资产阶级革命以后的产物，并随着资产阶级民主制度的建立而逐步发展。由于各国社会制度和法制传统不同，世界各国对于行政诉讼机构的设置、职权范围和程序制度等的规定不尽相同。

在西方国家，行政诉讼制度有两种模式：一种是以法国为代表的大陆法系国家，在普通法院以外单独设立与之平行的专职受理行政诉讼的行政法院。法国行政法院属行政系统。在法国，行政诉讼包括两类：一类是越权诉讼，公民和社会组织认为行政机关的行为损害其权利和利益时提起的行政诉讼，行政法院有权撤销违法的行政行为；另一类是损害赔偿诉讼，又称完全管辖范围内诉讼，行政法院有权判决行政机关对受到损害的公民和社会组织给予赔偿。法国的行政法院在判决时所依据的主要是判例。仿效法国行政诉讼模式的国家还有德国、意大利、奥地利、比利时、西班牙、土耳其、希腊、埃及等。另一种是以英国为代表的普通法系国家，由普通法院根据受到行政机关不法行为侵害的利害关系人的申请，对行政行为进行合法性审查，称为"司法审查"。审查的主要根据是越权无效原则。在英国，行政诉讼和民事诉讼一样，都由普通法院管辖，没有独立的行政法院系统。一般诉讼原则和程序也适用于行政诉讼。司法审查通常依据普通法上的各种令状：提审令、执行令、禁止令和人身保护状。在同一个程序中，原告可以申请任何一个或几个令状。根据1947年的《王权诉讼法》，对行政机关违反契约行为和违法行为所造成的损失，按一般行政责任法的规则赔偿。仿效英国采取普通法院制的国家有美国、澳大利亚、新西兰、印度、阿根廷等。

---

① 张千帆：《西方宪政体系》（上册），中国政法大学出版社2000年版，第305页。

在现代社会，一个国家的法治状况无疑与行政权的有效监督和制约密切相关，法治国家在进行国家治理时都必须考虑依法管控行政权。行政诉讼制度作为国家治理体系的重要组成部分，发挥着依法监督、控制行政权的特殊作用。与刑事诉讼、民事诉讼不同，行政诉讼调整的是不平等主体之间的行政法律关系，行使审查监督行政机关行政行为的合法性的重要职责，体现的是司法权对行政权的监督与制约。法院通过依法受理和审判行政诉讼案件，引导各个利益群体以合法、理性的方式表达自己的意愿和要求；通过依法支持合法的行政行为，纠正违法和显失公正的行政行为，并对因其给相对人乃至利害关系人的权益造成的损害给予相应补救，协调公共权力与公民权利的关系，促进社会公平和正义。

3. 行政公益诉讼

行政公益诉讼是指当行政主体的违法行为或不当行为对公共利益造成侵害或有侵害之虞时，法律容许无直接利害关系人为维护公共利益而向法院提起行政诉讼的制度。行政公益诉讼作为一种新型的行政诉讼形式，在西方法治国家已发展得相当成熟，只是各国理论界和实务界对之称呼不一，诸如民众诉讼、公民诉讼、以公法名义保护私权之诉等，但内涵大体相当。

在英国，行政公益诉讼被称为"以公法名义保护私权之诉"，指检察总长在别人要求禁止令或宣告令或同时请求这两种救济时，为阻止某种违法而提起的诉讼。按照英国法律，检察总长代表国王，有权阻止一切违法行为，包括侵害公共利益的违法行政行为，而且也可以依职权为公共利益而主动请求对行政行为进行司法审查。

在美国，行政公益诉讼是美国司法审查制度的重要组成部分。美国《联邦行政程序法》第702条规定，因行政行为而致使其法定权利受到不法侵害的人，或受到有关法律规定之行政行为的不利影响或损害，均有权诉诸司法审查。即，只要相对人的利益受到了所指控的行政行为的不利影响，他就具有了原告资格，而不管这种利益是否有特定法律的直接规定，也不管这种利益是人身利益、经济利益还是其他如审美的、娱乐的、环境的利益等。正如美国最高法院法官布卢南所言，"如果原告证明他请求审查的行政行为在事实上对他造成了经济或其他损害，那他就有了原告资格"。

在德国，设置公益代表人制度并由其参加诉讼，是德国行政公益诉讼的一大特点。德国十分注意在行政诉讼中对公共利益的保护，因为德国学者认为，对于公共利益和私人利益不能用同一标准进行衡量。因此，为了保障公共利益，德国 1960 年颁布的《德国法院法》专门确立了公益代表人制度，即由联邦最高检察官作为联邦公益的代表人，州高等检察官和地方检察官分别作为州和地方的公益代表人，并由他们以参加人的身份参与联邦最高行政法院、州高等行政法院以及地方行政法院的行政诉讼，并享有上诉权和变更权。作为公益代表人的检察官在性质上属于司法行政官，而且只受政府命令的约束。

在日本，行政公益诉讼被称为"民众诉讼"。所谓"民众诉讼"是指国民请求纠正国家或者公共团体不符合法律规定的行为，并以选举人的资格或自己在法律上的利益无关的其他资格提起的诉讼。日本民众诉讼的原告可以是纳税人，也可以是利益受到普遍影响的选举人或者其他公众之一，只有在"法律上有规定时，限于法律规定者，才能够提起"，可以准用抗告诉讼、当事人诉讼的程序。作为民众诉讼的典型事例，有根据《公职选举法》进行的选举诉讼和《地方自治法》所规定的居民诉讼等。日本行政法学者认为，民众诉讼的目的并不是保护国民个人的利益，而是保护客观上的法律秩序，使国民以选举人的身份通过诉讼手段制约国家机关或公共性权力机构行使职权的行为，监督行政法规的正确适用。

第三节　港澳台地区行政问责制度

一　香港高官问责制

我国香港特别行政区政府于 2001 年 4 月 17 日向立法会提出了高

官问责方案，并于同年 7 月 1 日实施，香港高官问责制正式形成。香港特别行政区政府的上述举措是为了解决长期沿袭的原殖民地时代的政府架构运转极不协调从而严重影响政府的施政效果，以及政府对社会民众回应性不够，忽视民意表达的诉求等问题。香港高官问责制的根本目的在于提升政府的认同度和治理能力，加快责任政府建设步伐。

香港高官问责制是以合约的形式聘用一批官员，他们直接对行政长官负责。具体而言，其主要内容包括以下几点：一是香港特区政府的官员，包括政务司长、财政司长、律政司长以及所有政策局局长，全部列入问责制范围。这些官员不再是公务员，而是以合约形式聘用的主要官员，由特首挑选、提名，中央进行政治任命，任期五年，但不超过将其提名的行政长官任期。在任期内，这些主要官员各自负责行政长官指定的政策范畴，统领所辖部门工作，并为政策的成败直接向行政长官负责，通过行政长官的领导，履行对市民的责任。行政长官认为需要的时候，可以终止其合约。二是所有列入问责制范围的主要官员全部进入行政会议，以强化行政会议的工作。他们直接参与制定政府的整体决策，协调跨部门的工作事项，从而使施政更加快捷，更全面回应社会诉求及切合市民需要。三是实行问责制的主要官员，其待遇与现在特区政府主要官员大致相同。例如 2003 年问责局长月薪为 311900 港元，而最高的政务司长的月薪为 345850 港元。此外，问责官员拥有自己的班底，包括一名助理，一名新闻秘书，一名秘书和一名司机，还有权挑选协助他工作的常务秘书长。四是特区政府将原有政策局进行合并，实行"3＋11"方案。原先 3 司 16 局合并成为 3 司 11 局，分别为：政务司、财政司、律政司以及公务员事务局、政制事务局、教育统筹局、环境运输及工务局、卫生福利及食物局、民政事务局、房屋及规划地政局、保安局、工商及科技局、经济发展及劳工局、财经事务及库务局。这 3 司的司长和 11 个政策局的局长全部列入问责官员范围。2007 年增设发展局，调整两个政策局的职能，教育统筹局将"人力统筹"部分拆出，改名为教育局；而政制事务局加入本来属于民政事务局的"人权"工作，并更名为政制及内地事务局。总共形成3司12局的行政架构，共15位高官实行问责。① 五是原公务员体系中原来由局长担任的公务员职级及薪酬、福利待遇保持不变，他们将改称为常任秘书长，扮演问责制局长与公务员之间的枢纽角色，在问责制局长的统领下，向局长负责，协助制定、执行政策，听取公众和立法会意见，争取各界的支持。

　　香港高官问责制是香港特别行政区政府立足自身实际做出的重要改革举措，具有以下四个特点：一是问责的对象以高官为主。例如，2007年的15位高官是香港政府最高层架构的行政负责人，由中央政府任命。二是问责官员向特首负责，对政策成败及个人操守的重大问题负政治责任。三是具有特别的问责官员利益申报制度。高官问责制要求问责官员不仅申报本人的投资，其配偶及子女的投资利益也要申报。此外，问责官员在香港或以外地区任何公司或机构的任何投资、股票，以及地产或房产的权益，主要官员或配偶因其身份接受礼物或款项或实惠，均要申报。四是"高官问责制"实质上是一个中短期的过渡方案。根据《香港基本法》的规定，香港特区将会逐步实现特首与立法会成员的直接选举，届时特首直接对选民负责，而选民可以通过立法会影响政府施政。2007年12月全国人大常委会审议决定香港在2017年可以实行行政长官普选，在2020年可以实行立法会全部议员普选，并对修订2012年行政长官和立法会两个产生办法的有关问题做出了规定。全国人大常委会的决定不仅为香港未来的政制发展确定了明确的时间表，同时也指出了正确的发展方向，高官问责制客观上为香港的双普选奠定了坚实的政治基础。

　　从运行模式来看，香港高官问责制的具体运作实际上是一个多方参与的过程，涵盖立法会、行政会议和行政长官、新闻媒体、社会公众等。第一，立法会负责审议和通过各政策局制定的政策措施及公共开支。第二，行政长官权力的行使主要通过行政会议。第三，对问责

---

① 《港府高官集体减薪渡难关》，《春城晚报》2009年6月15日。

制下主要官员的日常工作做出了明确规定。第四，公务员体系仍保持
中立。第五，行政长官和立法会可以组织专责调查小组对问责官员就
某一事件进行调查，廉政公署作为一个独立机构，也可以在接到举报
后对问责官员展开调查工作，调查结果和建议将直接呈送行政长官。
第六，新闻媒体搜集来自官方和社会的各种信息，通过其特有的敏锐
观察能力和四通八达的调查渠道对问责官员实行监督。第七，社会公
众可通过有关渠道向政府监督部门反映，启动政府监督机制；或向立
法会议员反映，通过立法会的途径给予政府压力；或向新闻媒体曝
光，启用媒体监督，对政府官员施加压力。因此，香港高官问责制
"其形式是行政和架构上的转变，但实质是精神上、政治上的进步和
更新，中心要旨就是更好地落实'一国两制''港人治港'、高度自
治，更好地按照基本法有效施政"。[①]正因为如此，香港高官问责制
受到了香港社会各界的高度赞同和广大市民的普遍认可。

二　澳门官员问责制

澳门官员问责制产生的动因在于澳门特区政府公共行政管理存在
的不足。澳门回归以来，不时发生有官员因行政违法或决策失误，使
公共利益受损的事件。为了有效提升政府依法施政的水平，使各级官
员明确自己所需承担的责任，澳门特区政府决定建立官员问责制。官
员问责制使各司、局在自己的施政范围内能够有效实现责任追究，也
使行政长官能够更客观地评价官员的表现，更好地实现优胜劣汰，为
澳门特区建立善治的管治班子。

目前，澳门特区关于官员问责的法律、法规主要有三大类：一是
问责制方面的法律，主要体现在《澳门特别行政区主要官员通则》
《澳门特别行政区主要官员守则》的规定。二是领导和主管人员问责
方面的法律，主要体现在《领导及主管人员通则的基本规定》《领导

---

① 赵春晖：《香港主要官员问责制度研究》，硕士学位论文，中国社会科学院，2006
年，第21—24页。

及主管人员通则的补充规定》《领导及主管人员行为准则——义务及违反义务时的责任》的规定中。三是《澳门公共行政工作人员通则》中的相关论述，以定期委任方式任用的领导主管人员属于公务员和公共行政工作人员的范畴，要遵守《澳门公共行政工作人员通则》的相关规定。

以上三类法律制度规定了对官员的问责，但从实施效果来看，问责制形成了多年，却没有官员因问责而受罚或下台。有分析认为，问责制未能有效落实，主要有两个方面的原因：一是问责制的透明度不高；二是受质疑失职的官员一般还会转为司长顾问，由于其新职位的福利薪俸和原来局长职位的薪俸相差不多，所以并不是真正的问责降职。对于官员在政策执行中的失当，如决策失误、施政延误等导致重大公共利益损失，澳门特区至今仍未建立一套公开的调查程序。由于机制不健全，制度不完善，官员问责工作经常遇到障碍和困难。

由于制度安排上的差异，澳门特区的官员问责制不同于香港特区推行的高官问责制，澳门特区的官员问责整体上属于行政性质。在香港，问责官员必须先脱离公务员编制，改以合约形式聘用，并规定问责官员的任期不得超过委任他的行政长官任期。但是，在澳门，问责官员被问责的形式主要是行政性的。澳门官员不需要向立法会交代，问责官员实际上只须向其上级官员负责，一级一级推上去，最后只须向澳门特区特首一个人负责。由于一般官员只须向上级官员负责，上级官员评核下属的工作表现都较为主观。为了安抚下属，同时避免惹祸影响自己的仕途，上级官员评核下属大致都是"十分满意"，比例占九成以上。因此，澳门特区现有的评核制度不够科学，难以发挥应有的作用。

三　台湾政务人员问责制

在我国台湾地区，公务员实行政务类与事务类分类管理。据台湾媒体报道，台湾地区"立法院法制委员会"于 2007 年 1 月 17 日初审通过台湾地区《政务人员法草案》部分条文，明确规定台湾地区政务人员请辞条件。未来，台湾地区政务人员若因决策错误或主管政务发生重大失误，造成岛内民众重大损害，或因言行重大瑕疵，影响个人声誉及政府形象，都应请辞以示负责。

台湾地区《政务人员法草案》第 14 条规定，政务人员得随时请辞。政务人员有下列各款情事之一者，应辞职以示负责：（1）决策错误，或主管政务发生重大失误，对国家或人民造成重大损害者。（2）对部属执行政策疏于监督，严重影响人民权益者。（3）言行重大瑕疵，影响声誉及政府形象者。（4）因健康或其他原因难以行使职权者。《政务人员法草案》第 15 条规定，政务人员得由具任命权者，随时免职。但《宪法》或法律规定有一定任期者，非有法定原因，不得任意免职。《政务人员法草案》第 16 条规定，政务人员违反本法者，除依本法规定处置外，应依公务员惩戒法、刑事法律及其他法律予以处罚。

此外，台湾地区《政务人员法草案》规定，台湾地区政务人员有八大"禁止事项"，其中包括禁止利用职权获悉的秘密消息直接或间接图利自己或他人，禁止投资属于其服务机关监督之营利事业，就算投资非属其机关监督的企业，持股也不得超过该企业的 10%。《政务人员法草案》还规定，政务人员不得利用职务上的权力或方法，为政党、其他政治团体或公职候选人接受金钱、物品或其他利益，也不得阻止或妨碍他人为特定政党或公职候选人依法募款的活动。

第四节　国外行政问责典型案例评析

一　法国 1873 年布朗戈诉国家案

（一）案情

法国纪龙德（Gronde）省国营烟草公司雇用的一个工人在驾驶翻斗车作业时，由于操作不慎，将布朗戈先生的女儿撞伤。对于这一事实所造成的损害，布朗戈先生向普通法院提出了诉讼，要求国家赔偿损害。他认为，对国营烟草公司的人员所犯的过错，国家应负民事上的责任。其诉讼的法律依据是:《法国民事法典》第 1382 条"任何行为使他人受损害时,因自己的过失而致使损害发生之人,对该他人负赔偿责任";第 1383 条"任何人不仅对因其行为所引起的损失,而且对因其过失或疏忽所造成的损失,负赔偿责任";第 1384 条"任何人不仅对其自己的行为所造成的损害,而且对应由其负责的他人的行为或在其管理下的物件所造成的损害,均应负赔偿责任"。布朗戈先生在该案中控告的是纪龙德省的省长,即国家的代表、该省行政机关的首脑。

普通法院受理了布朗戈先生要求国家赔偿的案件,但由于这是涉及国家公务管理过程中发生的案件,应由行政法院审理,所以,纪龙德省省长向该普通法院提出了不服管辖书,而普通法院又坚持认为自己有对该案的管辖权,从而产生了普通司法与行政司法管辖权限的争议。对于这样的被提到了权限争议法院审理裁决的诉案,其实质是在行政司法机关与普通司法机关之间谁拥有审理要求国家损害赔偿诉案的一般权限。

权限争议法院对布朗戈案件的判决如下:"因国家在公务中雇用的人员对私人造成损害的事实而加在国家身上的责任,不应受在民事法典中为调整私人与私人之间关系而确立的原则所支配,这种责任既不是通常的责任,也不是绝对的责任,这种责任具有其固有的特殊规则,依公务的需要和调整国家权力与私权利的必要而变化。"权限争议法院的判决排除了普通法院对公务诉案的管辖权,确定行政司法机关是审理这种诉案的唯一具有权限的机关。

(二) 评析

布朗戈案堪称司法机关对行政机关问责的典型案例,该案推动法国正式确立了行政赔偿制度,具有里程碑意义。在该案的审理过程中,权限争议法庭确立了三项原则:国家应当对其公务员的过错行为承担责任;国家赔偿诉讼属于行政法院专属管辖;国家赔偿责任应当适用与民事赔偿责任不同的规则。该案使法国的行政赔偿制度发生了根本性的变化,国家放弃了主权豁免原则。同时,该案确立了行政赔偿责任制度和行政审判的新标准——公务标准。即，只有由于公务过错对公民、法人或其他组织造成的损害，国家才就此损害承担赔偿责任。任何公务活动都应当达到某种中等水平，低于这个水平就具有公务过错，但这个水平绝对不是一个抽象的标准，行政法院也不会采取一个抽象标准来判断具体案件的性质，而是根据每个案件的具体情况决定是否有过错存在。[①]

受布朗戈案的积极影响，法国的行政赔偿越来越注重区分"公务过错"与"公务员个人过错"。"公务过错"来源于公务人员，但又不能归责于公务人员，公务过错应由国家负赔偿责任。公务员个人过错包括公务员非职务行为存在的过错、公务员职务行为存在的故意或严重过失，公务员个人过错应由公务员个人承担赔偿责任，国家不承担责任。公务过错概念的确立与广泛应用是法国对世界各国行政问责、行政赔偿制度做出的巨大贡献，对于我国行政问责制度建设具有重要借鉴意义。

二　美国总统弹劾案

（一）约翰逊案

美国历史上第一位被启动总统弹劾程序的是第20届（第17任）总统安德鲁·约翰逊（1865—1869年）。约翰逊任国会参议员期间，美国爆发了南北战争。1860年年底以后，南卡罗来纳等南方几个州相继脱离联邦，成立"南部同盟"。在南方议员纷纷退出联邦国会的时候，约翰逊却坚持留在国会，并在参议院中强烈谴责南部脱离联邦。因此，1864年，约翰逊被林肯提名为副总统。1865年，约翰逊在林肯遇刺后就任总统。约翰逊就任总统后，倾向南方，主张允许南部各州只附带有限改革条件就可重新加入联邦，给予获得自由的奴隶以极少的公民权利，并对参加叛乱的种植园主予以大赦等。在此情况下，国会中的共和党激进派为了制衡约翰逊，提出了三个法案：

---

① 王名扬：《法国行政法》，中国政法大学出版社1988年版，第570页。

（1）《官吏任职法案》，规定总统不得任意罢免官员，除非得到参议院的同意；（2）《赦免法案》，剥夺了总统赦免叛乱分子的权力，这是针对约翰逊的《大赦宣言》而制定的；（3）《军队指挥法案》，对总统指挥军队的权力作了限制。当时的副总统是激进派的韦德，如果约翰逊下台，则可由韦德继任总统。在1866年的国会选举中，激进派共和党人以压倒优势大获全胜，使共和党看到了弹劾约翰逊的一线希望。1868年2月25日，美国众议院以126票对47票通过"违反官吏任职法和阴谋策划反革命武装叛乱"等11项弹劾条款，向参议院提出要求弹劾约翰逊。同年3月，参议院在联邦最高法院首席法官萨蒙·蔡斯的主持下，对约翰逊弹劾案进行缺席审理，投票表决结果是35票对19票（美国当时为27州），仅一票之差没有得到定罪所须全部的2/3，约翰逊被宣告无罪。

（二）尼克松案

美国历史上第二位被启动总统弹劾程序的是第46届和第47届（第37任）总统理查森·尼克松（1969—1974年）。对尼克松总统启动弹劾程序的主要原因是"水门事件"。1972年，在总统竞选活动中，共和党派人潜入设在华盛顿水门大厦的民主党全国委员会总部，进行偷拍文件和安装窃听器等活动，当场被捕。事件发生后，因真相不明，没有因此影响尼克松的连选连任。但是，随着调查的不断深入，证明尼克松不仅与此事有关，而且还参与了掩盖活动。在"水门事件"揭露后，司法部部长理查德·克兰丁斯特辞职，尼克松遂提名埃利奥特·理查森任司法部部长。参议院司法委员会要求理查森做出不干预为"水门事件"而任命的专门检察官阿奇博尔德·考克斯的决定和行动的承诺，作为批准其任命的条件。理查森做出了承诺，参议院批准了对他的任命。在调查过程中，考克斯下令从白宫调文献和录音磁带，遭到了尼克松的拒绝。考克斯坚持自己的主张，坚决要求调文献和录音磁带，尼克松便命令理查森解除考克斯的职务。由于理查森此前已经向参议院做出了承诺，他只好辞职。此后，尼克松提名威廉·萨克斯比为司法部部长。在参议院司法委员会从萨克斯比那里得到同样的承诺后，参议院批准了其任命。新的特别检察官利昂·贾沃斯基同样下令调尼克松召开的有关"水门事件"会议的磁带，尼克松以贾沃斯基为其下属、无权要求他交出录音磁带而拒绝。面对此僵局，最高法院做出了裁决：批准贾沃斯基的任命以前的协议，意味着尼克松已放弃了对贾沃斯基下命令的权力。在此形势下，尼克松被迫交出了录音磁带。录音磁带表明，尼克松曾以"国家安全"为借口掩盖"水门事件"。1974 年 7 月 27 日至 30 日，众议院司法委员会投票通过了弹劾尼克松的三条罪状，即阻挠司法工作、滥用总统职权、蔑视国会传调录音带的命令。大批共和党议员纷纷倒戈支持弹劾尼克松，民意测验也表明尼克松的声望一落千丈。1974 年 8 月 9 日，尼克松在众议院全体会议表决前被迫宣布辞职，弹劾程序终止，由副总统福特继任总统。1974 年 9 月 8 日，福特宣布赦免尼克松在其任期内所犯下的或可能犯下的或参与的所有不利于美国的罪行，从而免除了普通法院对尼克松刑事案件的司法追诉。

（三）克林顿案

美国历史上第三位被启动总统弹劾程序的是第 52 届和第 53 届（第 42 任）总统克林顿（1993—2001 年）。自从克林顿和白宫前实习生莱温斯基之间的"婚外情"曝光之后，特别是在独立检察官斯塔尔公布调查结果后，克林顿终于被迫承认与莱温斯基有过"不适当的关系"，并恳求国人谅解。但是，在众议院占多数席位的共和党启动了弹劾总统克林顿的程序。众议院司法委员会由 21 名共和党议员和 16 名民主党议员组成，从 1998 年 12 月 10 日开始，以党派为界限进行弹劾辩论，至 12 日，通过了四项弹劾条款：第 1 条指控克林顿就绯闻案向大陪审团作证时，蓄意提供虚假和误导的证词；第 2 条指控克林顿在琼斯民事诉讼案中向联邦法官提供了虚假和误导的证词；第 3 条指控克林顿妨碍司法，包括教唆莱温斯基向法庭作伪证，以及串通他人隐蔽证据等；第 4 条指控克林顿利用行政特权抗衡独立检察官斯塔尔的调查，以及在答复众议院司法委员会主席海德提出的涉及绯闻案的 81 个问题时做虚假误导的陈述。1998 年 12 月 19 日，众议院就其司法委员会提出的对克林顿的 4 项弹劾条款，在辩论之后进行了表决。众议院共和党的议员为 223 人，民主党议员为 211 人，众议院以 228 票对 206 票通过了上述第 1 项弹劾条款，以 221 票对 212 票通过了第 3 项弹劾条款，其余两项指控均被否决。这是在经过了整整 130 年之后，美国众议院全体会议再次通过弹劾现任总统的条款。

在众议院表决后，数十名民主党议员驱车前往白宫会晤克林顿，以表达他们对总统的安慰和支持。克林顿表示，对自己私生活方面的不检点行为承担责任，并希望参议院能尽快找到一种合理的、两党一致的解决办法。与此同时，尽管众议院通过了两项弹劾动议，据多项民意测验表明，美国人对克林顿的工作满意度却达到了 72%。克林顿坚称不会辞职，并自信地说："我仍然会尽力为人民、两个政党及国家做到最好，6 年来我一直如是，未来两年我会继续努力，直到任期届满为止。"当时，克林顿未来政治命运的走向有三种可能性：一是在参议院表决前宣布辞职；二是民主党和共和党在参议院审判前达成妥协，在参议院通过联合"公开申斥"决议解决危机；三是等待弹劾审判后的表决结果。克林顿基于居高不下的民意测验的支持率和党内的团结支持，已经排除了第一种可能性。经过选举后的新一届国会于 1999 年 1 月 6 日会期开始，新的参议院中共和党仅以 55 票对 45 票比民主党多出 10 个席位，要达到弹劾克林顿所需的超过 2/3 即 67 票应当说是较为困难的。因此，第二种情况及经过表决认定克林顿无罪的概率最大。按照美国《宪法》规定，对总统的控罪在参议院进行审判，最高法院首席大法官威廉·伦奎斯特担任法官，全部参议员作为陪审团，众议院则派出十五名众议员担任检察官，必须有 2/3 以上的参议员投赞成票，控罪才能成立。实际结果是，投赞成票的参议员甚至没有过半数，对克林顿总统的控罪未能成立。

（四）评析

美国总统弹劾制度是由 1787 年《宪法》设定的，这项制度不仅涉及总统的职权和对总统的约束，而且涉及总统与国会、司法机关的关系。迄今为止，美国总统弹劾案无一成功。但是，这并不能说明总统弹劾制度形同虚设，而是表明，一旦总统可能犯有"叛国、贿赂或其他重罪和轻罪"时，它就会运作起来，显现效用。总统弹劾制度不仅是美国《宪法》所设计的立宪政体的重要方面，而且是美国法治的重要体现，这项制度已经成为美国异体行政问责的一把达摩克利斯之剑。

1. 总统弹劾案表明，美国异体问责力量强大，立法机关、司法机关对行政权力的监督制约作用明显。

"三权分立"理论在西方政体设计和政治发展中具有重大影响，在美国则尤显突出。美国实行"三权分立"的政治制度，立法权、行政权、司法权既相互独立，又相互制约，立法机关、司法机关对行政机关享有监督、问责的权力。在美国政体中，总统无疑大权在握，《宪法》必须设定一些制度和手段，以制约总统的行为。弹劾制度实际上是立法机关、司法机关制衡行政机关（包括总统）的一种制度设计。根据美国《宪法》，国会享有弹劾权，弹劾对象包括总统、副总统及其他所有文官。一旦被弹劾获罪，后果相当严重。美国《宪法》第二条第四款规定："合众国总统、副总统及其他所有文官，因叛国、贿赂或其他重罪和轻罪，被弹劾而判罪者，均应免职。"

由此可见，在美国，行政机关及其官员的行为始终处于立法机关、司法机关的监督之下，总统也不例外。总统及政府各级官员必须恪尽职守，奉公守法，严于用权，否则，就有可能被立法机关、司法机关追究责任。弹劾制度是一种高规格的异体问责制度，由美国《宪法》做出相关制度规定，主要针对总统等高级政府官员，而且问责力度大，程序严格，具有极高的权威性和影响力。上述三位总统被弹劾案也充分证明了这一点，尽管弹劾都未获通过，但对于当事总统及所领导的政府的负面影响是巨大的。克林顿因为弹劾案不得不承认与莱温斯基有过不适当的关系，并向国人道歉，恳求谅解。尼克松的下场更惨，由于受到弹劾，本党大批议员纷纷倒戈，声望一落千丈，不得不在众议院全体会议表决前宣布辞职。

2. 总统弹劾案表明，美国异体问责程序完备，可操作性强。

对正当法律程序的追求和苛求在英美法系的立法和司法实践中一

以贯之。1791 年，美国《宪法》第五条修正案采纳了詹姆斯·麦迪逊等人的主张，规定"未经法律的正当程序，不得剥夺任何人的生命、自由和财产"。根据丹尼尔·维伯斯特的著名定义，程序性的正当法律程序要求"判刑前须进行审理，根据调查结果进行起诉，审问结束后才能做出判决"，只有这样，公平的本质才能得到维护。①

在总统弹劾的过程中，程序及其规则是整个弹劾活动的基本导向和基本规范。美国宪法和有关弹劾的规则反对国会把弹劾视为对总统的"政治性"审判，而是要求在详细、具体的程序中进行弹劾活动。在弹劾程序中，众议院是作为起诉人的角色，而参议院充当弹劾法庭的角色，行使弹劾案的审判权。众议院的起诉程序是：众议院司法委员会表决通过弹劾总统条款，全体会议进行辩论并表决，如超过 1/2 的议员赞成弹劾，该议案即呈参议院。参议院的审理程序是：(1) 参议院司法委员会负责收集双方证据，为审理弹劾案做准备；(2) 由联邦最高法院首席法官主持审理过程，100 名参议员为弹劾法庭的法官，听取控辩双方的辩论和有关证人的证词；(3) 众议院以其司法委员会主席为代表扮演控方的角色，白宫则组成辩护团，审理开始后，双方先各进行 1 小时的陈述，然后传唤有关证人作证；(4) 在控辩双方盘问证人和辩论结束后，联邦最高法院首席法官就弹劾指控按姓氏字母顺序一一点名询问每个参议员，后者只能回答"有罪"或者"无罪"。如果有 2/3 以上的参议员，就任何一项指控回答"有罪"，总统即被弹劾，由副总统接任总统，被弹劾者将终身不得担任任何公职。如果犯有刑事罪行，在其恢复普通平民身份后由普通法院进行审理。如果被认定为"无罪"，总统可以继续完成其任期。可见，美国总统弹劾制度所设定的程序严谨、细致、实用，易于落实，保障了弹劾案件处理的公平正义。

3. 总统弹劾案表明，异体行政问责应当注重权力制约，以分权

———————————

① ［美］卡尔威因·帕尔德森：《美国宪法释义》，徐卫东、吴新平译，华夏出版社 1989 年版，第 231 页。

制衡保障问责的公平、公正。

分权制衡在美国总统弹劾制度中的应用，主要体现于美国《宪法》的如下条款：第一条第二款："只有众议院具有提出弹劾案的权力。"第一条第三款："所有弹劾案，只有参议院有权审理。在开庭审理弹劾案时，参议员们均应宣誓或作代誓之宣言。如受审者为合众国总统，则应由最高法院首席大法官担任主席；在未得出席的参议员的2/3的同意时，任何人不得被判有罪。"第二条第二款："总统有权批准关于背叛合众国的罪犯的缓刑和赦免，惟弹劾案不在此限。"

美国的总统弹劾制度包含内外多重权力制衡机制。首先，《宪法》将弹劾案的权力赋予国会，国会可以依法行使弹劾权问责总统及政府高官，以达到监督、制约行政权的目的。其次，在国会具体行使弹劾权的过程中，《宪法》又将弹劾权一分为二，提出弹劾案的权力只能由众议院行使，审议弹劾案的权力只能由参议院行使。这种分权的目的十分明确，为了使国会内的两院相互之间有所制衡。汉密尔顿指出，众、参两院分别行使提出弹劾案的权力和审议弹劾案的权力，这本身就是国会内部的分权制衡机制。"立法机构的两个部门之间的分工，赋予其一以控告权，其二以审议权，才能避免一些人同时担当原告和法官的不便，也才能防止在其任一部门中由于派性统治而对别人进行迫害的危险。"① 最后，《宪法》规定，参议院在审议总统弹劾案时，必须由最高法院首席大法官主持。这一规定的目的在于，由法院监督国会行使弹劾权力，以保障弹劾依法、公正进行。可见，权力制衡原则是美国总统弹劾制度的指针，贯穿于总统弹劾制度的始终。权力制衡反映在多个方面，包括国会—总统、参议院—众议院、最高法院—国会等多方权力博弈。也正是这种国会参、众两院及司法机关的相互监督、相互制约，有力地保障了总统弹劾案的公平处理。

4. 总统弹劾案表明，法治化是行政问责的必由之路。

法治最重要的原则就是宪法和法律具有至高无上的权威，任何政

① ［美］汉密尔顿等：《联邦党人文集》，程逢如等译，商务印书馆1980年版，第337页。

府机构和政府领导人都不能凌驾于法律之上，或超然于法外。要使这一原则不流于形式，就必须通过恰当的、优良的法律制度予以保障。美国设立总统弹劾制度的目的就在于防止握有最高行政权力的总统滥用职权，侵犯宪法和法律。一旦总统触犯宪法和法律，有可能犯有"叛国、贿赂或其他重罪和轻罪"时，弹劾制度就会运作起来，假如参议院经审议认定应予弹劾，那么总统就会被定罪免职。因此，总统弹劾制度本身彰显了"法律面前人人平等"与"法律至上"。

美国总统弹劾案还表明，在异体行政问责过程中，必须树立法治的权威，严格依法问责。在尼克松弹劾案中，就传调录音带问题，国会、最高法院与总统尼克松进行了多次交锋。专门检察官考克斯下令从白宫调文献和录音磁带，被尼克松拒绝。考克斯坚持调取，尼克松便命令司法部长理查森解除考克斯的职务。但理查森并未执行尼克松的命令，因为此前他已经向参议院做出不干预考克斯的决定和行动的承诺。后来，新的特别检察官贾沃斯基同样下令调取有关"水门事件"会议的磁带，尼克松以贾沃斯基为其下属无权要求他交出录音磁带而拒绝。但最高法院对此做出裁决：批准贾沃斯基的任命以前的协议意味着尼克松已放弃了对贾沃斯基下命令的权力，尼克松必须交出录音磁带。最后的结果是，尼克松不得不交出录音磁带，而且被国会以阻挠司法工作、滥用总统职权和蔑视国会传调录音带的命令三条罪状予以弹劾。不难看出，宪法和法律在美国行政问责中具有至高无上的地位和权威，依法监督、依法问责是行政问责的必然选择。

第五节　域外行政问责之启示

一　西方国家行政问责之启示

行政问责在西方国家、尤其是西方发达国家起步较早。自20世纪80年代以来，美国、法国、日本等国家不断加强行政问责法治化建设，相继制定了较为完善的法律法规，设立了专门的行政问责机构，在异体问责、公众参与等领域进行了积极探索，积累了大量成功的经验。我国应当立足自身实际，认真研究西方国家行政问责的成功之处，吸取经验，以资借鉴。

（一）西方国家行政问责的成功经验

1. 依法明确责任，完善问责立法

英国早在 1906 年就颁布了《防止贪污法》，依法防控公务人员假公济私、滥用职权等违法行为。20 世纪 90 年代，英国政府在行政改革过程中公布了《公民宪章》和《政府现代化白皮书》，要求提高政府在公共服务中的责任以及官员对民众的责任。2001 年，根据布莱尔政府通过的《部长级官员准则》，部长级官员需要承担集体责任与个人责任，议会充当问责者的角色。

日本先后制定了《国家公务员法》《地方公务员法》《国家公务员伦理法》，以规范和约束公务员的行为。同时，日本还通过《人事院规则》《关于整顿经济关系罪责的法律》《关于整肃官厅风纪的决定》等法律法规对公务员的违法犯罪活动进行严肃惩处。

美国的行政问责立法水平高、覆盖面广，宪法、法律、州法令以及地方政府条例对政府及官员的责任都作了明确的规定。1958 年，国会通过了《政府工作人员道德准则》，为所有政府雇员包括官员制定了内容广泛的道德规范。1965 年颁布的《文官制度改革法》对政府公务员的行为准则、财务状况申报、职责义务等作了明确的规定。1978 年，美国国会通过了《政府道德法案》，要求在立法、司法、行政三大系统建立财务公开制度，规定政府官员、国会议员和政府中某些雇员必须每年公开自己的财产状况，并且详细规定了对包括总统在内的高级政府官员所提出的指控进行调查的程序。

2. 依法规制权力，惩戒行政违法

在法国，任何政府官员和公务员都需要接受各方的监督，而且不管职位高低，都要为自己的行为承担法律和行政责任。法国的行政法对行政行为、行政组织、治安、公共事业、责任和行政诉讼等都有具体的规范，既规定了行政权力机关的权能、行政活动的方式，也规定了对行政活动的损害后果及应该承担的责任，包括行政机关的责任和公务员的责任。在法国，官员的失职或以权谋私等行为往往成为行政法的惩戒对象。如果发生重大事故，造成很大影响，则有关人员会被迫或自动下台。即使被裁定没有行政责任，但如果造成很大损失，政府、政党或单位的负责人往往也会主动提出辞职，以免连累政党名誉或使政党败选。①

在美国，《宪法》规定："总统必须经常向国会提供关于联邦政府的信息，并且要对为什么否决国会所提出的议案陈述拒绝的理由，这些都必须公布在国会的正式记录之中。"《宪法》还要求政府"必须对所有公共资金的收据和开支进行定期的陈述和说明"。"若因为行为不当、被众议院弹劾或被参议院证明有罪，公共官员必须辞职。"除了《宪法》之外，美国许多联邦、州法令和地方条例也对促成政府与官员责任作了直接规定，如赋予公民检查公共记录的权利，要求公职候选人公开其助选人的姓名，关于公共官员公开其收入来源，要求立法议会向公众开放等规定。②

3. 依法监督权力，预防行政违法

瑞典对政府的监督主要通过议会进行，具体是通过监察专员办公室和宪法委员会来实施。监察专员办公室的监察范围包括法院及所有从中央到地方的行政机关及其官员。宪法委员会有权检查内阁的所有文件和记录，并每年向议会提交相应报告。

法国于1993年成立了跨部门的"预防贪污腐败中心"，该中心由高级法官及内政部、地方行政法庭、司法警察和税务部门的专家组成，定期组织对国家机关、公私企业的监督人员进行培训。此外，在法国还有公共生活透明委员会、审计法院、中央廉政署等民间或官方

---

① 高津英：《法国对官员问责依靠健全的行政和司法体系》，《党建》2004 年第 12 期。

② 周亚越：《行政问责制研究》，中国检察出版社 2006 年版，第 158 页。

预防职务犯罪的机构。

美国国会、政府分别设有监督部门，负责对政府部门及其官员的行为进行监督。国会设有政府责任办公室，帮助国会调查联邦政府部门的工作表现、预算经费的去向、政府项目是否达到预期目标、是否向公众提供良好的服务等。该机构还对政府的政策和项目情况进行评估和审计，对其违法或不当行为的指控进行调查，并提出法律决定和建议。政府内部建立了由政府道德办公室、专职道德官、监察长办公室和功绩制保护委员会等部门组成的专门监督机构。其中，政府道德办公室负责指导各行政部门有关利益冲突的政策问题并解释道德法，其主要职责是制定行政系统内的行政伦理规则与政策，审查政府官员的财产申报表，提供相关咨询与培训等。专职道德官设于政府主要部门和机构，专门负责审查和处理本部门中的利益冲突问题。政府道德办公室与专职道德官紧密合作，负责审查新任命的官员的财产申报表以及全体政府官员每年提交的财产申报表。根据1978年通过的《监察长法》，各行政机关内部设有监察长办公室，监察长依法享有独立调查权，其职责主要是调查和预防行政机构内部官员、承包商和担保人有关欺诈、浪费、滥用职权及其他违法违纪行为。

4. 重视信息公开，保障公众参与

政府信息公开是实现公民政治参与的必要条件，是建立和完善行政问责制的前提和基础。瑞典是世界上首创信息公开立法的国家，1766年制定了《出版自由法》，该法后来成为瑞典《宪法》的一部分。瑞典2003年官员问责制现状的报告特别强调，只有坚持政务公开，公众和传媒才能有效监督，问责制才能真正生效。除瑞典之外，欧洲的其他国家也非常重视政府信息公开。法国于1978年制定了《行政文书公开法》。英国于2000年正式通过《信息公开法》，推进政务公开，保障公众知情权。

在政府信息公开方面，美国制定了大量的法律文件，堪称典范。美国《宪法》规定，国会必须就其每次会议的内容、辩论、表决、国会开支等情况向公众定期发布；总统必须到国会发表国情咨文，报告工作情况；政府官员如有违法，司法过程必须公开。美国各州也制定了和《宪法》精神相符的各种条款，如要求政府官员公布收入来源和竞选捐款名单等，以确保公民的知情权。1966 年，美国制定了《信息公开法》，规定除涉及国家机密、法律有特殊规定的以外，政府及其工作人员在行使公共权力、管理公共事务过程中产生的公共信息，都应该通过一定渠道向社会公众公开。此后，美国于 1976 年颁布了《阳光下的联邦政府法》，1996 年又颁布了《信息自由法》，以保证政府信息公开，为公民监督政府及官员提供了多种法律依据。

（二）西方国家行政问责实践对我国的启示

综观西方国家的行政问责实践，其许多有益的做法值得我们学习和借鉴。"他山之石，可以攻玉"。我们应当虚心学习西方国家行政问责的成功经验，进一步提升我国行政问责工作的水准。

1. 统一问责立法，健全问责法制

西方国家行政问责法治化的实践表明，完善立法至关重要。只有依法明确行政机关及其公务员的权利、义务、责任，规范行政问责的主要环节和操作程序，行政问责才能落到实处。目前，我国的行政问责立法不尽如人意，主要表现为立法层次低、差异大、地区之间不平衡。现有法律文件包括省市人民政府制定的地方性规章以及国务院部委制定的部门规章，在法的效力上均属于最低层次。就内容而言，现有法律文件较为简单、笼统，且不同省市、不同部门之间的立法差异较大。以问责对象为例，有的只针对政府部门主要负责人，有的包括行政机关和事业单位的各级各类负责人，有的则涵盖各类行政主体及其工作人员。尤为重要的是，相当数量的省、自治区、直辖市人民政府至今没有制定专门的行政问责法律文件，导致行政问责于法无据。

我国立法机关应当尽快制定、出台《行政问责法》，从法律层面上统一各省、自治区、直辖市的地方性行政问责规章。《行政问责法》应当明确规定行政问责的基本原则，突出强调依法问责；应当明确行政问责的主体为各级人大、政府、人民法院和人民检察院，并明确各自的问责范围及权限；应当明确行政问责的对象为各类行政主体及其公务员；应当统一规定行政问责的事由，包括违法行政、不当行政、行政懈怠和行政不作为等；应当统一行政问责的方式、程序，明确法律救济途径。在《行政问责法》的统领之下，中央和地方政府可以依法制定符合自身实际的行政问责法规、规章，逐步形成完善的行政问责法律体系。

2. 加强人大问责

受"三权分立"、权力制衡理论的影响，西方国家非常重视权力机关在行政问责中的作用。如美国国会、瑞典议会均设有专门机构，对政府部门及其工作人员的工作实施监督，对违法和不当行政行为进行调查，依法追究责任。相比之下，我国的行政问责主体较为单一，绝大多数行政问责活动仍局限于行政机关内部，表现为上级政府对下级政府问责、政府对内部工作人员问责。作为国家权力机关的人大直接启动行政问责程序的情况较为少见，一般都是行政主体内部问责在先，人大问责在后，人大常常以配角的形式出现，其在行政问责中的应有作用远远没有发挥出来。

在我国，人大是广大人民群众参政、议政、实施法律监督的主要机构，也是实施行政问责最具权威的国家机关。应进一步强化人大对政府及其组成人员的监督，完善权力机关的责任追究机制。通过立法落实《宪法》和法律赋予各级人大及其常委会的各项问责权利，如特定问题调查权、质询权、罢免权、投不信任票权等。同时，要加强人大自身建设，进一步提升监督问责能力。要进一步改善人大代表的年龄结构、知识结构；提高专职人员在人大代表中的比例，建立专职人员办公经费账户，使人大代表有精力、有财力并且能相对独立地履行监督职责；在各级人大设立专门的监督问责机构，广泛吸纳民意，严格依法监督，不断加大人大刚性问责的力度。

3. 完善司法问责

司法问责在西方发达国家较为成熟。法国通过完备的行政司法体系对问题官员实施问责，而司法审查制度已经成为美国问责制度的特色。在美国，联邦最高法院对联邦行政机关及地方政府行使职权的行政行为进行违宪审查，凡是违反《宪法》的行政行为将被宣布无效，行政机关由此将承担相应的行政责任。相比之下，我国的司法问责还比较薄弱，既存在制度设计上的缺陷，也存在法律实施上的问题，亟须改革与完善。

目前，我国的司法问责亟须解决两大问题。一是改革司法机关现行的经费划拨方式和人事管理制度，改由地方政府划拨司法机关的经费为中央财政统一划拨，改由地方政府控制地方司法机关的人员编制为由其上一级司法机关与同级地方人大共同控制。通过改革，阻断行政机关对司法机关的牵制和影响，保证司法机关的独立性、权威性。二是加大司法机关对行政行为的司法审查力度，扩大司法机关的受案范围。应当明确，人民法院不仅有权审查行政行为的合法性，还有权审查行政行为的合理性，行政诉讼的范围应当涵盖违法行政、不当行政、行政不作为等各类涉诉行政行为，通过司法审判，依法确认行政机关及其公务员的责任。人民检察院应当加大职务犯罪侦查力度，行政机关工作人员玩忽职守、失职渎职、贪污受贿自然应当属于打击的对象，而政府部门领导人独断专行、决策失误也应当纳入问责的范围。

4. 推进政务公开，完善社会监督

西方国家比较重视政务公开，将其视为规范行政行为、保障政府公信力的重要手段。尤其是美国、英国等西方发达国家，通过立法将行政机关及其公务员行使公共权力、管理公共事务过程中产生的公共信息向社会公开，大力推进"阳光政府""透明政府"建设。与之相比，我国的政务公开刚刚起步，许多应当公开的政府信息并没有公之于众，导致一些政府决策缺乏民意支持，政令难以畅通，政府行为的公正性受到社会各界的质疑。

"公开是公共治道的必然要求，阳光是最好的消毒剂。"① 政务公

---

① 王学举：《论我国政府问责制之现实困境以及出路》，《理论与改革》2005 年第 1 期。

开是保证政府行为公正的前提，也是政府对人民负责、自觉接受社会监督的必然要求。在我国，国家的一切权力属于人民，人民有权了解和监督政府的各项工作，有权指出政府工作中的缺陷和不足，有权针对违法、不当行政行为进行责任追究。应当完善法律法规，健全监督制度，建立科学的公众参与系统，切实保障公众的问责权利。各级政府应当主动建立和完善公众参与渠道，包括公开听证、民意调查、建立咨询委员会等。应当正确对待媒体监督，充分发挥新闻媒介对行政问责制的推动和完善作用。要依法保障新闻媒体及从业人员的权利，保障新闻媒体监督渠道的畅通，促进信息公开，积极代民问责。①

二　港澳台地区行政问责之启示

我国港澳台行政问责制的推行，凸显了港、澳、台三地政府对民意的重视和对市民的责任，使公共政策的制定与执行更加协调，建立起选人、用人的新机制。通过调整政府职能并优化政府机构，提高了行政效率。港澳台行政问责实践不仅对港、澳、台三地公共行政未来的发展具有重大推动作用，而且对内地行政问责制的健康发展具有重要的借鉴意义。

（一）港澳台行政问责的成功之处

1. 重视异体行政问责

港澳台三地尽管地区情况有别，但三地在重视行政机关内部问责的同时，都较为重视异体行政问责。其中，香港在异体行政问责方面表现尤为突出。

香港经过百年的发展，已经形成了一个以立法会作为主干问责机关、多个问责机构协调配合的行政问责体制。其中，立法会、新闻媒体、社会公众均属于异体问责主体，在香港高官问责实践中发挥了特殊作用。立法会主要负责为各政策局政策措施严把法律关，并可对问

---

① 张成立：《西方国家行政问责法治化对我国的启示》，《当代世界与社会主义》2011年第1期。

责官员进行调查；新闻媒体则利用自己敏锐的观察能力、丰富的调查渠道对问责官员实行监督；社会公众可通过多种途径向有关部门反映问题，启动行政问责程序。香港高官问责制在问责主体上拓宽了问责人员的渠道，立法机关、社会精英、名流贤达均可提出意见进行问责，普通市民也能够对政府的施政方针提出质疑。这就克服了过去殖民统治者的歧视，使广大市民及时了解、监督政府的各项政务活动。

2. 法律制度比较完备

港澳台三地关于行政问责的立法比较到位，相关法律制度比较健全。在澳门特区，《澳门特别行政区主要官员通则》《澳门特别行政区主要官员守则》《领导及主管人员通则的基本规定》《领导及主管人员行为准则——义务及违反义务时的责任》等法律文件，构成了澳门较为完备的行政问责法律体系。在台湾地区，《政务人员法草案》作为重要的问责法律文件之一，对行政问责相关法律问题规定得明确而具体，增强了法律的可操作性。如，该法明确列举了政务人员应当辞职的情形，包括：决策错误造成重大损害，对部属执行政策疏于监督、严重影响人民权益，言行重大瑕疵影响政府形象，因健康或其他原因难以行使职权等。在香港特区，以《香港特别行政区基本法》作为香港特区法律体系的基本指导性文件，建立健全了各种责任制及可操作性规定，使行政问责制度中的标准进一步明确，失职、失责追究制度比较完备，行政问责的过程也有章可循，达到了法制化、规范化。港澳台三地完善的问责法律制度使行政官员能够明确自己的岗位职责，有效克服了机构臃肿、人浮于事、职责不清、出现问题无人负责的顽疾。

3. 将道德约束纳入法律体系，实现道德问责法制化

港澳台三地在重视政治问责的同时，也十分重视道德问责。以香港为例，特区政府很重视道德问责，对于官员的道德要求和道德约束十分严格，甚至近乎苛刻。特别表现为，将道德约束纳入法律体系，用具体条文固定下来，使法律与道德相结合，实现了道德问责的法制化。例如，2009年4月，月薪逾12万港元的香港环境保护署助理署长被环保署内部网络监控系统捕捉到，这位助理署长每日上班约一半

时间在浏览色情网页，部分时间每日上色情网站长达 6 小时之久，涉嫌使用特区政府资源处理私务。因为，根据香港特区政府《使用互联网指引》的规定，各政策局和部门除非有职责上的需要，不应使用办公室计算机浏览超越普遍可接受的道德标准的网站或从这些网站下载数据，以及不应大量使用互联网作私人通信或活动，员工应只使用经部门首长批准授权使用的互联网服务。根据上述法律规定，这位助理署长被发现违规后，面临被革职的最严厉处分。[①]

（二）港澳台行政问责实践之启示

综观港澳台行政问责实践，政府官员在承担政治责任时往往表现出较强的主动性，在政府官员中形成了责任意识，使得政府内部方向明确，团结一致，提高了行政效率，促进了责任政府的形成。港澳台行政问责实践对我国国内行政问责工作也带来了诸多启示。

1. 着力加大异体问责的力度

目前，国内官员问责大多还是局限于行政部门内部的上下级之间，属内部问责，即同体问责。在具体问责方式上，也大多是"行政问责"，还远没有达到"政治问责"的高度。表现在实践中，就是行政机关充当了问责主体。要建立科学完善的问责制度，必须着力加大异体问责力度。一方面，要明确人大监督的权力，借鉴港澳台的先进经验，建立合理的问责机制，实现人大问责的专门化、职业化、实效化。另一方面，要充分调动广大公民参与问责的积极性，充分发挥媒体在行政问责中的重要作用。

2. 进一步推进行政问责法制化

当前，我国国内行政问责法制建设存在许多不足之处。如，缺乏全国统一的《行政问责法》，地区之间、部门之间法律规定不一致，某些法律规定原则性过强、难以操作，某些领域还存在法律空白。以行政知情权为例，这种权利目前还仅仅停留在有关条文的理念层面

---

① 《香港环保署助理署长上班浏览色情网站面临革职》，《南方都市报》2009 年 4 月 8 日。

上，《宪法》还没有明确规定公民享有这项权利。此外，与行政问责相关的法律机制也不完善。虽然 2009 年 6 月出台的《关于实行党政领导干部问责的暂行规定》开始把中国的问责制推向制度化，但还有许多要配套完善的地方。因此，加强相关立法，健全相关制度，是健全行政问责制的一个重要方面，也是目前迫切需要解决的问题。

3. 积极促进道德问责法制化

我国目前对行政机关工作人员的道德要求缺乏细化、具体化，可操作性不强，对于违犯者的惩处也不严。所以，对于目前出现的行政机关工作人员不违法但又不合理的行政行为，缺乏惩处的合理依据。以网络道德失范为例，因上网道德问题而丢官，这在我国国内基本没有惩处标准，也很难执行。但是，这种行为却往往严重损害政府形象和官员形象，予以问责确有必要。一个有责任的政府必须承担政治责任、行政责任、法律责任和道德责任。因此，我们应当借鉴港澳台三地的成功做法，在重视法律问责的同时，还要重视道德问责。应当切实加强对官员的道德约束，并且将道德约束纳入法律体系，将法律与道德结合在一起，实现道德问责的法制化。

结　语

行政问责源于现代西方发达国家，是西方政党政治的产物。作为一种规范，行政问责是指特定的问责主体针对各级政府及其公务员承担的职责和义务的履行情况而实施的，并要求其承担否定性结果的一种规范。① 作为一种制度，行政问责是指问责主体对于行政机关及其公务员的行政行为实施有效监督，并对其违法行政、不当行政、损害行政相对人合法权益等行为依法追究责任的制度。在经历了长期的发展、完善之后，西方国家已经形成了一套完整的行政问责运行机制和法律体系，有效监督和制约了行政主体及其公务员的行政行为。

相比之下，我国的行政问责制度起步较晚。2002 年 7 月，香港特别行政区政府建立了"高官问责制"，成为我国最早的行政问责立法。2003 年的 SARS 危机，正式拉开了行政问责实践的大幕。随后，我国的长沙市、重庆市、天津市、海南省等省市政府陆续制定了关于行政问责的规章制度。党的十八大以来，随着我国民主政治的不断进步、党风廉政建设的逐步加强，行政问责法治化进程明显加快，充分体现了党和政府"立党为公、执政为民"的宗旨，从严治党、反腐倡廉的决心。实践证明，行政问责是端正党风政风、治理腐败的重要手段，是党风廉政建设健康发展的法制保障。

当然，毋庸讳言，我国的行政问责制度尚处于初创、探索阶段。目前，还没有全国性的行政问责统一规定，现有的地方性规定自成一体，很不一致。从实践来看，我国的行政问责活动存在规定不统一、

---

① 周亚越：《行政问责制的内涵及其意义》，《理论与改革》2004 年第 7 期。

制度不健全、实施效果差等诸多问题。尤其是问责形式比较单一，行政机关内部问责一枝独秀，异体行政问责软弱无力，严重影响了行政问责的实效。

"行政问责的本质在于对公共权力进行监督以及对过失权力进行责任追究，体现了责任政府的原则，是责任政府的具体体现形式，其最终目的在于保证政府系统的正常运行、遏制权力腐败以及保障公众利益尽量不受损失或损失最小化。"① 行政问责既关乎行政运行，又事关公众利益、社会稳定。因此，高效的行政问责需要社会各界的共同参与，充分发挥国家权力机关、司法机关、新闻媒体、党团组织以及广大公民的问责作用，逐步形成多方参与、齐抓共管的多元问责新格局。这是行政问责制度设计的必然要求，也是我国未来行政问责工作改革的正确方向。

为了构建科学、高效的行政问责体系，充分发挥多元问责主体、特别是国家权力机关、司法机关的重要作用，应当进一步完善异体行政问责制度，依法明确各自的问责范围、问责权限、问责程序等。同时，结合我国的政治体制改革，理顺国家权力机关、司法机关与国家行政机关之间的关系，以权力制衡为抓手，依法落实各级人民代表大会、人民法院、人民检察院的问责主体地位。

在实际工作中，除了如前所述诸多完善措施，如统一行政问责立法、健全行政问责机制、保障异体行政问责主体的地位、增强异体行政问责主体的问责意识等，还应当不断优化行政问责环境，实现行政问责常态化、制度化。由于行政问责制度在我国起步较晚，广大社会公众对其比较陌生。相当一部分人，包括国家机关的公务员，并未真正了解行政问责的功能和价值，往往只将其视为反腐倡廉的一种手段。某些行政问责主体认识不到行政问责制度化、常态化的重要性，习惯于搞突击活动，热衷于刮"问责风暴"。客观地分析，现有的行

---

① 谭功荣：《问责制：责任政府最基本的实践形式》，《福建省委党校学报》2004 年第 7 期。

政问责环境不利于行政问责制度的推广和落实，亟须改善和优化。

优化行政问责环境，首先，要让广大社会公众了解它、熟悉它，创造良好的外部氛围。各级人民代表大会、人民政府、人民法院、人民检察院等问责主体，应当加大工作力度，通过新闻媒体等渠道广泛宣传、普及行政问责的基础知识和法律规定。要让社会公众充分认识行政问责的功能和作用，了解行政问责的范围、标准、程序和责任类型，正确行使公民依法享有的监督、问责权力。其次，优化行政问责环境，要加强对国家机关公务员的引导和教育，重点消除行政机关内部的阻力。行政机关公务员是行政问责的对象，也是行政问责活动的具体实施者之一，行政问责的效果很大程度上取决于国家机关公务员特别是行政机关公务员对于行政问责工作的态度和做法。要注意克服行政机关公务员的消极、抵触情绪，既要让他们切身感受到行政问责的压力，又要让他们充分认识到行政问责带来的动力。通过教育，使广大公务员对行政问责工作保持一颗平常心，正确对待，积极参与，自觉规范行政行为，避免违法违纪。最后，优化行政问责环境要加强行政问责规章制度建设，使行政问责成为一项日常性工作。在行政问责初创时期，由于制度不完善，行政问责难以有规律地开展，偶尔搞一些"问责风暴"是正常的。但是，从长计议，行政问责必须实现常态化，尽量避免松弛有别、大起大落。实现常态化，关键在于加强行政问责规章制度建设。在建立和完善行政问责法律制度的同时，要加快国家权力机关、行政机关、司法机关等多元问责主体内部规章制度的配套建设，细化行政问责程序，强化行政问责落实，使行政问责工作步入法制化、制度化轨道。①

行政问责工作是一项严肃、复杂的系统工程，不可能一蹴而就，需要多方参与，多管并举。既要立足我国国情，一切从实际出发，又要大胆借鉴、虚心学习西方国家的先进经验，取其精华，除其糟粕。既要充分发挥行政机关内部问责的作用，又要高度重视异体行政问责

① 张成立：《行政问责基本原则探析》，《山东社会科学》2010年第3期。

制度建设，依法落实权力机关、司法机关、新闻媒体、公民等的行政问责主体地位，逐步形成多元、高效的行政问责新局面。同时，在行政问责工作中，应当进一步加强党的领导，科学处理党纪与国法的关系。行政问责工作不仅要以党的路线、方针、政策为指导，而且，行政问责的相关法律、法规、规章、制度等均可以中国共产党党内监督、问责规定为重要参照，以保持统一性。党的十八大以来，相继制定、颁布了一系列关于党内监督、问责的规定，如《中国共产党巡视条例》《中国共产党问责条例》《中国共产党党内监督条例》等。这些规定将会对我国的行政问责立法、执法、监督等工作起到示范、带动作用，既有利于保证行政问责的正确方向，又能够丰富行政问责的内容，推动行政问责工作向更高层次发展。

附　录

中国异体行政问责相关法律规定

一　《宪法》（节选）

第四十一条　中华人民共和国公民对于任何国家机关和国家工作人员，有提出批评和建议的权利；对于任何国家机关和国家工作人员的违法失职行为，有向有关国家机关提出申诉、控告或者检举的权利，但是不得捏造或者歪曲事实进行诬告陷害。

对于公民的申诉、控告或者检举，有关国家机关必须查清事实，负责处理。任何人不得压制和打击报复。

由于国家机关和国家工作人员侵犯公民权利而受到损失的人，有依照法律规定取得赔偿的权利。

第六十三条　全国人民代表大会有权罢免下列人员：

（二）国务院总理、副总理、国务委员、各部部长、各委员会主任、审计长、秘书长；

第六十七条　全国人民代表大会常务委员会行使下列职权：

（六）监督国务院、中央军事委员会、最高人民法院和最高人民检察院的工作；

（七）撤销国务院制定的同宪法、法律相抵触的行政法规、决定和命令；

第七十一条　全国人民代表大会和全国人民代表大会常务委员会认为必要的时候，可以组织关于特定问题的调查委员会，并且根据调查委员会的报告，做出相应的决议。

调查委员会进行调查的时候，一切有关的国家机关、社会团体和公民都有义务向它提供必要的材料。

第七十三条　全国人民代表大会代表在全国人民代表大会开会期间，全国人民代表大会常务委员会组成人员在常务委员会开会期间，有权依照法律规定的程序提出对国务院或者国务院各部、各委员会的质询案。受质询的机关必须负责答复。

第一百零一条　地方各级人民代表大会分别选举并且有权罢免本级人民政府的省长和副省长、市长和副市长、县长和副县长、区长和副区长、乡长和副乡长、镇长和副镇长。

第一百零四条　县级以上的地方各级人民代表大会常务委员会讨论、决定本行政区域内各方面工作的重大事项；监督本级人民政府、人民法院和人民检察院的工作；撤销本级人民政府的不适当的决定和命令；撤销下一级人民代表大会的不适当的决议；依照法律规定的权限决定国家机关工作人员的任免；在本级人民代表大会闭会期间，罢免和补选上一级人民代表大会的个别代表。

二　《地方各级人民代表大会和地方各级人民政府组织法》（节选）

第八条　县级以上的地方各级人民代表大会行使下列职权：

（十一）撤销本级人民政府的不适当的决定和命令；

第九条　乡、民族乡、镇的人民代表大会行使下列职权：

（九）撤销乡、民族乡、镇的人民政府的不适当的决定和命令；

第十条　地方各级人民代表大会有权罢免本级人民政府的组成人员。县级以上的地方各级人民代表大会有权罢免本级人民代表大会常务委员会的组成人员和由它选出的人民法院院长、人民检察院检察长。罢免人民检察院检察长，须报经上一级人民检察院检察长提请该级人民代表大会常务委员会批准。

第二十六条　县级以上的地方各级人民代表大会举行会议的时候，主席团、常务委员会或者十分之一以上代表联名，可以提出对本级人民代表大会常务委员会组成人员、人民政府组成人员、人民法院院长、人民检察院检察长的罢免案，由主席团提请大会审议。

乡、民族乡、镇的人民代表大会举行会议的时候，主席团或者五分之一以上代表联名，可以提出对人民代表大会主席、副主席，乡长、副乡长，镇长、副镇长的罢免案，由主席团提请大会审议。

罢免案应当写明罢免理由。

被提出罢免的人员有权在主席团会议或者大会全体会议上提出申辩意见，或者书面提出申辩意见。在主席团会议上提出的申辩意见或者书面提出的申辩意见，由主席团印发会议。

向县级以上的地方各级人民代表大会提出的罢免案，由主席团交会议审议后，提请全体会议表决；或者由主席团提议，经全体会议决定，组织调查委员会，由本级人民代表大会下次会议根据调查委员会的报告审议决定。

第二十八条 地方各级人民代表大会举行会议的时候，代表十人以上联名可以书面提出对本级人民政府和它所属各工作部门以及人民法院、人民检察院的质询案。质询案必须写明质询对象、质询的问题和内容。

质询案由主席团决定交由受质询机关在主席团会议、大会全体会议或者有关的专门委员会会议上口头答复，或者由受质询机关书面答复。在主席团会议或者专门委员会会议上答复的，提质询案的代表有权列席会议，发表意见；主席团认为必要的时候，可以将答复质询案的情况报告印发会议。

质询案以口头答复的，应当由受质询机关的负责人到会答复；质询案以书面答复的，应当由受质询机关的负责人签署，由主席团印发会议或者印发提质询案的代表。

第二十九条 在地方各级人民代表大会审议议案的时候，代表可以向有关地方国家机关提出询问，由有关机关派人说明。

第三十一条 县级以上的地方各级人民代表大会可以组织关于特定问题的调查委员会。

主席团或者十分之一以上代表书面联名，可以向本级人民代表大会提议组织关于特定问题的调查委员会，由主席团提请全体会议决定。

调查委员会由主任委员、副主任委员和委员组成，由主席团在代表中提名，提请全体会议通过。

调查委员会应当向本级人民代表大会提出调查报告。人民代表大会根据调查委员会的报告，可以做出相应的决议。人民代表大会可以授权它的常务委员会听取调查委员会的调查报告，常务委员会可以做出相应的决议，报人民代表大会下次会议备案。

第四十四条　县级以上的地方各级人民代表大会常务委员会行使下列职权：

（六）监督本级人民政府、人民法院和人民检察院的工作，联系本级人民代表大会代表，受理人民群众对上述机关和国家工作人员的申诉和意见；

（八）撤销本级人民政府的不适当的决定和命令；

（十二）在本级人民代表大会闭会期间，决定撤销个别副省长、自治区副主席、副市长、副州长、副县长、副区长的职务；决定撤销由它任命的本级人民政府其他组成人员和人民法院副院长、庭长、副庭长、审判委员会委员、审判员，人民检察院副检察长、检察委员会委员、检察员，中级人民法院院长，人民检察院分院检察长的职务；

第四十七条　在常务委员会会议期间，省、自治区、直辖市、自治州、设区的市的人民代表大会常务委员会组成人员五人以上联名，县级的人民代表大会常务委员会组成人员三人以上联名，可以向常务委员会书面提出对本级人民政府、人民法院、人民检察院的质询案。质询案必须写明质询对象、质询的问题和内容。

质询案由主任会议决定交由受质询机关在常务委员会全体会议上或者有关的专门委员会会议上口头答复，或者由受质询机关书面答复。在专门委员会会议上答复的，提质询案的常务委员会组成人员有权列席会议，发表意见；主任会议认为必要的时候，可以将答复质询案的情况报告印发会议。

质询案以口头答复的，应当由受质询机关的负责人到会答复；质询案以书面答复的，应当由受质询机关的负责人签署，由主任会议印发会议或者印发提质询案的常务委员会组成人员。

第五十二条　主任会议或者五分之一以上的常务委员会组成人员书面联名，可以向本级人民代表大会常务委员会提议组织关于特定问题的调查委员会，由全体会议决定。

调查委员会由主任委员、副主任委员和委员组成，由主任会议在常务委员会组成人员和其他代表中提名，提请全体会议通过。

调查委员会应当向本级人民代表大会常务委员会提出调查报告。常务委员会根据调查委员会的报告，可以做出相应的决议。

三　《各级人民代表大会常务委员会监督法》（节选）

第五条　各级人民代表大会常务委员会对本级人民政府、人民法院和人民检察院的工作实施监督，促进依法行政、公正司法。

第二十九条　县级以上地方各级人民代表大会常务委员会审查、撤销下一级人民代表大会及其常务委员会做出的不适当的决议、决定和本级人民政府发布的不适当的决定、命令的程序，由省、自治区、直辖市的人民代表大会常务委员会参照立法法的有关规定，做出具体规定。

第三十条　县级以上地方各级人民代表大会常务委员会对下一级人民代表大会及其常务委员会做出的决议、决定和本级人民政府发布的决定、命令，经审查，认为有下列不适当的情形之一的，有权予以撤销：

（一）超越法定权限，限制或者剥夺公民、法人和其他组织的合法权利，或者增加公民、法人和其他组织的义务的；

（二）同法律、法规规定相抵触的；

（三）有其他不适当的情形，应当予以撤销的。

第三十四条　各级人民代表大会常务委员会会议审议议案和有关报告时，本级人民政府或者有关部门、人民法院或者人民检察院应当派有关负责人员到会，听取意见，回答询问。

第三十五条　全国人民代表大会常务委员会组成人员十人以上联名，省、自治区、直辖市、自治州、设区的市人民代表大会常务委员会组成人员五人以上联名，县级人民代表大会常务委员会组成人员三人以上联名，可以向常务委员会书面提出对本级人民政府及其部门和人民法院、人民检察院的质询案。

质询案应当写明质询对象、质询的问题和内容。

第三十六条　质询案由委员长会议或者主任会议决定交由受质询的机关答复。

委员长会议或者主任会议可以决定由受质询机关在常务委员会会议上或者有关专门委员会会议上口头答复，或者由受质询机关书面答复。在专门委员会会议上答复的，提质询案的常务委员会组成人员有权列席会议，发表意见。委员长会议或者主任会议认为必要时，可以将答复质询案的情况报告印发常务委员会会议。

第三十七条　提质询案的常务委员会组成人员的过半数对受质询机关的答复不满意的，可以提出要求，经委员长会议或者主任会议决定，由受质询机关再作答复。

第三十八条　质询案以口头答复的，由受质询机关的负责人到会答复。质询案以书面答复的，由受质询机关的负责人签署。

第三十九条　各级人民代表大会常务委员会对属于其职权范围内的事项，需要做出决议、决定，但有关重大事实不清的，可以组织关于特定问题的调查委员会。

第四十条　委员长会议或者主任会议可以向本级人民代表大会常务委员会提议组织关于特定问题的调查委员会，提请常务委员会审议。

五分之一以上常务委员会组成人员书面联名，可以向本级人民代表大会常务委员会提议组织关于特定问题的调查委员会，由委员长会议或者主任会议决定提请常务委员会审议，或者先交有关的专门委员会审议、提出报告，再决定提请常务委员会审议。

第四十一条　调查委员会由主任委员、副主任委员和委员组成，由委员长会议或者主任会议在本级人民代表大会常务委员会组成人员和本级人民代表大会代表中提名，提请常务委员会审议通过。调查委员会可以聘请有关专家参加调查工作。

与调查的问题有利害关系的常务委员会组成人员和其他人员不得参加调查委员会。

第四十二条　调查委员会进行调查时，有关的国家机关、社会团体、企业事业组织和公民都有义务向其提供必要的材料。

提供材料的公民要求对材料来源保密的，调查委员会应当予以保密。

调查委员会在调查过程中，可以不公布调查的情况和材料。

第四十三条　调查委员会应当向产生它的常务委员会提出调查报告。常务委员会根据报告，可以做出相应的决议、决定。

第四十四条　县级以上地方各级人民代表大会常务委员会在本级人民代表大会闭会期间，可以决定撤销本级人民政府个别副省长、自治区副主席、副市长、副州长、副县长、副区长的职务；可以撤销由它任命的本级人民政府其他组成人员和人民法院副院长、庭长、副庭长、审判委员会委员、审判员，人民检察院副检察长、检察委员会委员、检察员，中级人民法院院长，人民检察院分院检察长的职务。

第四十五条　县级以上地方各级人民政府、人民法院和人民检察院，可以向本级人民代表大会常务委员会提出对本法第四十四条所列国家机关工作人员的撤职案。

县级以上地方各级人民代表大会常务委员会主任会议，可以向常务委员会提出对本法第四十四条所列国家机关工作人员的撤职案。

县级以上地方各级人民代表大会常务委员会五分之一以上的组成人员书面联名，可以向常务委员会提出对本法第四十四条所列国家机关工作人员的撤职案，由主任会议决定是否提请常务委员会会议审议；或者由主任会议提议，经全体会议决定，组织调查委员会，由以后的常务委员会会议根据调查委员会的报告审议决定。

第四十六条　撤职案应当写明撤职的对象和理由，并提供有关的材料。

撤职案在提请表决前，被提出撤职的人员有权在常务委员会会议上提出申辩意见，或者书面提出申辩意见，由主任会议决定印发常务委员会会议。

撤职案的表决采用无记名投票的方式，由常务委员会全体组成人员的过半数通过。

四　《刑法》（节选）

第三百八十二条　国家工作人员利用职务上的便利，侵吞、窃取、骗取或者以其他手段非法占有公共财物的，是贪污罪。

受国家机关、国有公司、企业、事业单位、人民团体委托管理、经营国有财产的人员，利用职务上的便利，侵吞、窃取、骗取或者以其他手段非法占有国有财物的，以贪污论。

与前两款所列人员勾结，伙同贪污的，以共犯论处。

第三百八十三条　对犯贪污罪的，根据情节轻重，分别依照下列规定处罚：

（一）贪污数额较大或者有其他较重情节的，处三年以下有期徒刑或者拘役，并处罚金。

（二）贪污数额巨大或者有其他严重情节的，处三年以上十年以下有期徒刑，并处罚金或者没收财产。

（三）贪污数额特别巨大或者有其他特别严重情节的，处十年以上有期徒刑或者无期徒刑，并处罚金或者没收财产；数额特别巨大并使国家和人民利益遭受特别重大损失的，处无期徒刑或者死刑，并处没收财产。

对多次贪污未经处理的，按照累计贪污数额处罚。

犯第一款罪，在提起公诉前如实供述自己罪行、真诚悔罪、积极退赃，避免、减少损害结果的发生，有第一项规定情形的，可以从轻、减轻或者免除处罚；有第二项、第三项规定情形的，可以从轻处罚。

犯第一款罪，有第三项规定情形被判处死刑缓期执行的，人民法院根据犯罪情节等情况可以同时决定在其死刑缓期执行二年期满依法减为无期徒刑后，终身监禁，不得减刑、假释。

第三百八十四条　国家工作人员利用职务上的便利，挪用公款归个人使用，进行非法活动的，或者挪用公款数额较大、进行营利活动的，或者挪用公款数额较大、超过三个月未还的，是挪用公款罪，处五年以下有期徒刑或者拘役；情节严重的，处五年以上有期徒刑。挪用公款数额巨大不退还的，处十年以上有期徒刑或者无期徒刑。

挪用用于救灾、抢险、防汛、优抚、扶贫、移民、救济款物归个人使用的，从重处罚。

第三百八十五条　国家工作人员利用职务上的便利，索取他人财物的，或者非法收受他人财物，为他人谋取利益的，是受贿罪。

国家工作人员在经济往来中，违反国家规定，收受各种名义的回扣、手续费，归个人所有的，以受贿论处。

第三百八十六条　对犯受贿罪的，根据受贿所得数额及情节，依照本法第三百八十三条的规定处罚。索贿的从重处罚。

第三百八十七条　国家机关、国有公司、企业、事业单位、人民团体，索取、非法收受他人财物，为他人谋取利益，情节严重的，对单位判处罚金，并对其直接负责的主管人员和其他直接责任人员，处五年以下有期徒刑或者拘役。

前款所列单位，在经济往来中，在帐外暗中收受各种名义的回扣、手续费的，以受贿论，依照前款的规定处罚。

第三百八十八条　国家工作人员利用本人职权或者地位形成的便利条件，通过其他国家工作人员职务上的行为，为请托人谋取不正当利益，索取请托人财物或者收受请托人财物的，以受贿论处。

国家工作人员的近亲属或者其他与该国家工作人员关系密切的人，通过该国家工作人员职务上的行为，或者利用该国家工作人员职权或者地位形成的便利条件，通过其他国家工作人员职务上的行为，为请托人谋取不正当利益，索取请托人财物或者收受请托人财物，数额较大或者有其他较重情节的，处三年以下有期徒刑或者拘役，并处罚金；数额巨大或者有其他严重情节的，处三年以上七年以下有期徒刑，并处罚金；数额特别巨大或者有其他特别严重情节的，处七年以上有期徒刑，并处罚金或者没收财产。

离职的国家工作人员或者其近亲属以及其他与其关系密切的人，利用该离职的国家工作人员原职权或者地位形成的便利条件实施前款行为的，依照前款的规定定罪处罚。

第三百九十三条　单位为谋取不正当利益而行贿，或者违反国家规定，给予国家工作人员以回扣、手续费，情节严重的，对单位判处罚金，并对其直接负责的主管人员和其他直接责任人员，处五年以下有期徒刑或者拘役，并处罚金。因行贿取得的违法所得归个人所有的，依照本法第三百八十九条、第三百九十条的规定定罪处罚。

第三百九十四条　国家工作人员在国内公务活动或者对外交往中接受礼物，依照国家规定应当交公而不交公，数额较大的，依照本法第三百八十二条、第三百八十三条的规定定罪处罚。

第三百九十五条　国家工作人员的财产、支出明显超过合法收入，差额巨大的，可以责令该国家工作人员说明来源，不能说明来源的，差额部分以非法所得论，处五年以下有期徒刑或者拘役；差额特别巨大的，处五年以上十年以下有期徒刑。财产的差额部分予以追缴。

国家工作人员在境外的存款，应当依照国家规定申报。数额较大、隐瞒不报的，处二年以下有期徒刑或者拘役；情节较轻的，由其所在单位或者上级主管机关酌情给予行政处分。

第三百九十六条　国家机关、国有公司、企业、事业单位、人民团体，违反国家规定，以单位名义将国有资产集体私分给个人，数额较大的，对其直接负责的主管人员和其他直接责任人员，处三年以下有期徒刑或者拘役，并处或者单处罚金；数额巨大的，处三年以上七年以下有期徒刑，并处罚金。

司法机关、行政执法机关违反国家规定，将应当上缴国家的罚没财物，以单位名义集体私分给个人的，依照前款的规定处罚。

第三百九十七条 国家机关工作人员滥用职权或者玩忽职守，致使公共财产、国家和人民利益遭受重大损失的，处三年以下有期徒刑或者拘役；情节特别严重的，处三年以上七年以下有期徒刑。本法另有规定的，依照规定。

国家机关工作人员徇私舞弊，犯前款罪的，处五年以下有期徒刑或者拘役；情节特别严重的，处五年以上十年以下有期徒刑。本法另有规定的，依照规定。

第三百九十八条 国家机关工作人员违反保守国家秘密法的规定，故意或者过失泄露国家秘密，情节严重的，处三年以下有期徒刑或者拘役；情节特别严重的，处三年以上七年以下有期徒刑。

非国家机关工作人员犯前款罪的，依照前款的规定酌情处罚。

第四百零二条 行政执法人员徇私舞弊，对依法应当移交司法机关追究刑事责任的不移交，情节严重的，处三年以下有期徒刑或者拘役；造成严重后果的，处三年以上七年以下有期徒刑。

第四百零三条 国家有关主管部门的国家机关工作人员，徇私舞弊，滥用职权，对不符合法律规定条件的公司设立、登记申请或者股票、债券发行、上市申请，予以批准或者登记，致使公共财产、国家和人民利益遭受重大损失的，处五年以下有期徒刑或者拘役。

上级部门强令登记机关及其工作人员实施前款行为的，对其直接负责的主管人员，依照前款的规定处罚。

第四百零四条 税务机关的工作人员徇私舞弊，不征或者少征应征税款，致使国家税收遭受重大损失的，处五年以下有期徒刑或者拘役；造成特别重大损失的，处五年以上有期徒刑。

第四百零五条 税务机关的工作人员违反法律、行政法规的规定，在办理发售发票、抵扣税款、出口退税工作中，徇私舞弊，致使国家利益遭受重大损失的，处五年以下有期徒刑或者拘役；致使国家利益遭受特别重大损失的，处五年以上有期徒刑。

其他国家机关工作人员违反国家规定，在提供出口货物报关单、出口收汇核销单等出口退税凭证的工作中，徇私舞弊，致使国家利益遭受重大损失的，依照前款的规定处罚。

第四百零六条　国家机关工作人员在签订、履行合同过程中，因严重不负责任被诈骗，致使国家利益遭受重大损失的，处三年以下有期徒刑或者拘役；致使国家利益遭受特别重大损失的，处三年以上七年以下有期徒刑。

第四百零七条　林业主管部门的工作人员违反森林法的规定，超过批准的年采伐限额发放林木采伐许可证或者违反规定滥发林木采伐许可证，情节严重，致使森林遭受严重破坏的，处三年以下有期徒刑或者拘役。

第四百零八条　负有环境保护监督管理职责的国家机关工作人员严重不负责任，导致发生重大环境污染事故，致使公私财产遭受重大损失或者造成人身伤亡的严重后果的，处三年以下有期徒刑或者拘役。

负有食品安全监督管理职责的国家机关工作人员，滥用职权或者玩忽职守，导致发生重大食品安全事故或者造成其他严重后果的，处五年以下有期徒刑或者拘役；造成特别严重后果的，处五年以上十年以下有期徒刑。

徇私舞弊犯前款罪的，从重处罚。

第四百零九条　从事传染病防治的政府卫生行政部门的工作人员严重不负责任，导致传染病传播或者流行，情节严重的，处三年以下有期徒刑或者拘役。

第四百一十条　国家机关工作人员徇私舞弊，违反土地管理法规，滥用职权，非法批准征收、征用、占用土地，或者非法低价出让国有土地使用权，情节严重的，处三年以下有期徒刑或者拘役；致使国家或者集体利益遭受特别重大损失的，处三年以上七年以下有期徒刑。

第四百一十一条　海关工作人员徇私舞弊，放纵走私，情节严重的，处五年以下有期徒刑或者拘役；情节特别严重的，处五年以上有期徒刑。

第四百一十二条　国家商检部门、商检机构的工作人员徇私舞弊，伪造检验结果的，处五年以下有期徒刑或者拘役；造成严重后果的，处五年以上十年以下有期徒刑。

前款所列人员严重不负责任，对应当检验的物品不检验，或者延误检验出证、错误出证，致使国家利益遭受重大损失的，处三年以下有期徒刑或者拘役。

第四百一十三条　动植物检疫机关的检疫人员徇私舞弊，伪造检疫结果的，处五年以下有期徒刑或者拘役；造成严重后果的，处五年以上十年以下有期徒刑。

前款所列人员严重不负责任，对应当检疫的检疫物不检疫，或者延误检疫出证、错误出证，致使国家利益遭受重大损失的，处三年以下有期徒刑或者拘役。

第四百一十四条　对生产、销售伪劣商品犯罪行为负有追究责任的国家机关工作人员，徇私舞弊，不履行法律规定的追究职责，情节严重的，处五年以下有期徒刑或者拘役。

第四百一十五条　负责办理护照、签证以及其他出入境证件的国家机关工作人员，对明知是企图偷越国（边）境的人员，予以办理出入境证件的，或者边防、海关等国家机关工作人员，对明知是偷越国（边）境的人员，予以放行的，处三年以下有期徒刑或者拘役；情节严重的，处三年以上七年以下有期徒刑。

第四百一十六条　对被拐卖、绑架的妇女、儿童负有解救职责的国家机关工作人员，接到被拐卖、绑架的妇女、儿童及其家属的解救要求或者接到其他人的举报，而对被拐卖、绑架的妇女、儿童不进行解救，造成严重后果的，处五年以下有期徒刑或者拘役。

负有解救职责的国家机关工作人员利用职务阻碍解救的，处二年以上七年以下有期徒刑；情节较轻的，处二年以下有期徒刑或者拘役。

第四百一十七条 有查禁犯罪活动职责的国家机关工作人员，向犯罪分子通风报信、提供便利，帮助犯罪分子逃避处罚的，处三年以下有期徒刑或者拘役；情节严重的，处三年以上十年以下有期徒刑。

第四百一十八条 国家机关工作人员在招收公务员、学生工作中徇私舞弊，情节严重的，处三年以下有期徒刑或者拘役。

第四百一十九条 国家机关工作人员严重不负责任，造成珍贵文物损毁或者流失，后果严重的，处三年以下有期徒刑或者拘役。

五 《行政诉讼法》

第一章 总 则

第一条 为保证人民法院公正、及时审理行政案件，解决行政争议，保护公民、法人和其他组织的合法权益，监督行政机关依法行使职权，根据《宪法》，制定本法。

第二条 公民、法人或者其他组织认为行政机关和行政机关工作人员的行政行为侵犯其合法权益，有权依照本法向人民法院提起诉讼。

前款所称行政行为，包括法律、法规、规章授权的组织做出的行政行为。

第三条 人民法院应当保障公民、法人和其他组织的起诉权利，对应当受理的行政案件依法受理。

行政机关及其工作人员不得干预、阻碍人民法院受理行政案件。

被诉行政机关负责人应当出庭应诉。不能出庭的，应当委托行政机关相应的工作人员出庭。

第四条 人民法院依法对行政案件独立行使审判权，不受行政机关、社会团体和个人的干涉。

人民法院设行政审判庭，审理行政案件。

第五条 人民法院审理行政案件，以事实为根据，以法律为准绳。

第六条 人民法院审理行政案件，对行政行为是否合法进行审查。

第七条 人民法院审理行政案件，依法实行合议、回避、公开审判和两审终审制度。

第八条 当事人在行政诉讼中的法律地位平等。

第九条 各民族公民都有用本民族语言、文字进行行政诉讼的权利。

在少数民族聚居或者多民族共同居住的地区，人民法院应当用当地民族通用的语言、文字进行审理和发布法律文书。

人民法院应当对不通晓当地民族通用的语言、文字的诉讼参与人提供翻译。

第十条 当事人在行政诉讼中有权进行辩论。

第十一条 人民检察院有权对行政诉讼实行法律监督。

第二章 受案范围

第十二条 人民法院受理公民、法人或者其他组织提起的下列诉讼：

（一）对行政拘留、暂扣或者吊销许可证和执照、责令停产停业、没收违法所得、没收非法财物、罚款、警告等行政处罚不服的；

（二）对限制人身自由或者对财产的查封、扣押、冻结等行政强制措施和行政强制执行不服的；

（三）申请行政许可，行政机关拒绝或者在法定期限内不予答复，或者对行政机关做出的有关行政许可的其他决定不服的；

（四）对行政机关做出的关于确认土地、矿藏、水流、森林、山岭、草原、荒地、滩涂、海域等自然资源的所有权或者使用权的决定不服的；

（五）对征收、征用决定及其补偿决定不服的；

（六）申请行政机关履行保护人身权、财产权等合法权益的法定职责，行政机关拒绝履行或者不予答复的；

（七）认为行政机关侵犯其经营自主权或者农村土地承包经营权、农村土地经营权的；

（八）认为行政机关滥用行政权力排除或者限制竞争的；

（九）认为行政机关违法集资、摊派费用或者违法要求履行其他义务的；

（十）认为行政机关没有依法支付抚恤金、最低生活保障待遇或者社会保险待遇的；

（十一）认为行政机关不依法履行、未按照约定履行或者违法变更、解除政府特许经营协议、土地房屋征收补偿协议等协议的；

（十二）认为行政机关侵犯其他人身权、财产权等合法权益的。

除前款规定外，人民法院受理法律、法规规定可以提起诉讼的其他行政案件。

第十三条　人民法院不受理公民、法人或者其他组织对下列事项提起的诉讼：

（一）国防、外交等国家行为；

（二）行政法规、规章或者行政机关制定、发布的具有普遍约束力的决定、命令；

（三）行政机关对行政机关工作人员的奖惩、任免等决定；

（四）法律规定由行政机关最终裁决的行政行为。

第三章　管　　辖

第十四条　基层人民法院管辖第一审行政案件。

第十五条　中级人民法院管辖下列第一审行政案件：

（一）对国务院部门或者县级以上地方人民政府所作的行政行为提起诉讼的案件；

（二）海关处理的案件；

（三）本辖区内重大、复杂的案件；

（四）其他法律规定由中级人民法院管辖的案件。

第十六条　高级人民法院管辖本辖区内重大、复杂的第一审行政案件。

第十七条　最高人民法院管辖全国范围内重大、复杂的第一审行政案件。

第十八条 行政案件由最初做出行政行为的行政机关所在地人民法院管辖。经复议的案件，也可以由复议机关所在地人民法院管辖。

经最高人民法院批准，高级人民法院可以根据审判工作的实际情况，确定若干人民法院跨行政区域管辖行政案件。

第十九条 对限制人身自由的行政强制措施不服提起的诉讼，由被告所在地或者原告所在地人民法院管辖。

第二十条 因不动产提起的行政诉讼，由不动产所在地人民法院管辖。

第二十一条 两个以上人民法院都有管辖权的案件，原告可以选择其中一个人民法院提起诉讼。原告向两个以上有管辖权的人民法院提起诉讼的，由最先立案的人民法院管辖。

第二十二条 人民法院发现受理的案件不属于本院管辖的，应当移送有管辖权的人民法院，受移送的人民法院应当受理。受移送的人民法院认为受移送的案件按照规定不属于本院管辖的，应当报请上级人民法院指定管辖，不得再自行移送。

第二十三条 有管辖权的人民法院由于特殊原因不能行使管辖权的，由上级人民法院指定管辖。

人民法院对管辖权发生争议，由争议双方协商解决。协商不成的，报它们的共同上级人民法院指定管辖。

第二十四条 上级人民法院有权审理下级人民法院管辖的第一审行政案件。

下级人民法院对其管辖的第一审行政案件，认为需要由上级人民法院审理或者指定管辖的，可以报请上级人民法院决定。

第四章 诉讼参加人

第二十五条 行政行为的相对人以及其他与行政行为有利害关系的公民、法人或者其他组织，有权提起诉讼。

有权提起诉讼的公民死亡，其近亲属可以提起诉讼。

有权提起诉讼的法人或者其他组织终止，承受其权利的法人或者其他组织可以提起诉讼。

第二十六条 公民、法人或者其他组织直接向人民法院提起诉讼的，做出行政行为的行政机关是被告。

经复议的案件，复议机关决定维持原行政行为的，做出原行政行为的行政机关和复议机关是共同被告；复议机关改变原行政行为的，复议机关是被告。

复议机关在法定期限内未做出复议决定，公民、法人或者其他组织起诉原行政行为的，做出原行政行为的行政机关是被告；起诉复议机关不作为的，复议机关是被告。

两个以上行政机关做出同一行政行为的，共同做出行政行为的行政机关是共同被告。

行政机关委托的组织所作的行政行为，委托的行政机关是被告。

行政机关被撤销或者职权变更的，继续行使其职权的行政机关是被告。

第二十七条 当事人一方或者双方为二人以上，因同一行政行为发生的行政案件，或者因同类行政行为发生的行政案件、人民法院认为可以合并审理并经当事人同意的，为共同诉讼。

第二十八条 当事人一方人数众多的共同诉讼，可以由当事人推选代表人进行诉讼。代表人的诉讼行为对其所代表的当事人发生效力，但代表人变更、放弃诉讼请求或者承认对方当事人的诉讼请求，应当经被代表的当事人同意。

第二十九条 公民、法人或者其他组织同被诉行政行为有利害关系但没有提起诉讼，或者同案件处理结果有利害关系的，可以作为第三人申请参加诉讼，或者由人民法院通知参加诉讼。

人民法院判决第三人承担义务或者减损第三人权益的，第三人有权依法提起上诉。

第三十条 没有诉讼行为能力的公民，由其法定代理人代为诉讼。法定代理人互相推诿代理责任的，由人民法院指定其中一人代为诉讼。

第三十一条 当事人、法定代理人，可以委托一至二人作为诉讼代理人。

下列人员可以被委托为诉讼代理人：

（一）律师、基层法律服务工作者；

（二）当事人的近亲属或者工作人员；

（三）当事人所在社区、单位以及有关社会团体推荐的公民。

第三十二条 代理诉讼的律师，有权按照规定查阅、复制本案有关材料，有权向有关组织和公民调查，收集与本案有关的证据。对涉及国家秘密、商业秘密和个人隐私的材料，应当依照法律规定保密。

当事人和其他诉讼代理人有权按照规定查阅、复制本案庭审材料，但涉及国家秘密、商业秘密和个人隐私的内容除外。

第五章 证 据

第三十三条 证据包括：

（一）书证；

（二）物证；

（三）视听资料；

（四）电子数据；

（五）证人证言；

（六）当事人的陈述；

（七）鉴定意见；

（八）勘验笔录、现场笔录。

以上证据经法庭审查属实，才能作为认定案件事实的根据。

第三十四条 被告对做出的行政行为负有举证责任，应当提供做出该行政行为的证据和所依据的规范性文件。

被告不提供或者无正当理由逾期提供证据，视为没有相应证据。但是，被诉行政行为涉及第三人合法权益，第三人提供证据的除外。

第三十五条 在诉讼过程中，被告及其诉讼代理人不得自行向原告、第三人和证人收集证据。

第三十六条 被告在做出行政行为时已经收集了证据，但因不可抗力等正当事由不能提供的，经人民法院准许，可以延期提供。

原告或者第三人提出了其在行政处理程序中没有提出的理由或者证据的，经人民法院准许，被告可以补充证据。

第三十七条　原告可以提供证明行政行为违法的证据。原告提供的证据不成立的，不免除被告的举证责任。

第三十八条　在起诉被告不履行法定职责的案件中，原告应当提供其向被告提出申请的证据。但有下列情形之一的除外：

（一）被告应当依职权主动履行法定职责的；

（二）原告因正当理由不能提供证据的。

在行政赔偿、补偿的案件中，原告应当对行政行为造成的损害提供证据。因被告的原因导致原告无法举证的，由被告承担举证责任。

第三十九条　人民法院有权要求当事人提供或者补充证据。

第四十条　人民法院有权向有关行政机关以及其他组织、公民调取证据。但是，不得为证明行政行为的合法性调取被告做出行政行为时未收集的证据。

第四十一条　与本案有关的下列证据，原告或者第三人不能自行收集的，可以申请人民法院调取：

（一）由国家机关保存而须由人民法院调取的证据；

（二）涉及国家秘密、商业秘密和个人隐私的证据；

（三）确因客观原因不能自行收集的其他证据。

第四十二条　在证据可能灭失或者以后难以取得的情况下，诉讼参加人可以向人民法院申请保全证据，人民法院也可以主动采取保全措施。

第四十三条　证据应当在法庭上出示，并由当事人互相质证。对涉及国家秘密、商业秘密和个人隐私的证据，不得在公开开庭时出示。

人民法院应当按照法定程序，全面、客观地审查核实证据。对未采纳的证据应当在裁判文书中说明理由。

以非法手段取得的证据，不得作为认定案件事实的根据。

第六章　起诉和受理

第四十四条　对属于人民法院受案范围的行政案件，公民、法人或者其他组织可以先向行政机关申请复议，对复议决定不服的，再向人民法院提起诉讼；也可以直接向人民法院提起诉讼。

法律、法规规定应当先向行政机关申请复议，对复议决定不服再向人民法院提起诉讼的，依照法律、法规的规定。

第四十五条　公民、法人或者其他组织不服复议决定的，可以在收到复议决定书之日起十五日内向人民法院提起诉讼。复议机关逾期不作决定的，申请人可以在复议期满之日起十五日内向人民法院提起诉讼。法律另有规定的除外。

第四十六条　公民、法人或者其他组织直接向人民法院提起诉讼的，应当自知道或者应当知道做出行政行为之日起六个月内提出。法律另有规定的除外。

因不动产提起诉讼的案件自行政行为做出之日起超过二十年，其他案件自行政行为做出之日起超过五年提起诉讼的，人民法院不予受理。

第四十七条　公民、法人或者其他组织申请行政机关履行保护其人身权、财产权等合法权益的法定职责，行政机关在接到申请之日起两个月内不履行的，公民、法人或者其他组织可以向人民法院提起诉讼。法律、法规对行政机关履行职责的期限另有规定的，从其规定。

公民、法人或者其他组织在紧急情况下请求行政机关履行保护其人身权、财产权等合法权益的法定职责，行政机关不履行的，提起诉讼不受前款规定期限的限制。

第四十八条　公民、法人或者其他组织因不可抗力或者其他不属于其自身的原因耽误起诉期限的，被耽误的时间不计算在起诉期限内。

公民、法人或者其他组织因前款规定以外的其他特殊情况耽误起诉期限的，在障碍消除后十日内，可以申请延长期限，是否准许由人民法院决定。

第四十九条　提起诉讼应当符合下列条件：

（一）原告是符合本法第二十五条规定的公民、法人或者其他组织；

（二）有明确的被告；

（三）有具体的诉讼请求和事实根据；

（四）属于人民法院受案范围和受诉人民法院管辖。

第五十条　起诉应当向人民法院递交起诉状，并按照被告人数提出副本。

书写起诉状确有困难的，可以口头起诉，由人民法院记入笔录，出具注明日期的书面凭证，并告知对方当事人。

第五十一条　人民法院在接到起诉状时对符合本法规定的起诉条件的，应当登记立案。

对当场不能判定是否符合本法规定的起诉条件的，应当接收起诉状，出具注明收到日期的书面凭证，并在七日内决定是否立案。不符合起诉条件的，做出不予立案的裁定。裁定书应当载明不予立案的理由。原告对裁定不服的，可以提起上诉。

起诉状内容欠缺或者有其他错误的，应当给予指导和释明，并一次性告知当事人需要补正的内容。不得未经指导和释明即以起诉不符合条件为由不接收起诉状。

对于不接收起诉状、接收起诉状后不出具书面凭证，以及不一次性告知当事人需要补正的起诉状内容的，当事人可以向上级人民法院投诉，上级人民法院应当责令改正，并对直接负责的主管人员和其他直接责任人员依法给予处分。

第五十二条　人民法院既不立案，又不做出不予立案裁定的，当事人可以向上一级人民法院起诉。上一级人民法院认为符合起诉条件的，应当立案、审理，也可以指定其他下级人民法院立案、审理。

第五十三条　公民、法人或者其他组织认为行政行为所依据的国务院部门和地方人民政府及其部门制定的规范性文件不合法，在对行政行为提起诉讼时，可以一并请求对该规范性文件进行审查。

前款规定的规范性文件不含规章。

第七章 审理和判决

第一节 一般规定

第五十四条 人民法院公开审理行政案件，但涉及国家秘密、个人隐私和法律另有规定的除外。

涉及商业秘密的案件，当事人申请不公开审理的，可以不公开审理。

第五十五条 当事人认为审判人员与本案有利害关系或者有其他关系可能影响公正审判，有权申请审判人员回避。

审判人员认为自己与本案有利害关系或者有其他关系，应当申请回避。

前两款规定，适用于书记员、翻译人员、鉴定人、勘验人。

院长担任审判长时的回避，由审判委员会决定；审判人员的回避，由院长决定；其他人员的回避，由审判长决定。当事人对决定不服的，可以申请复议一次。

第五十六条 诉讼期间，不停止行政行为的执行。但有下列情形之一的，裁定停止执行：

（一）被告认为需要停止执行的；

（二）原告或者利害关系人申请停止执行，人民法院认为该行政行为的执行会造成难以弥补的损失，并且停止执行不损害国家利益、社会公共利益的；

（三）人民法院认为该行政行为的执行会给国家利益、社会公共利益造成重大损害的；

（四）法律、法规规定停止执行的。

当事人对停止执行或者不停止执行的裁定不服的，可以申请复议一次。

第五十七条 人民法院对起诉行政机关没有依法支付抚恤金、最低生活保障金和工伤、医疗社会保险金的案件，权利义务关系明确、不先予执行将严重影响原告生活的，可以根据原告的申请，裁定先予执行。

当事人对先予执行裁定不服的，可以申请复议一次。复议期间不停止裁定的执行。

第五十八条　经人民法院传票传唤，原告无正当理由拒不到庭，或者未经法庭许可中途退庭的，可以按照撤诉处理；被告无正当理由拒不到庭，或者未经法庭许可中途退庭的，可以缺席判决。

第五十九条　诉讼参与人或者其他人有下列行为之一的，人民法院可以根据情节轻重，予以训诫、责令具结悔过或者处一万元以下的罚款、十五日以下的拘留；构成犯罪的，依法追究刑事责任：

（一）有义务协助调查、执行的人，对人民法院的协助调查决定、协助执行通知书，无故推拖、拒绝或者妨碍调查、执行的；

（二）伪造、隐藏、毁灭证据或者提供虚假证明材料，妨碍人民法院审理案件的；

（三）指使、贿买、胁迫他人作伪证或者威胁、阻止证人作证的；

（四）隐藏、转移、变卖、毁损已被查封、扣押、冻结的财产的；

（五）以欺骗、胁迫等非法手段使原告撤诉的；

（六）以暴力、威胁或者其他方法阻碍人民法院工作人员执行职务，或者以哄闹、冲击法庭等方法扰乱人民法院工作秩序的；

（七）对人民法院审判人员或者其他工作人员、诉讼参与人、协助调查和执行的人员恐吓、侮辱、诽谤、诬陷、殴打、围攻或者打击报复的。

人民法院对有前款规定的行为之一的单位，可以对其主要负责人或者直接责任人员依照前款规定予以罚款、拘留；构成犯罪的，依法追究刑事责任。

罚款、拘留须经人民法院院长批准。当事人不服的，可以向上一级人民法院申请复议一次。复议期间不停止执行。

第六十条　人民法院审理行政案件，不适用调解。但是，行政赔偿、补偿以及行政机关行使法律、法规规定的自由裁量权的案件可以调解。

调解应当遵循自愿、合法原则，不得损害国家利益、社会公共利益和他人合法权益。

第六十一条　在涉及行政许可、登记、征收、征用和行政机关对民事争议所作的裁决的行政诉讼中，当事人申请一并解决相关民事争议的，人民法院可以一并审理。

在行政诉讼中，人民法院认为行政案件的审理需以民事诉讼的裁判为依据的，可以裁定中止行政诉讼。

第六十二条　人民法院对行政案件宣告判决或者裁定前，原告申请撤诉的，或者被告改变其所作的行政行为，原告同意并申请撤诉的，是否准许，由人民法院裁定。

第六十三条　人民法院审理行政案件，以法律和行政法规、地方性法规为依据。地方性法规适用于本行政区域内发生的行政案件。

人民法院审理民族自治地方的行政案件，并以该民族自治地方的自治条例和单行条例为依据。

人民法院审理行政案件，参照规章。

第六十四条　人民法院在审理行政案件中，经审查认为本法第五十三条规定的规范性文件不合法的，不作为认定行政行为合法的依据，并向制定机关提出处理建议。

第六十五条　人民法院应当公开发生法律效力的判决书、裁定书，供公众查阅，但涉及国家秘密、商业秘密和个人隐私的内容除外。

第六十六条　人民法院在审理行政案件中，认为行政机关的主管人员、直接责任人员违法违纪的，应当将有关材料移送监察机关、该行政机关或者其上一级行政机关；认为有犯罪行为的，应当将有关材料移送公安、检察机关。

人民法院对被告经传票传唤无正当理由拒不到庭，或者未经法庭许可中途退庭的，可以将被告拒不到庭或者中途退庭的情况予以公告，并可以向监察机关或者被告的上一级行政机关提出依法给予其主要负责人或者直接责任人员处分的司法建议。

第二节　第一审普通程序

第六十七条　人民法院应当在立案之日起五日内，将起诉状副本发送被告。被告应当在收到起诉状副本之日起十五日内向人民法院提交做出行政行为的证据和所依据的规范性文件，并提出答辩状。人民法院应当在收到答辩状之日起五日内，将答辩状副本发送原告。

被告不提出答辩状的，不影响人民法院审理。

第六十八条　人民法院审理行政案件，由审判员组成合议庭，或者由审判员、陪审员组成合议庭。合议庭的成员，应当是三人以上的单数。

第六十九条　行政行为证据确凿，适用法律、法规正确，符合法定程序的，或者原告申请被告履行法定职责或者给付义务理由不成立的，人民法院判决驳回原告的诉讼请求。

第七十条　行政行为有下列情形之一的，人民法院判决撤销或者部分撤销，并可以判决被告重新做出行政行为：

（一）主要证据不足的；

（二）适用法律、法规错误的；

（三）违反法定程序的；

（四）超越职权的；

（五）滥用职权的；

（六）明显不当的。

第七十一条　人民法院判决被告重新做出行政行为的，被告不得以同一的事实和理由做出与原行政行为基本相同的行政行为。

第七十二条　人民法院经过审理，查明被告不履行法定职责的，判决被告在一定期限内履行。

第七十三条　人民法院经过审理，查明被告依法负有给付义务的，判决被告履行给付义务。

第七十四条　行政行为有下列情形之一的，人民法院判决确认违法，但不撤销行政行为：

（一）行政行为依法应当撤销，但撤销会给国家利益、社会公共利益造成重大损害的；

（二）行政行为程序轻微违法，但对原告权利不产生实际影响的。

行政行为有下列情形之一，不需要撤销或者判决履行的，人民法院判决确认违法：

（一）行政行为违法，但不具有可撤销内容的；

（二）被告改变原违法行政行为，原告仍要求确认原行政行为违法的；

（三）被告不履行或者拖延履行法定职责，判决履行没有意义的。

第七十五条　行政行为有实施主体不具有行政主体资格或者没有依据等重大且明显违法情形，原告申请确认行政行为无效的，人民法院判决确认无效。

第七十六条　人民法院判决确认违法或者无效的，可以同时判决责令被告采取补救措施；给原告造成损失的，依法判决被告承担赔偿责任。

第七十七条　行政处罚明显不当，或者其他行政行为涉及对款额的确定、认定确有错误的，人民法院可以判决变更。

人民法院判决变更，不得加重原告的义务或者减损原告的权益。但利害关系人同为原告，且诉讼请求相反的除外。

第七十八条　被告不依法履行、未按照约定履行或者违法变更、解除本法第十二条第一款第十一项规定的协议的，人民法院判决被告承担继续履行、采取补救措施或者赔偿损失等责任。

被告变更、解除本法第十二条第一款第十一项规定的协议合法，但未依法给予补偿的，人民法院判决给予补偿。

第七十九条　复议机关与做出原行政行为的行政机关为共同被告的案件，人民法院应当对复议决定和原行政行为一并做出裁判。

第八十条　人民法院对公开审理和不公开审理的案件，一律公开宣告判决。

当庭宣判的，应当在十日内发送判决书；定期宣判的，宣判后立即发给判决书。

宣告判决时，必须告知当事人上诉权利、上诉期限和上诉的人民法院。

第八十一条　人民法院应当在立案之日起六个月内做出第一审判决。有特殊情况需要延长的，由高级人民法院批准，高级人民法院审理第一审案件需要延长的，由最高人民法院批准。

第三节　简易程序

第八十二条　人民法院审理下列第一审行政案件，认为事实清楚、权利义务关系明确、争议不大的，可以适用简易程序：

（一）被诉行政行为是依法当场做出的；

（二）案件涉及款额二千元以下的；

（三）属于政府信息公开案件的。

除前款规定以外的第一审行政案件，当事人各方同意适用简易程序的，可以适用简易程序。

发回重审、按照审判监督程序再审的案件不适用简易程序。

第八十三条　适用简易程序审理的行政案件，由审判员一人独任审理，并应当在立案之日起四十五日内审结。

第八十四条　人民法院在审理过程中，发现案件不宜适用简易程序的，裁定转为普通程序。

第四节　第二审程序

第八十五条　当事人不服人民法院第一审判决的，有权在判决书送达之日起十五日内向上一级人民法院提起上诉。当事人不服人民法院第一审裁定的，有权在裁定书送达之日起十日内向上一级人民法院提起上诉。逾期不提起上诉的，人民法院的第一审判决或者裁定发生法律效力。

第八十六条　人民法院对上诉案件，应当组成合议庭，开庭审理。经过阅卷、调查和询问当事人，对没有提出新的事实、证据或者理由，合议庭认为不需要开庭审理的，也可以不开庭审理。

第八十七条　人民法院审理上诉案件，应当对原审人民法院的判决、裁定和被诉行政行为进行全面审查。

第八十八条 人民法院审理上诉案件，应当在收到上诉状之日起三个月内做出终审判决。有特殊情况需要延长的，由高级人民法院批准，高级人民法院审理上诉案件需要延长的，由最高人民法院批准。

第八十九条 人民法院审理上诉案件，按照下列情形，分别处理：

（一）原判决、裁定认定事实清楚，适用法律、法规正确的，判决或者裁定驳回上诉，维持原判决、裁定；

（二）原判决、裁定认定事实错误或者适用法律、法规错误的，依法改判、撤销或者变更；

（三）原判决认定基本事实不清、证据不足的，发回原审人民法院重审，或者查清事实后改判；

（四）原判决遗漏当事人或者违法缺席判决等严重违反法定程序的，裁定撤销原判决，发回原审人民法院重审。

原审人民法院对发回重审的案件做出判决后，当事人提起上诉的，第二审人民法院不得再次发回重审。

人民法院审理上诉案件，需要改变原审判决的，应当同时对被诉行政行为做出判决。

第五节　审判监督程序

第九十条 当事人对已经发生法律效力的判决、裁定，认为确有错误的，可以向上一级人民法院申请再审，但判决、裁定不停止执行。

第九十一条 当事人的申请符合下列情形之一的，人民法院应当再审：

（一）不予立案或者驳回起诉确有错误的；

（二）有新的证据，足以推翻原判决、裁定的；

（三）原判决、裁定认定事实的主要证据不足、未经质证或者系伪造的；

（四）原判决、裁定适用法律、法规确有错误的；

（五）违反法律规定的诉讼程序，可能影响公正审判的；

（六）原判决、裁定遗漏诉讼请求的；

（七）据以做出原判决、裁定的法律文书被撤销或者变更的；

（八）审判人员在审理该案件时有贪污受贿、徇私舞弊、枉法裁判行为的。

第九十二条　各级人民法院院长对本院已经发生法律效力的判决、裁定，发现有本法第九十一条规定情形之一，或者发现调解违反自愿原则或者调解书内容违法，认为需要再审的，应当提交审判委员会讨论决定。

最高人民法院对地方各级人民法院已经发生法律效力的判决、裁定，上级人民法院对下级人民法院已经发生法律效力的判决、裁定，发现有本法第九十一条规定情形之一，或者发现调解违反自愿原则或者调解书内容违法的，有权提审或者指令下级人民法院再审。

第九十三条　最高人民检察院对各级人民法院已经发生法律效力的判决、裁定，上级人民检察院对下级人民法院已经发生法律效力的判决、裁定，发现有本法第九十一条规定情形之一，或者发现调解书损害国家利益、社会公共利益的，应当提出抗诉。

地方各级人民检察院对同级人民法院已经发生法律效力的判决、裁定，发现有本法第九十一条规定情形之一，或者发现调解书损害国家利益、社会公共利益的，可以向同级人民法院提出检察建议，并报上级人民检察院备案；也可以提请上级人民检察院向同级人民法院提出抗诉。

各级人民检察院对审判监督程序以外的其他审判程序中审判人员的违法行为，有权向同级人民法院提出检察建议。

第八章　执行

第九十四条　当事人必须履行人民法院发生法律效力的判决、裁定、调解书。

第九十五条　公民、法人或者其他组织拒绝履行判决、裁定、调解书的，行政机关或者第三人可以向第一审人民法院申请强制执行，或者由行政机关依法强制执行。

第九十六条 行政机关拒绝履行判决、裁定、调解书的，第一审人民法院可以采取下列措施：

（一）对应当归还的罚款或者应当给付的款额，通知银行从该行政机关的账户内划拨；

（二）在规定期限内不履行的，从期满之日起，对该行政机关负责人按日处五十元至一百元的罚款；

（三）将行政机关拒绝履行的情况予以公告；

（四）向监察机关或者该行政机关的上一级行政机关提出司法建议。接受司法建议的机关，根据有关规定进行处理，并将处理情况告知人民法院；

（五）拒不履行判决、裁定、调解书，社会影响恶劣的，可以对该行政机关直接负责的主管人员和其他直接责任人员予以拘留；情节严重，构成犯罪的，依法追究刑事责任。

第九十七条 公民、法人或者其他组织对行政行为在法定期间不提起诉讼又不履行的，行政机关可以申请人民法院强制执行，或者依法强制执行。

第九章 涉外行政诉讼

第九十八条 外国人、无国籍人、外国组织在中华人民共和国进行行政诉讼，适用本法。法律另有规定的除外。

第九十九条 外国人、无国籍人、外国组织在中华人民共和国进行行政诉讼，同中华人民共和国公民、组织有同等的诉讼权利和义务。

外国法院对中华人民共和国公民、组织的行政诉讼权利加以限制的，人民法院对该国公民、组织的行政诉讼权利，实行对等原则。

第一百条 外国人、无国籍人、外国组织在中华人民共和国进行行政诉讼，委托律师代理诉讼的，应当委托中华人民共和国律师机构的律师。

第十章 附　则

第一百零一条 人民法院审理行政案件，关于期间、送达、财产保全、开庭审理、调解、中止诉讼、终结诉讼、简易程序、执行等，以及人民检察院对行政案件受理、审理、裁判、执行的监督，本法没有规定的，适用《中华人民共和国民事诉讼法》的相关规定。

第一百零二条   人民法院审理行政案件，应当收取诉讼费用。诉讼费用由败诉方承担，双方都有责任的由双方分担。收取诉讼费用的具体办法另行规定。

六　《国家赔偿法》（节选）

第二章　行政赔偿

第一节　赔偿范围

第三条   行政机关及其工作人员在行使行政职权时有下列侵犯人身权情形之一的，受害人有取得赔偿的权利：

（一）违法拘留或者违法采取限制公民人身自由的行政强制措施的；

（二）非法拘禁或者以其他方法非法剥夺公民人身自由的；

（三）以殴打、虐待等行为或者唆使、放纵他人以殴打、虐待等行为造成公民身体伤害或者死亡的；

（四）违法使用武器、警械造成公民身体伤害或者死亡的；

（五）造成公民身体伤害或者死亡的其他违法行为。

第四条   行政机关及其工作人员在行使行政职权时有下列侵犯财产权情形之一的，受害人有取得赔偿的权利：

（一）违法实施罚款、吊销许可证和执照、责令停产停业、没收财物等行政处罚的；

（二）违法对财产采取查封、扣押、冻结等行政强制措施的；

（三）违法征收、征用财产的；

（四）造成财产损害的其他违法行为。

第五条   属于下列情形之一的，国家不承担赔偿责任：

（一）行政机关工作人员与行使职权无关的个人行为；

（二）因公民、法人和其他组织自己的行为致使损害发生的；

（三）法律规定的其他情形。

第二节　赔偿请求人和赔偿义务机关

第六条　受害的公民、法人和其他组织有权要求赔偿。

受害的公民死亡，其继承人和其他有扶养关系的亲属有权要求赔偿。

受害的法人或者其他组织终止的，其权利承受人有权要求赔偿。

第七条　行政机关及其工作人员行使行政职权侵犯公民、法人和其他组织的合法权益造成损害的，该行政机关为赔偿义务机关。

两个以上行政机关共同行使行政职权时侵犯公民、法人和其他组织的合法权益造成损害的，共同行使行政职权的行政机关为共同赔偿义务机关。

法律、法规授权的组织在行使授予的行政权力时侵犯公民、法人和其他组织的合法权益造成损害的，被授权的组织为赔偿义务机关。

受行政机关委托的组织或者个人在行使受委托的行政权力时侵犯公民、法人和其他组织的合法权益造成损害的，委托的行政机关为赔偿义务机关。

赔偿义务机关被撤销的，继续行使其职权的行政机关为赔偿义务机关；没有继续行使其职权的行政机关的，撤销该赔偿义务机关的行政机关为赔偿义务机关。

第八条　经复议机关复议的，最初造成侵权行为的行政机关为赔偿义务机关，但复议机关的复议决定加重损害的，复议机关对加重的部分履行赔偿义务。

第三节　赔偿程序

第九条　赔偿义务机关有本法第三条、第四条规定情形之一的，应当给予赔偿。

赔偿请求人要求赔偿，应当先向赔偿义务机关提出，也可以在申请行政复议或者提起行政诉讼时一并提出。

第十条　赔偿请求人可以向共同赔偿义务机关中的任何一个赔偿义务机关要求赔偿，该赔偿义务机关应当先予赔偿。

第十一条　赔偿请求人根据受到的不同损害，可以同时提出数项赔偿要求。

第十二条　要求赔偿应当递交申请书，申请书应当载明下列事项：

（一）受害人的姓名、性别、年龄、工作单位和住所，法人或者其他组织的名称、住所和法定代表人或者主要负责人的姓名、职务；

（二）具体的要求、事实根据和理由；

（三）申请的年、月、日。

赔偿请求人书写申请书确有困难的，可以委托他人代书；也可以口头申请，由赔偿义务机关记入笔录。

赔偿请求人不是受害人本人的，应当说明与受害人的关系，并提供相应证明。

赔偿请求人当面递交申请书的，赔偿义务机关应当当场出具加盖本行政机关专用印章并注明收讫日期的书面凭证。申请材料不齐全的，赔偿义务机关应当当场或者在五日内一次性告知赔偿请求人需要补正的全部内容。

第十三条　赔偿义务机关应当自收到申请之日起两个月内，做出是否赔偿的决定。赔偿义务机关做出赔偿决定，应当充分听取赔偿请求人的意见，并可以与赔偿请求人就赔偿方式、赔偿项目和赔偿数额依照本法第四章的规定进行协商。

赔偿义务机关决定赔偿的，应当制作赔偿决定书，并自做出决定之日起十日内送达赔偿请求人。

赔偿义务机关决定不予赔偿的，应当自做出决定之日起十日内书面通知赔偿请求人，并说明不予赔偿的理由。

第十四条　赔偿义务机关在规定期限内未做出是否赔偿的决定，赔偿请求人可以自期限届满之日起三个月内，向人民法院提起诉讼。

赔偿请求人对赔偿的方式、项目、数额有异议的，或者赔偿义务机关做出不予赔偿决定的，赔偿请求人可以自赔偿义务机关做出赔偿或者不予赔偿决定之日起三个月内，向人民法院提起诉讼。

第十五条　人民法院审理行政赔偿案件，赔偿请求人和赔偿义务机关对自己提出的主张，应当提供证据。

赔偿义务机关采取行政拘留或者限制人身自由的强制措施期间，被限制人身自由的人死亡或者丧失行为能力的，赔偿义务机关的行为与被限制人身自由的人的死亡或者丧失行为能力是否存在因果关系，赔偿义务机关应当提供证据。

第十六条　赔偿义务机关赔偿损失后，应当责令有故意或者重大过失的工作人员或者受委托的组织或者个人承担部分或者全部赔偿费用。

对有故意或者重大过失的责任人员，有关机关应当依法给予处分；构成犯罪的，应当依法追究刑事责任。

七　《关于实行党政领导干部问责的暂行规定》

第一章　总　则

第一条　为加强对党政领导干部的管理和监督，增强党政领导干部的责任意识和大局意识，促进深入贯彻落实科学发展观，提高党的执政能力和执政水平，根据《中国共产党章程》、《党政领导干部选拔任用工作条例》等党内法规和《中华人民共和国行政监察法》、《中华人民共和国公务员法》等国家法律法规，制定本规定。

第二条　本规定适用于中共中央、国务院的工作部门及其内设机构的领导成员；县级以上地方各级党委、政府及其工作部门的领导成员，上列工作部门内设机构的领导成员。

第三条　对党政领导干部实行问责，坚持严格要求、实事求是，权责一致、惩教结合，依靠群众、依法有序的原则。

第四条　党政领导干部受到问责，同时需要追究纪律责任的，依照有关规定给予党纪政纪处分；涉嫌犯罪的，移送司法机关依法处理。

第二章　问责的情形、方式及适用

第五条　有下列情形之一的，对党政领导干部实行问责：

（一）决策严重失误，造成重大损失或者恶劣影响的；

（二）因工作失职，致使本地区、本部门、本系统或者本单位发生特别重大事故、事件、案件，或者在较短时间内连续发生重大事故、事件、案件，造成重大损失或者恶劣影响的；

（三）政府职能部门管理、监督不力，在其职责范围内发生特别重大事故、事件、案件，或者在较短时间内连续发生重大事故、事件、案件，造成重大损失或者恶劣影响的；

（四）在行政活动中滥用职权，强令、授意实施违法行政行为，或者不作为，引发群体性事件或者其他重大事件的；

（五）对群体性、突发性事件处置失当，导致事态恶化，造成恶劣影响的；

（六）违反干部选拔任用工作有关规定，导致用人失察、失误，造成恶劣影响的；

（七）其他给国家利益、人民生命财产、公共财产造成重大损失或者恶劣影响等失职行为的。

第六条　本地区、本部门、本系统或者本单位在贯彻落实党风廉政建设责任制方面出现问题的，按照《关于实行党风廉政建设责任制的规定》，追究党政领导干部的责任。

第七条　对党政领导干部实行问责的方式分为：责令公开道歉、停职检查、引咎辞职、责令辞职、免职。

第八条　党政领导干部具有本规定第五条所列情形，并且具有下列情节之一的，应当从重问责：

（一）干扰、阻碍问责调查的；

（二）弄虚作假、隐瞒事实真相的；

（三）对检举人、控告人打击、报复、陷害的；

（四）党内法规和国家法律法规规定的其他从重情节。

第九条　党政领导干部具有本规定第五条所列情形，并且具有下列情节之一的，可以从轻问责：

（一）主动采取措施，有效避免损失或者挽回影响的；

（二）积极配合问责调查，并且主动承担责任的。

第十条 受到问责的党政领导干部，取消当年年度考核评优和评选各类先进的资格。

引咎辞职、责令辞职、免职的党政领导干部，一年内不得重新担任与其原任职务相当的领导职务。

对引咎辞职、责令辞职、免职的党政领导干部，可以根据工作需要以及本人一贯表现、特长等情况，由党委（党组）、政府按照干部管理权限酌情安排适当岗位或者相应工作任务。

引咎辞职、责令辞职、免职的党政领导干部，一年后如果重新担任与其原任职务相当的领导职务，除应当按照干部管理权限履行审批手续外，还应当征求上一级党委组织部门的意见。

第三章 实行问责的程序

第十一条 对党政领导干部实行问责，按照干部管理权限进行。纪检监察机关、组织人事部门按照管理权限履行本规定中的有关职责。

第十二条 对党政领导干部实行问责，依照下列程序进行：

（一）对因检举、控告、处理重大事故事件、查办案件、审计或者其他方式发现的党政领导干部应当问责的线索，纪检监察机关按照权限和程序进行调查后，对需要实行问责的，按照干部管理权限向问责决定机关提出问责建议；

（二）对在干部监督工作中发现的党政领导干部应当问责的线索，组织人事部门按照权限和程序进行调查后，对需要实行问责的，按照干部管理权限向问责决定机关提出问责建议；

（三）问责决定机关可以根据纪检监察机关或者组织人事部门提出的问责建议做出问责决定；

（四）问责决定机关做出问责决定后，由组织人事部门办理相关事宜，或者由问责决定机关责成有关部门办理相关事宜。

第十三条 纪检监察机关、组织人事部门提出问责建议，应当同时向问责决定机关提供有关事实材料和情况说明，以及需要提供的其他材料。

第十四条　做出问责决定前，应当听取被问责的党政领导干部的陈述和申辩，并且记录在案；对其合理意见，应当予以采纳。

第十五条　对于事实清楚、不需要进行问责调查的，问责决定机关可以直接做出问责决定。

第十六条　问责决定机关按照干部管理权限对党政领导干部做出的问责决定，应当经领导班子集体讨论决定。

第十七条　对党政领导干部实行问责，应当制作《党政领导干部问责决定书》。《党政领导干部问责决定书》由负责调查的纪检监察机关或者组织人事部门代问责决定机关草拟。

《党政领导干部问责决定书》应当写明问责事实、问责依据、问责方式、批准机关、生效时间、当事人的申诉期限及受理机关等。做出责令公开道歉决定的，还应当写明公开道歉的方式、范围等。

第十八条　《党政领导干部问责决定书》应当送达被问责的党政领导干部本人及其所在单位。

问责决定机关做出问责决定后，应当派专人与被问责的党政领导干部谈话，做好其思想工作，督促其做好工作交接等后续工作。

第十九条　组织人事部门应当及时将被问责的党政领导干部的有关问责材料归入其个人档案，并且将执行情况报告问责决定机关，回复问责建议机关。

党政领导干部问责情况应当报上一级组织人事部门备案。

第二十条　问责决定一般应当向社会公开。

第二十一条　对经各级人民代表大会及其常务委员会选举或者决定任命的人员实行问责，按照有关法律规定的程序办理。

第二十二条　被问责的党政领导干部对问责决定不服的，可以自接到《党政领导干部问责决定书》之日起 15 日内，向问责决定机关提出书面申诉。问责决定机关接到书面申诉后，应当在 30 日内做出申诉处理决定。申诉处理决定应当以书面形式告知申诉人及其所在单位。

第二十三条 被问责的党政领导干部申诉期间，不停止问责决定的执行。

第四章 附 则

第二十四条 对乡（镇、街道）党政领导成员实行问责，适用本规定。

对县级以上党委、政府直属事业单位以及国有企业、国有金融企业领导人员实行问责，参照本规定执行。

第二十五条 本规定由中央纪委、中央组织部负责解释。

第二十六条 本规定自发布之日起施行。

参考文献

中文文献：

1. ［古希腊］亚里士多德：《政治学》，吴寿彭译，商务印书馆 2008 年版。

2. ［法］卢梭：《社会契约论》，何兆武译，商务印书馆 2005 年版。

3. ［法］孟德斯鸠：《论法的精神》（上册），商务印书馆 2005 年版。

4. ［古罗马］西塞罗：《国家篇　法律篇》，沈叔平、苏力译，商务印书馆 2008 年版。

5. ［英］哈特：《法律的概念》，张文显等译，中国大百科全书出版社 2003 年版。

6. ［美］富勒：《法律的道德性》，郑戈译，商务印书馆 2005 年版。

7. ［英］约瑟夫·拉兹：《法律的权威》，朱峰译，法律出版社 2005 年版。

8. ［澳］皮特·凯恩：《法律与道德中的责任》，罗李华译，商务印书馆 2008 年版。

9. ［美］迈克尔·D. 贝勒斯：《法律的原则———一个规范的分析》，张文显等译，中国大百科全书出版社 1996 年版。

10. ［英］卡罗尔·哈洛、理查德·罗林斯：《法律与行政》（上卷），杨伟东等译，商务印书馆 2004 年版。

11. ［英］弗里德里希·奥古斯特·哈耶克：《法律、立法与自由》（第二、三卷），邓正来等译，中国大百科全书出版社 2003 年版。

12. ［法］莱昂·狄骥：《公法的变迁》，郑戈、冷静译，辽海出版社、春风文艺出版社 1999 年版。

13. ［英］马丁·洛克林：《公法与政治理论》，郑戈译，商务印书馆 2003 年版。

14. ［美］E. 博登海默：《法理学：法律哲学与法律方法》，邓正来译，中国政法大学出版社 1999 年版。

15. ［英］边沁：《道德与立法原理导论》，时殷弘译，商务印书馆 2006 年版。

16. ［英］W. Ivor. 詹宁斯：《法与宪法》，龚祥瑞、侯健译，生活·读书·新知三联书店 1998 年版。

17. ［美］斯科特·戈登：《控制国家——西方宪政的历史》，应奇等译，江苏人民出版社 2001 年版。

18. ［德］卡尔·施密特：《宪法的守护者》，李君涛等译，商务印书馆 2008 年版。

19. ［英］H. 韦德：《行政法》，徐炳译，中国法制出版社 2001 年版。

20. ［德］哈特穆特·毛雷尔：《行政法学总论》，高家伟译，法律出版社 2002 年版。

21. ［美］肯尼思·F. 沃伦：《政治体制中的行政法》，王丛虎等译，中国人民大学出版社 2005 年版。

22. ［美］欧内斯特·盖尔霍恩、罗纳德·M. 利文：《行政法和行政程序概要》，黄列译，中国社会科学出版社 1996 年版。

23. ［美］特里·L. 库珀：《行政伦理学：实现行政责任的途径》，张秀琴译，中国人民大学出版社 2001 年版。

24. ［美］登哈特：《新公共服务：服务，而不是掌舵》，丁煌译，中国人民大学出版社 2004 年版。

25. ［美］乔治·弗雷德里克森：《公共行政的精神》，张成福译，中国人民大学出版社 2003 年版。

26. ［美］戴维·H. 罗森布鲁姆、罗伯特·S. 克拉夫丘克：《公共行政学：管理、政治和法律的途径》，张成福译，中国人民大学出版社 2007 年版。

27. ［美］玛丽·安．格伦顿：《权利话语》，周威译，北京大学出版社 2006 年版。

28. ［英］弗里德里希·冯·哈耶克：《自由秩序原理》，邓正来译，生活·读书·新知三联书店 1997 年版。

29. ［英］约翰·密尔：《论自由》，许宝骙译，商务印书馆 2007 年版。

30. ［美］汉密尔顿、杰伊、麦德逊：《联邦党人文集》，程逢如等译，商务印书馆 1997 年版。

31. 俞可平主编：《治理与善治》，社会科学文献出版社 2000 年版。

32. 苏力：《法治及其本土资源》（修订版），中国政法大学出版社 2004 年版。

33. 卓泽渊：《法治国家论》，法律出版社 2004 年版。

34. 季卫东：《法治秩序的建构》，中国政法大学出版社 2000 年版。

35. 张树义主编：《法治政府的基本原理》，北京大学出版社 2006 年版。

36. 应松年、袁曙宏主编：《走向法治政府》，法律出版社 2001 年版。

37. 杨海坤、章志远；《中国特色政府法治论研究》，法律出版社 2008 年版。

38. 王成栋：《政府责任论》，中国政法大学出版社 1999 年版。

39. 蒋劲松：《责任政府新论》，社会科学文献出版社 2005 年版。

40. 姚尚建：《责任政党政府研究》，中央编译出版社 2009 年版。

41. 李军鹏：《责任政府与政府问责制》，人民出版社 2009 年版。

42. 陈国权等：《责任政府：从权力本位到责任本位》，浙江大学出版社 2009 年版。

43. 胡肖华：《走向责任政府——行政责任问题研究》，法律出版社 2006 年版。

44. 孙彩虹：《中国责任政府建构与国际比较》，中国传媒大学出版社

2008 年版。

45. 高铭暄、马克昌：《刑法学》，北京大学出版社 2011 年版。

46. 陈光中：《刑事诉讼法》，北京大学出版社 2013 年版。

47. 罗豪才：《行政法学》，北京大学出版社 2001 年版。

48. 罗豪才、湛中乐：《行政法学》，北京大学出版社 2012 年版。

49. 张正钊：《行政法学》，中国人民大学出版社 1999 年版。

50. 翁岳生：《行政法》（上、下），中国法制出版社 2009 年版。

51. 林锡尧：《行政法要义》，三民书局股份有限公司 1998 年版。

52. 宋保英：《行政法的价值定位》，中国政法大学出版社 1997 年版。

53. 应松年主编：《当代中国行政法》（上、下），中国方正出版社 2005 年版。

54. 胡建淼：《比较行政法——20 国行政法评述》，法律出版社 1998 年版。

55. 应松年主编：《行政程序法》，法律出版社 2009 年版。

56. 马怀德主编：《行政程序立法研究》，法律出版社 2005 年版。

57. 马怀德主编：《行政诉讼原理》，法律出版社 2003 年版。

58. 姜明安：《行政法与行政诉讼法》，北京大学出版社 2011 年版。

59. 马怀德主编：《国家赔偿法学》，中国政法大学出版社 2003 年版。

60. 马怀德主编：《国家赔偿问题研究》，法律出版社 2006 年版。

61. 胡锦光、余凌云：《国家赔偿法》，中国人民大学出版社 2011 年版。

62. 皮纯协、何寿生：《比较国家赔偿法》，中国法制出版社 1998 年版。

63. 朱新力主编：《行政法律责任研究》，法律出版社 2004 年版。

64. 沈开举、王钰：《行政责任研究》，郑州大学出版社 2004 年版。

65. 胡晓华：《走向责任政府——行政责任问题研究》，法律出版社 2006 年版。

66. 胡建淼等：《领导人行政责任问题研究》，浙江大学出版社 2005 年版。

67. 周亚越：《行政问责制研究》，中国检察出版社 2006 年版。

68. 周亚越：《行政问责制比较研究》，中国检察出版社 2008 年版。

69. 陈党：《问责法律制度研究》，知识产权出版社 2008 年版。

70. 张志勇：《行政法律责任探析》，学术出版社 2007 年版。

71. 韩志明：《行政责任的制度困境与制度创新》，经济科学出版社 2008 年版。

72. 王美文：《当代中国政府公务员责任体系及其实现机制研究》，人民出版社 2008 年版。

73. 侯志山：《外国行政监督制度与著名的反腐机构》，北京大学出版社 2004 年版。

74. 周佑勇：《行政裁量治理研究》，法律出版社 2008 年版。

75. 王锡锌：《公众参与和行政过程——一个理念和制度分析的框架》，中国民主法制出版社 2007 年版。

76. 秦勤等：《政府问责的制度化研究》，西南交通大学出版社 2011 年版。

77. 王平：《问责权法治化研究》，光明日报出版社 2012 年版。

78. 韩志明：《中国问责：十年风雨路》，新华出版社 2013 年版。

79. 韩志明：《让权利运用起来：公民问责的理论与实践研究》，天津人民出版社 2013 年版。

80. 王若磊：《政治问责论》，上海三联书店 2015 年版。

81. 谷志军：《政府决策问责：理论与现实》，浙江大学出版社 2016 年版。

82. 毛寿龙：《引咎辞职、问责制与治道变革》，《浙江学刊》2005 年第 1 期。

83. 王学军：《论我国政府问责制之现实困境以及出路》，《理论与改革》2005 年第 1 期。

84. 党秀云：《论公共管理中的公民参与》，《中国行政管理》2003 年第 10 期

85. 杜钢建：《政治问责制重在异体问责》，《中国经济时报》2003 年

5 月 26 日。

86. 顾杰：《论我国行政问责制的现状和完善》，《理论月刊》2004 年第 12 期。

87. 张贤明：《官员问责的政治逻辑、制度建构与路径选择》，《学习和探索》2005 年第 2 期。

88. 赵素卿：《问责制：民主执政的重要方式》，《中共陕西省委党校学报》2004 年第 6 期。

89. 许卫林：《完善行政问责机制的理性思考》，《公共管理》2005 年第 4 期。

90. 景云祥：《问责制的构架是责任政府建立的关键》，《行政论坛》2005 年第 4 期。

91. 沈蓓绯：《"官员问责制"与中国政治文明建设》，《甘肃理论学刊》2005 年 3 月。

92. 刘仁文：《官员问责呼唤制度化》，《学习月刊》2006 年第 3 期。

93. 许玉镇：《论领导人的责任及责任分类》，《吉林大学社会科学学报》2009 年 1 月。

94. 林琼：《论行政责任在公共服务型政府中的实现》，《湖南行政学院学报》2005 年第 3 期。

95. 曹鎏：《行政法视野下的法律冲突类型化研究》，《行政法学研究》2010 年第 1 期

96. 雷群安：《论无过错责任原则的理解与适用》，《学术界》2009 年5 月。

97. 姜明安：《政治责任是否应当法定化》，《人民政坛》2008 年11 月。

98. 周亚越：《行政问责制的内涵及其意义》，《理论与改革》2004 年第 4 期。

99. 周亚越：《行政问责制的柔性机制》，《宁波大学学报》（人文科学版）2005 年第 5 期。

100. 周亚越：《论我国行政问责制的法律缺失及其重构》，《行政法学

研究》2005 年第 2 期。

101. 周亚越：《制定行政问责法：法理和实践的双重需要》，《理论前
     沿》2006 年第 2 期。

102. 周平：《香港特区政府的问责制改革》，《云南社会科学》2005
     年第 1 期。

103. 周仲秋：《论行政问责制》，《社会科学家》2004 年第 3 期。

104. 赵素卿：《问责制：民主执政的重要方式》，《中共山西省委党校
     学报》2004 年第 6 期。

105. 宗钱、丁美琴：《建构政府问责制的困境与路径选择》，《云南行
     政学院学报》2006 年第 2 期。

106. 裴宏、杨斌：《日本公务员的奖惩制度》，《中国行政管理》
     2005 年第 7 期。

107. 陈翔、陈国权：《我国地方政府问责制的文本分析》，《浙江社会
     科学》2007 年第 1 期。

108. 陈瑞莲、邹勇兵：《香港高官问责制：成效、问题与对策》，《中
     国行政管理》2003 年第 11 期。

109. 黄健荣、梁莹：《论问责新政：多维理论之考察》，《南京社会科
     学》2004 年第 11 期。

110. 黄健荣：《政府问责与人大监督》，《人民日报》2004 年 7 月
     7 日。

111. 郎加、宋世明：《比较与借鉴：美国加强政府监督的做法与启
     示》，《国家行政学院学报》2005 年第 1 期。

112. 林崇建、周亚越：《我国完善行政问责制之路径分析》，《宁波大
     学学报》（人文版）2006 年第 5 期。

113. 毛政相：《问责制：必须走向制度化》，《理论探讨》2005 年第
     1 期。

114. 宋涛：《中国地方政府行政首长问责制度的制度设计缺陷及影
     响》，《行政论坛》2007 年第 1 期。

115. 傅思明：《英国行政问责制》，《理论导报》2011 年第 4 期。

116. 杨小军、宋心然：《完善行政诉讼制度研究》，《法学杂志》
2012 年第 8 期。

117. 余凌云：《对我国行政问责制度之省思》，《法商研究》2013 年
第 3 期。

118. 韩志明：《实践、制度与理念之间的互动及其张力——基于中国
行政问责十年历程的理论思考》，《政治学研究》2013 年第
1 期。

119. 曹鎏：《论我国行政问责法治化的实现路径》，《中国行政管理》
2015 年第 8 期。

120. 陈勇：《中国行政问责制度分析与建构》，《学习与探索》2013
年第 5 期。

121. 叶先宝，薛琳：《异体行政问责制：内涵与构建》，《科学社会主
义》2011 年第 4 期。

122. 肖光荣：《中国行政问责制存在的问题及对策研究》，《政治学研
究》2012 年第 3 期。

123. 史献芝：《形式法治化与实质法治化：行政问责法治化的二维分
析框架》，《中国行政管理》2016 年第 3 期。

124. 施雪华，胡祥：《行政问责制度的评估体系和评估方法——基于
AHP – 模糊综合评价法》，《学习与探索》2015 年第 7 期。

125. 宋涛：《问责机制与网络问责创新内涵的实证检验》，《中国行政
管理》2013 年第 9 期。

126. 孙洪波：《行政问责制的学理解析》，《社会科学战线》2013 年
第 7 期。

127. 高梵：《我国行政问责制的现实困境与推进路向》，《新疆社会科
学》2014 年第 6 期。

128. 谷茵：《异体行政问责制的现状及对策研究》，《理论学习》
2010 年第 4 期。

129. 谷茵：《网络问责：异体行政问责的有效途径》，《电子政务》
2010 年第 10 期。

130. 钟翻:《异体行政问责的构建及强化措施》,《人力资源管理》2015 年第 1 期。

131. 丁长琴:《我国行政异体问责的现状及制度重构》,《国家行政学院学报》2012 年第 1 期。

132. 李德:《西方发达国家行政问责制的类型及比较研究》,《领导科学》2015 年第 35 期。

133. 张成立:《健全问责制度,增强问责实效》,《人民日报》2010 年 1 月 4 日。

134. 张成立:《行政问责基本原则探析》,《山东社会科学》2010 年第 3 期。

135. 张成立:《公务员权利救济法律问题探析》,《齐鲁学刊》2010 年第 3 期。

136. 张成立:《西方国家行政问责法治化对我国的启示》,《当代世界与社会主义》2011 年第 1 期。

137. 张成立:《我国地方政府内部问责程序研究》,《山东社会科学》2012 年第 4 期。

138. 张成立:《行政问责,重在实效》,《人民政协报》2012 年 10 月 15 日。

139. 张成立:《论行政问责立法的基本理念》,《齐鲁学刊》2014 年第 5 期。

140. 张成立:《论我国权力机关行政问责程序建设》,《山东社会科学》2016 年第 7 期。

141. 陈翔:《我国政府问责制的制度分析与现状研究》,硕士学位论文,浙江大学,2009 年。

142. 孙国良:《我国公民参与行政问责的路径研究》,硕士学位论文,河南大学,2010 年。

143. 赵春晖:《香港主要官员问责制度研究》,硕士学位论文,中国社会科学院,2006 年。

144. 张军辉:《行政问责制研究》,硕士学位论文,中国政法大学,

2009 年。

145. 张婷：《行政问责中的公民参与研究》，硕士学位论文，湖南大学，2010 年。

146. 蒋浩：《我国政府官员问责制研究》，硕士学位论文，华中师范大学，2008 年。

147. 柴传奇：《美国弹劾制度初探》，硕士学位论文，西南大学，2008 年。

148. 肖清华：《政府官员问责制的现实困境及对策研究》，硕士学位论文，湖南师范大学，2007 年。

149. 李伟：《我国行政问责中的公民参与研究》，硕士学位论文，河南大学，2011 年。

150. 范长刚：《行政问责制研究》，博士学位论文，苏州大学，2008 年。

151. 田侠：《行政问责机制研究》，博士学位论文，中共中央党校，2009 年。

英文文献：

1. Nevil Johnson, *Reshaping the British Constitution：Essays in Political Interpretation.* Palgrave Macmillan, 2004.

2. Christopher Lake, *Equality and Responsibility*, New York：Oxford University Press Inc. , 2001.

3. Romzek, Barbara S：*Where the Buck Stops：Accountability in Reformed Public Organizations in Patricia*, San Francisco：Jossey – Buss, 1998.

4. Carol Harlow, Law and Public Administration；Convergence and Symbiosis, *International Review of Administrative Science*, 2005.

5. Colin Pilkington, *Representative democracy in Britain Today*, Manchester University Press, 1997.

6. Robert D. Behn, *Rethinking Democratic Accountability*, Brookings Institution Press, 2000.

7. Adam Praeworski, *Democracy*, *Accountability*, *and* *Representation*, Cambridge University Press, 1999.

8. Mark Bovens, *The Quest for Responsibility*: *Accountability and Citizenship in Complex Organizations.* Cambridge University Press, 1998.

9. Barbara, S. Romzek, *Enhancing accountability. James L. Perry. Handbook of public administration* (*Second Edition*). San Francisco: Jossey Bass Inc. , 1996.

10. Berrin Erdogan, Implications of organizational exchanges for accountability theory. *Human Resource Management Review*, 2004（14）.

11. Dwight D. Frink, Richard J. Klimoski, Advancing accountability theory and practice: introduction to the human resource management review special edition. *Human Resource Management Review*, 2004（14）.

12. Ron Kluvers, Accountability for performance in local government. *Australian Journal of Public Administration*, Vol. 62（1）, 2003.

13. Timothy Besley and Robin Burgess, Political agency, government responsiveness and the role of the media, *European Economic Review* 45（2001）.

14. Ren Junfeng, Cheng Zhuru: Election with public policy: the United States. *The Politics Research*, 2000.

15. Anthony M, Bertelli and Laurence E. Lynn, Managerial Responsibility, *Public Administration Review*, 2003, No. 3.

后　记

　　呈现在大家面前的是我主持的山东省社科基金项目"异体行政问责法制完善研究"的最终成果。三年来，在时间紧、任务重、资料少的困难情况下，课题组全体成员齐心协力，分工负责，夜以继日地开展工作，大家同甘共苦，无怨无悔。"一分耕耘，一分收获"，三年多的心血最终转化成了今天的成果，令人欣慰。

　　在本书写作过程中，有两点感触颇深：一是异体行政问责研究的复杂性。行政问责是近年来社会各界广泛关注的问题，也是国内学术界研究的热点。尽管笔者在这一领域研究多年，也先后主持多个相关研究课题，但是，真正将"异体行政问责法制完善"作为一个专题进行深入、系统的研究，才发现其复杂性超乎预期。其重要原因之一在于，这一专题涉猎多个学科，包括法学、政治学、管理学、社会学等。其中，法学学科又横跨多个部门，如宪法、行政法、刑法、诉讼法等。二是异体行政问责研究成果的匮乏。2003年"非典"事件以来，国内学术界对行政问责的研究不断深化，产生了一批研究成果，其中不乏精品力作。但是，现有成果大都集中于行政问责的综合性研究，针对异体行政问责的研究起步晚、成果少、空白点多。上述两个方面说明，国内学术界应当重视异体行政问责研究，进一步加大人、财、物的投入，争取早出、多出一批高质量的研究成果，为我国异体行政问责实践提供强有力的智力支持。

　　由于笔者才疏学浅，加之相关资料比较缺乏，虽然经过三年多的努力，最终形成的成果还存在许多不足。如，本课题只研究了权力机关、司法机关、社会公众对行政机关的问责，没有涉猎政党组织、非政府组织等其他异体行政问责主体，研究的范围有限；本课题对于异体行政问责法制完善措施探讨得尚不到位，研究的深度有限。因此，本课题尚需在广度、深度两个方面进一步加强研究。

　　本课题参考了国内外学术界关于行政问责的诸多研究成果，限于篇幅，难以做到一一列举。在此，对这些成果的权利人表示衷心的感谢！同时，感谢山东大学法学院肖金明教授为本书作序，感谢中国社会科学出版社宫京蕾老师为本书出版付出的辛勤劳动！

张成立

2016 年 10 月 31 日